Fischer / Giest / Peschel

Lernsituationen und Aufgabenkultur im Sachunterricht

Probleme und Perspektiven des Sachunterrichts

Band 24

Hans-Joachim Fischer
Hartmut Giest
Markus Peschel
(Hrsg.)

Lernsituationen
und Aufgabenkultur
im Sachunterricht

Verlag Julius Klinkhardt
Bad Heilbrunn • 2014

Schriftenreihe der
Gesellschaft für Didaktik des Sachunterrichts e.V.

Die Gesellschaft für Didaktik des Sachunterrichts (GDSU) e.V. ist ein Zusammenschluss von Lehrenden aus Hochschule, Lehrerfortbildung, Lehrerweiterbildung und Schule. Ihre Aufgabe ist die Förderung der Didaktik des Sachunterrichts als wissenschaftlicher Disziplin in Forschung und Lehre sowie die Vertretung der Belange des Schulfaches Sachunterricht. www.gdsu.de

Bibliografische Information der Deutschen Nationalbibliothek
Die Deutsche Nationalbibliothek verzeichnet diese Publikation
in der Deutschen Nationalbibliografie; detaillierte bibliografische Daten
sind im Internet abrufbar über http://dnb.d-nb.de.

Druck und Bindung: Friedrich Pustet, Regensburg.
Printed in Germany 2014.
Gedruckt auf chlorfrei gebleichtem alterungsbeständigem Papier.

ISBN 978-3-7815-1994-7

Inhaltsverzeichnis

**Fächerübergreifende Aspekte der Gestaltung sachunterrichtlicher
Aufgabenkultur**

**Forschungen zur lernförderlichen Aufgabenkultur in den
naturwissenschaftlich-technischen Zielhorizonten des Sachunterrichts**

Hans-Joachim Fischer, Hartmut Giest und
Markus Peschel

Editorial

Im vorliegenden Jahresband der GDSU sind vornehmlich Beiträge aus der Jahrestagung 2013 zum Thema „Förderliche Lernsituationen und kompetenzorientierte Aufgabenkultur im Sachunterricht" aufgenommen worden. Dieses Thema wurde mit Blick auf die Neufassung des Perspektivrahmens der GDSU gewählt. Mit ihm liegt eine nunmehr recht umfangreiche Schrift unserer Gesellschaft vor, in der die Konzeption des Sachunterrichts, seine Ziele, Aufgaben, Inhalte und seine Gestaltungsansprüche konkret zum Ausdruck gebracht werden. Das zentrale Moment der Weiterentwicklung des Perspektivrahmens ist eine konsequente Kompetenzorientierung (vgl. Weinert 2001), ausgehend von einem spezifisch für ihn entwickelten Kompetenzstrukturmodell. Neu ist, dass im Anschluss an die Kompetenzbeschreibungen innerhalb seiner fünf bekannten Perspektiven als auch aus perspektivenübergreifender Sicht Lernsituationen beschrieben werden, die vor allem den Anspruch an die didaktisch-methodische Gestaltung des Sachunterrichts verdeutlichen sollen. Damit verbunden liegt es nahe, die Implementierung des Perspektivrahmens in den Unterricht an den Grundschulen wissenschaftlich zu unterstützen.

Im vorliegenden Band rücken deshalb Fragen des naturwissenschaftlichen, sozialwissenschaftlichen Lernens, der Gestaltung des Übergangs vom Kindergarten zur Grundschule, des lernförderlichen Arbeitens mit Unterrichtsmedien, der Kooperation und Kommunikation im Unterricht und einer Unterrichtsplanung, welche vom kindlichen Lernen ausgeht, in den Mittelpunkt des Diskurses. Der Band ist ebenso gekennzeichnet durch einen Blick über Deutschland hinaus, der hier natürlich vor allem in die Schweiz gehen musste, waren doch unsere Schweizer Kollegen Gastgeber der Jahrestagung 2013. Ein zentrales Moment zur Kennzeichnung des didaktischen Anspruchs an einen kompetenzorientierten Sachunterricht bildet die Beschreibung von Lernaufgaben bzw. unterrichtlichen Aufgabenstellungen, die auf eine Lernförderung für alle Kinder gerichtet sind. Aufgaben sind Katalysatoren im

Lernprozess. Sie fordern Lernende heraus, Probleme zu lösen.[1] Dazu bedarf es einer Aufmerksamkeit und Hinwendung, die sich konzentriert und anderes vorübergehend beiseite lässt. Es geht darum, eine Spannung aufzubauen, die auch Schwierigkeiten und Widerstände aushält, eine Neugierde zu entwickeln oder gar ein Interesse zu aktivieren, manchmal auch Mut und Risikobereitschaft, in jedem Fall einen Willen (vgl. Aebli 1995, Kap. 12), am Problem und bei der Sache zu bleiben, eine Lösung zu erreichen, darin Bestätigung und Erfolg zu suchen oder aber Korrektur und Richtungswechsel. Stets sind Aufgaben auch ein Spiegel, in dem das Selbst auf seine Vorlieben und Abneigungen zurückverwiesen wird, auf seine Zuversicht, aber auch auf seine Befürchtungen und Hemmungen, auf die in seiner Lernbiographie episodisch angelegten Bestätigungen und Traumatisierungen (vgl. Heckhausen 1980, Hofer et al. 1993, Weiner 1994).

Aufgaben fordern heraus, perspektivisch auf einen Ausschnitt der Realität zu schauen, ihn wahrnehmend und deutend zu identifizieren und dazu einen relevanten kognitiven Bezugshintergrund zu aktualisieren und zu aktivieren. Begriffe, Zeichen und Bedeutungen, Beziehungen werden ein- und ausgeblendet. Erfahrungen werden ausgewertet, Wissensbestände durchforstet, kognitive Strukturen eingebracht, Analogien ausprobiert. Manchmal ist es erforderlich, ein Problem zu visualisieren und zu imaginieren; in jedem Falle ist das Denken herausgefordert, um ein Verstehen ringend, mit Vorstellungen zu operieren, ihre Inhalte hin und her zu wenden, zu zerlegen und wieder zusammenzusetzen und sie dabei probierend in neue Beziehungen und Konstellationen zu geben.

Dabei ist es durchaus förderlich, das Denken sprechend und kommunizierend zu begleiten (vgl. Deffner 1989), den Kontakt und Austausch mit anderen zu suchen, andere Standpunkte und Sichtweisen, andere kognitive Bezugsysteme probierend und relativierend mit einzubeziehen, argumentierend in Metareflexionen zu gehen, die nicht nur das Problem, sondern auch die intelligiblen Bezugsrahmen überschauen, die das Problem auf verschiedene Weise konstituieren. Bei diesem Austausch werden nicht nur Probleme identifiziert und Lösungswege generiert. Die Beteiligten identifizieren sich darüber auch wechselseitig (vgl. Watzlawik et al. 1969, Schulz von Thun 1981), geben einander Resonanz oder geraten in Konflikt. Auf diese Weise können sich

---

[1] Vgl. zur pädagogischen Inszenierung des Lernens als Problemlösen grundlegend etwa Correll (1972) oder Gagné (1969, Kap. VIII) und für die sachunterrichtlichen Implikationen Einsiedler (1994).

sozialer Austausch und soziale Beziehungen fördernd und hemmend in Problemlösungen einmischen.

Der Problemlösungsprozess wird auch dadurch gefördert, dass er bei Bedarf aus dem vorstellend-denkenden Probieren in das tätige, manuelle Probieren wechselt. Für die Lernaufgaben der Grundschule liegt dieser Wechsel noch nahe und muss immer wieder ermöglicht werden (vgl. Bruner 1974). Er ist Teil einer Entwicklungsaufgabe, die das Lernen aus impliziten Gründen immer mehr in explizite Formen und Szenarien führt. Implizite Lernprozesse haben ihre eigene Dignität und fundieren explizites Lernen. Nur so kann auch denkendes Problemlösen gelingen, dass es auf vielfältige Weise implizites Handlungswissen aktiviert, dass es Problemlösungen auch bottom up aus leiblich-körperlicher Intuition und Geschicklichkeit generiert. Das gilt auch da, wo Aufgaben ganz praktische Probleme stellen und wo die Problemlösungen ein Tun implizieren.

Inzwischen ist es unumstritten, dass Lernen ein aktiver und konstruktiver Prozess ist, wobei der Lernerfolg in erster Linie von der Aktivität der Lernenden abhängt. Der Lehrende kann den Lernprozess lediglich begleitend unterstützen, wobei eine Lerneraktivierung durch geeignete Zielorientierung und Motivierung, Problemstellungen, das Anknüpfen an Lernvoraussetzungen, kindlichen Erfahrungen, Interessen, Fragen u.ä. erfolgen kann. Eine Lernunterstützung durch die Lehrkraft muss vor allem gewährleisten, dass Lernsituationen und Lernaufgaben so gestaltet werden, dass die Lernenden selbst daraus Lernziele und -aufgaben für sich ableiten können: Eine vom Lehrer gestellte „Lernaufgabe" muss nämlich erst zur Lernaufgabe für und durch den Schüler werden. „Echte" Lernaufgaben sind auf die Zone der nächsten Entwicklung der Lernenden gerichtet (vgl. Wygotski 2002), was bedeutet, dass

1. die Lernenden deren Sinn für sich erschlossen haben (persönliche Bedeutsamkeit) und
2. die Lösung nur gemeinsam mit kompetenten Lernpartnern (durch geeignete pädagogische Stützungsmaßnahmen) erfolgreich verläuft.

Erst dann also werden Aufgaben lernbedeutsam, wenn sie Lernenden passende Entwicklungsanreize geben, wenn die Probleme, die sie aufwerfen, so dosiert sind, dass die vorhandenen Kompetenzen nicht völlig ausreichen, um sie zu bewältigen. Dieses „Nicht-Ausreichen", weit genug, um das Problemlösen auflaufen zu lassen, nahe genug, um ihm Chancen zu geben, sich kognitiv zu reorganisieren (vgl. Piaget 2002), ist Bedingung der Ermöglichung von Emergenz. Aufgaben und Unterstützungsmaßnahmen so zu stellen, dass sie passen, ist eine Kunst des Lehrens. Sie setzt voraus, dass Lehrende eine differenzierte, ja intime Wahrnehmung der subjektiven Problemlösungskompetenzen der Lernenden haben (vgl. Hattie 2013). Lernpotentiale haben Aufgaben zunächst nicht objektiv, sondern immer nur subjektiv (vgl. Helmke 2003, S. 41ff.).

Dennoch gibt es auch eine objektive Seite von Aufgaben. Man kann analysieren, welches Wissen, welche Fähigkeiten, welches Können und welche Motivationen erforderlich sind, um ein gegebenes Problem zu lösen. Es ist also möglich, Aufgaben so zu entwerfen, dass sie gewünschte Kompetenzen herausfordern. Mehr noch: Wir können Aufgaben und zu ihrer Bewältigung erforderliche Kompetenzen an Zielhorizonten des Lernens messen, die wir gesellschaftlich und kulturell für wertvoll erachten, weil sie uns ermöglichen, Probleme zu lösen, die wir als wichtig, epochal bedeutsam oder gar existentiell ansehen (vgl. Klafki 1985). Diese objektive Seite wird in Bildungsstandards und Bildungsplänen zur Geltung gebracht. Da sie Wertentscheidungen impliziert, bedarf sie des Konsenses und demokratischer Legitimation. Aber sie bedarf letztlich auch wieder der pädagogischen Rückbindung an individuelle Lernbiografien. Objektive Angebote geben dem individuellen Lernen ein Maß, an dem es sich auszurichten und zu bewähren hat. Umgekehrt erfüllt sich jeder objektive Bildungsanspruch erst darin, wenn er gelingende Prozesse der Individuation und subjektiv sinnvollen Lernens begründet.

Diese Polarität ist in jeder Aufgabenstellung enthalten. Dies bindet nicht nur die Unterrichtspraxis und die Bildungsplanung, sondern auch die Forschung und Theoriebildung in den Bezugsdisziplinen des Sachunterrichts. Wir sollten deshalb der Versuchung widerstehen, immer neue Aufgabenfelder für den Sachunterricht forschend zu erschließen. Die Grundschulbildung ist kein Bereich, in dem alles möglich und beliebig ist, in dem immer wieder neue Ideen generiert, ausprobiert und angeboten werden dürfen, als käme es darauf an, nur zu zeigen, was alles möglich ist. Vielfalt der Bildungsangebote und Aufgabenstellungen ist nicht per se ein Wert. Der Bildungswert von Aufgaben bemisst sich vor allem daran, wie sie in den Bildungsweg von Kindern passen. Dieser hat eine Herkunft, eine Kinderbiographie, eine eigene Erfahrungswelt, die ein Maß für sinnvolles Weiterlernen setzen. Er hat eine Gegenwart, ein Hier und Jetzt im Kinderleben, die in den Lehr- Lernarrangements mehr als nur Berücksichtigung finden sollten. Vielmehr gelingt Bildung nur da, wo sie sich zugleich kategorial in der Gegenwart des Kindes erfüllt. Es geht immer darum, ein Kind hier und jetzt für seine Welt aufzuschließen. Und natürlich hat der Bildungsweg des Kindes eine Zukunft, die von den Herausforderungen einer größeren Welt her zu denken ist, doch so, dass darin die Aufgabe einer grundlegenden schulischen Bildung, so schwer sie auch eingegrenzt werden kann, nicht überdehnt wird. Auch wenn die Heterogenität der Kinder alle pädagogischen Gefäße zu sprengen scheint, so sollte der Sachunterricht doch berücksichtigen, dass er einen Ort und eine Aufgabe im Gesamtgefüge der schulischen Bildungsgänge hat. Sein Schwerpunkt liegt in den Anfängen der schulischen Sach- und Weltbildung. Deshalb formuliert der Perspektivrahmen Sachunterricht (GDSU 2013) eher ein Maximum an Bildungsmöglichkeiten für die Grundschule, auch wenn deren Ränder nur schwer genau gezogen werden können. Die Lehr-Lernforschung solle diesen Rahmen nicht ohne Not überschreiten. Es hilft dem Sachunterricht mehr, wenn er Verlässliches und Beständiges ausbaut, wenn die Forschung sich darauf konzentriert, das als Wichtig erkannte durch sinnvolles und hochwertiges Handlungs- und Begründungswissen zu stützen. Im Zentrum pädagogischer Unterstützungsmaßnahmen steht die Handlungsunterstützung, welche darauf gerichtet ist, das eigenregulierte Handeln des Kindes anzuregen und herauszufordern und zu verhindern, dass durch ein Zuviel an Vorgaben eigenes Handeln durch Vor- oder Nachmachen ersetzt wird bzw. Kinder orientierungslos und mehr oder weniger ziellos Probierhandlungen ausführen und so nur per Zufall zur Lösung der Aufgaben kommen. Dieses pädagogische Einfädeln in die Entwicklung des Kindes (Duncker/ Popp 1994) ist ein überaus schwieriger Prozess, der bislang noch nicht ausreichend erforscht ist. Daher bedarf es aller Anstrengungen, vor allem danach zu fragen, wie Lernprozesse mit Blick auf Kernkonzepte und Basiskompetenzen entwicklungsfördernd zu gestalten sind und weniger danach, was evtl. noch alles im Lernhorizont von Kindern liegen mag. Auf diese Weise sollte verhindert werden, dass der Spalt zwischen dem, was wissenschaftlich erforscht und dem, was in der Praxis realisiert ist, nicht noch größer wird (Duit/ Treagust/ Widodo 2008).

Der Band weist fünf Abschnitte auf. Der erste davon ist der Einführung in die Thematik gewidmet. Diese Aufgabe übernehmen *Hans-Joachim Fischer,* der seinen Beitrag mit „Lernsituationen und Aufgabenkultur im Sachunterricht" überschreibt und *Marco Adamina,* der über aktuelle Entwicklungen zum Sachunterricht in der Schweiz berichtet, wobei besonders die Entwicklungen in der deutschsprachigen Schweiz betont werden. Ein besonderer Schwerpunkt liegt dabei auf der Kompetenzorientierung und der Entwicklung entsprechender Lernsituationen und Lernaufgaben. Im zweiten Abschnitt des Bandes, der den pädagogischen und didaktischen Begründungen und Forschungen zu Lernaufgaben und Lernsituationen und ihrer pädagogischen Gestaltung gewidmet ist, berichten *Andrea Becher und Eva Gläser* über Forschungen zu kompetenzorientierten Analysen und zur Entwicklung entsprechender Lernaufgaben, *Friedrich Gervé* analysiert unter Bezugnahme auf das Problem der lernförderlichen Nutzung von Unterrichtsmedien individualisiertes und gemeinschaftliches Lernen im Rahmen eines kompetenzorientierten Sachunterrichts, wobei die besondere Bedeutung der Kooperation und Kommunikation für das Lernen herausgearbeitet wird. *Meike Wulfmeyer* und *Anne Levin* stellen Überlegungen zu einem kompetenzorientierten Sachunterricht aus psychologischer und fachdidaktischer Sicht an, wobei besonders die Problematik der Motivation und der Umsetzung von Wissen in Handeln thematisiert wird. *Iris Lüschen* und *Claudia Schomaker* berichten über ein Projekt zum altersübergreifenden Sachunterricht beim Übergang von der Elementar- zur Primarstufe, der durch eine besondere Form der Kooperation zwischen den Kindergarten- und Schulkindern gekennzeichnet ist, welche geeignet erscheint, Transitionsprobleme zu bearbeiten. *Anja Heinrich-Dönges* widmet ihren Beitrag der Bedeutung der Interessensentwicklung im Rahmen der Lehrkräftefortbildung als Voraussetzung für eine nachhaltige Unterrichtsentwicklung und *Stefanie Carell* und *Markus Peschel* berichten über Beobachtungen bei der Arbeit von Kindern mit dem Webportal „kidipedia.de". *Sabrina Spahr* und *Ludwig Duncker* thematisieren die „Verfremdung" als didaktische Kategorie und weisen damit auf das Problem der Bildliteralität als vernachlässigter Kompetenz im Sachunterricht hin.

Der dritte Abschnitt ist fächerübergreifenden Aspekten der Gestaltung einer sachunterrichtlichen Aufgabenkultur gewidmet. *Katharina Kalcsics, Beat Reck* und *Nadja Zahnd* betonen in ihrem Beitrag das Verhältnis von Sache und Sprache und diskutieren dieses auf dem Hintergrund der aktuellen Arbeiten zur Aufgabenkultur in der Schweiz (hier PH Bern). *Eva Gläser* bilanziert Forschungen zur Relevanz von Kinderzeichnungen im Unterricht und beleuchtet damit ein noch wenig systematisch bearbeitetes didaktisches Problem.

Der vierte Abschnitt thematisiert Forschungen zur Aufgabenkultur in den naturwissenschaftlich-technischen Zielhorizonten des Sachunterrichts. Dabei spielt das Problem der lernförderlichen Gestaltung des Sachunterrichts eine zentrale Rolle. *Miriam Leuchter, Britta Naber, Ina Plöger* und *Julia Stipp* bearbeiten diese Thematik bezogen auf drei naturwissenschaftlich-technische Phänomene mit Blick auf den Übergang vom Kindergarten zur Grundschule, *Katharina Pollmeier, Kim Lange, Thilo Kleickmann* und *Kornelia Möller* aus einer längsschnittlichen Perspektive (viertes bis siebentes Schuljahr), gerichtet auf die Wahrnehmung des physikbezogenen (Sach-)Unterrichts aus Schülersicht und *Kornelia Möller* und *Cornelia Sunder* aus Sicht der Lehrerbildung, wobei hier die Möglichkeiten der videobasierten Unterrichtsanalyse besonders betont werden. *Anke Schürmann* und *Claus Bolte* berichten über ein Projekt zum Dialogischen Lernen in den Naturwissenschaften, *Karen Rieck, Inger Marie Dalehefte* und *Olaf Köller* zeigen, wie Schülerinnen und Schüler, die am SINUS-Projekt teilgenommen haben, im Vergleich zu einer Kontrollgruppe aus TIMMS 2011 die freigegebenen Aufgaben aus diesem Schulleistungstest lösen. *Lena M. Walper, Kim Lange, Thilo Kleickmann* und *Kornelia Möller* analysieren gestützt auf eine Längsschnittstudie, wie sich physikbezogene Interessen und selbstbezogene Kognitionen bei Schülerinnen und Schülern der vierten bis siebten Klassenstufe entwickeln. Konzept und Bedeutung von Lernmodellen und die darauf bezogene Modellkompetenz bei Grundschülern stehen im Zentrum des Beitrages von *Kim Lange* und *Andreas Hartinger,* während *Katharina Wurm* und *Martin Gröger* den Lehm als Lerngegenstand und Zugang zu chemischen Aspekten der naturwissenschaftlichen Perspektive des Sachunterrichts thematisieren. *Veronika Schwelle, Katrin Lohrmann* und *Andreas Hartinger* analysieren diesen Abschnitt abschließend inhaltliche Facetten eines Leistungstests zum Hebelgesetz.

Im letzten Abschnitt des Bandes geht es um das Lernen mit Blick auf gesellschaftliche Zukunftsaufgaben (Schlüsselfragen der Menschheit) in und außerhalb des Klassenzimmers. Besondere Schwerpunkte sind die Bildung für Nachhaltige Entwicklung, interkulturelles Lernen und Inklusion. *Christina Colberg, Andreas Imhof* und *Felix Keller* vergleichen Indoor und Outdoor-Unterricht bezüglich seiner Lernwirksamkeit am Beispiel des Themenkomplexes Klimawandel, *Christine Bänninger, Stefanie Gysin, Patrick Isler-Wirth* und *Christine Künzli David* berichten über das Konzept des Service-Learning als Möglichkeit zur Gestaltung der Bildung für nachhaltige Entwicklung im Sachunterricht, wobei insbesondere seine Vielperspektivität und die Verbindung von schulischem Lernen und Umweltarbeit betont werden. *Bernd Wagner* thematisiert die Bedeutung interkultureller Begegnungen für die Stimulation von Sachlernprozessen und damit für den Sachunterricht und *Claudia Schomaker, Mareike Wanke* und *Detlef Pech* diskutieren das noch nicht befriedigend bearbeitete Verhältnis von Didaktik und Inklusion und die daraus erwachsenen Perspektiven für die Didaktik des Sachunterrichts. Den Band abschließend berichten *Ines Oldenburg* und *Heinke Röbken* über eine empirische Zeitschriftenanalyse und weisen auf Probleme des literaturbezogenen Wissenstransfers hin.

Literatur

Aebli, H. (1995): Grundlagen des Lehrens. Eine Allgemeine Didaktik auf psychologischer Grundlage. Stuttgart.

Bruner, J.S. (1974): Entwurf einer Unterrichtstheorie. Berlin.

Correll, W. (1972): Lernpsychologie. Donauwörth. Grundfragen und pädagogische Konsequenzen der neueren Lernpsychologie.

Deffner, G. (1989): Interaktion zwischen Lautem Denken, Bearbeitungsstrategien und Aufgabenmerkmalen? Eine experimentelle Prüfung des Modells von Ericsson und Simon. In: Sprache & Kognition, 8, S. 98-111.

Duncker, L.; Popp, W. (Hrsg.) (1994): Kind und Sache. München.

Duit, R.; Treagust, D.F.; Widodo, A. (2008): Teaching Science for Conceptual Change: Theory and Practice. In: Vosniadou, St. (Ed.): International Handbook of Research on Conceptual Change. New York, London, pp. 629-645.

Einsiedler, W. (1994): Aufgreifen von Problemen – Gespräche über Probleme – Problemorientierter Sachunterricht in der Grundschule. In: Duncker, L.; Popp, W. (Hrsg.): Kind und Sache. Weinheim und München, S. 199-212.

Gagné, R.M. (1969): Bedingungen des menschlichen Lernens. Beiträge zu einer neuen Didaktik. Hannover, Darmstadt, Dortmund, Berlin.

GDSU (Hrsg.) (2013): Perspektivrahmen Sachunterricht. Vollständig überarbeitete und erweiterte Ausgabe. Bad Heilbrunn.

Hattie, J. (2013): Lernen sichtbar machen. Baltmannsweiler.

Heckhausen, H. (1980): Motivation und Handeln. Lehrbuch über Motivationspsychologie. Berlin.

Helmke, A. (2003): Unterrichtsqualität erfassen, bewerten, verbessern. Seelze.

Hofer, M.; Pekrun, R.; Zielinski, W. (1993): Die Psychologie des Lerners. In: Weidenmann, B.; Krapp, A.; Hofer, M.; Huber, G.L.; Mandl, H. (Hrsg.): Pädagogische Psychologie. Ein Lehrbuch. Weinheim, S. 219-275.

Klafki, W. (1985): Konturen eines neuen Allgemeinbildungskonzepts. In: Fichtner, B.; Fischer, H.-J.; Lippitz, W. (Hrsg.): Pädagogik zwischen Geistes- und Sozialwissenschaft. Standpunkte und Entwicklungen. S. 91-102.

Piaget, J. (2002): Die Äquilibration der kognitiven Strukturen. Stuttgart.

Schulz von Thun, F. (1981): Miteinander reden: Störungen und Klärungen. Psychologie der zwischenmenschlichen Kommunikation. Reinbek.

Watzlawik, P.; Beavin, J.H.; Jackson, D.D. (1969): Menschliche Kommunikation – Formen, Störungen, Paradoxien. Bern.

Weiner, B. (1994): Motivationspsychologie. Weinheim.

Weinert, F.E. (2001): Vergleichende Leistungsmessung in Schulen – eine umstrittene Selbstverständlichkeit. In: ders. (Hrsg.): Leistungsmessung in Schulen. Weinheim, S. 17-32.

Wygotski, L.S. (2002): Denken und Sprechen. Psychologische Untersuchungen, Weinheim, Basel.

Hans-Joachim Fischer

Lernsituationen und Aufgabenkultur im Sachunterricht

Considering the quality of tasks as an important aspect of education quality emerged in the last decade as a result of international student assessments. It is combined with a new approach to educational objectives and especially seeks to balance declarative knowledge and procedural competences. This is the focus of the new perspective framework Sachunterricht of the Gesellschaft für Didaktik des Sachunterrichts, too. It is also a challenge for educational practice and research. Both are related to a theory of "Bildung" that constitutes and relativizes the connection between tasks and horizons of pedagocical objectives.

1. Qualität von Aufgaben

Das Thema der letzten GDSU-Jahrestagung in Solothurn 2013 „Förderliche Lernsituationen und kompetenzorientierte Aufgabenkultur" passt in eine Zeit, in der internationale Bildungsvergleichsstudien wie TIMSS (vgl. Bos et al. 2008, 2012), IGLU (vgl. Bos 2003; Bos et al. 2007, 2012) und PISA (vgl. Deutsches PISA-Konsortium 2001; PISA-Konsortium Deutschland 2004, 2007; Klime et al. 2010) einen kritischen Blick auf Bildungserträge genommen haben. Bereits davor und begleitend, vor allem aber in der Folge, sind zahlreiche praktische Programme und Forschungsanstrengungen darauf gerichtet worden, die Qualität des Unterrichts, auch des Sachunterrichts, zu verbessern (vgl. etwa Helmke 2003, 2012). Dazu gehört auch die Qualität von Aufgaben, die Kindern gestellt werden, um Lernen herauszufordern (vgl. Girmes 2004, Kieper et al. 2010, Kuhn 2010, Keller/ Bender 2012, Bohl et al. 2012). Aufgabenqualität erscheint in der Tat als ein wichtiger Schlüssel zur Lernwirksamkeit des Unterrichts. Deshalb ist es verwunderlich, dass in der Allgemeinen Didaktik bis Ende der 1990er Jahre von „Aufgaben" lediglich randständig, indirekt oder implizit gesprochen wurde. Einen wichtigen Impuls erfuhr das Nachdenken über Aufgaben als Mittler des Lernens durch eine Qualitätsinitiative der Bund-Länder-Kommission für Bildungsplanung und Forschungsförderung zur Steigerung der Effizienz des mathematisch-naturwissenschaftlichen Unterrichts Sinus und Sinus Transfer (vgl. Demuth/ Walther/ Prenzel 2011). Bestandteil dieser Initiative ist die Frage nach „guten" Aufgaben (vgl. Walther 2004, Rieck 2005), die seither von fast allen Fachdidaktiken aufgegriffen und weitergeführt wurde.[1] Im Oktober 2013 fand ein Kongress der Gesellschaft für Fachdidaktik (GFD) zum Thema „Lernaufgaben entwickeln, bearbeiten und überprüfen – Ergebnisse und Perspektiven der fachdidaktischen Forschung" in Dortmund statt. Er öffnete ein Fenster, das einen Ausblick auf die aktuellen fachdidaktischen Fragehorizonte gestattet. Was passiert, wenn im Unterricht Aufgaben gestellt und bearbeitet werden? Wie begleiten Lehrpersonen verstehend und unterstützend Lernende bei der denkenden Auseinandersetzung mit Aufgabenstellungen? Wie deuten Lehrpersonen Aufgaben? Welche Aufgaben mit welchen Absichten stellen Lehrende im Unterricht? Inwieweit entsprechen Aufgaben und Absichten einander? Was setzen Aufgabenstellungen dabei voraus? Welche Arten von Aufgaben werden wie häufig gestellt? Welche Aufgaben werden in unterschiedlichen Phasen des Unterrichts gestellt? Wie lassen sich Aufgabenstellungen sinnvoll beschreiben und analysieren? Welche Aufgabenstellungen sind in Lehrwerken enthalten? Inwieweit haben Testaufgaben Eingang in die Unterrichtspraxis gefunden und welche Auswirkungen resultieren daraus für das Lernen?

Was erhöht die Lernwirksamkeit von Aufgaben – abhängig von Aufgabenarten und -merkmalen, Lernvoraussetzungen, Lernverläufen? Welcher Grad an Aufgabenschwierigkeit, -komplexität, an Anforderungen, spezifische Lehrstrategien einzusetzen u.a.m. passt zu gegebenen motivationalen und kognitiven Lernvoraussetzungen? Wie kann über differenzierte Aufgabenangebote unterschiedlichen Lernvoraussetzungen optimal Rechnung getragen werden? Wie lässt sich über die Gestaltung von Lernumgebungen die Lernwirksamkeit von Aufgaben beeinflussen? Welche Rahmenbedingungen fördern den Übergang zwischen verschiedenen Aufgabenformaten mit je eigenen, einander ergänzenden Zielsetzungen im Lernzusammenhang? Worin besteht die lernförderliche Wirkung von guten Aufgaben? Wie lassen sich Aufgaben

---

[1] Dies geschah bislang vor allem in den Fachdidaktiken Deutsch (vgl. etwa Köster 2003, Bremerich-Vos/ Granzer/ Köller 2008) und Mathematik (vgl. etwa Büchter/ Leuders 2005, Leuders im Druck) und in den Naturwissenschaften (vgl. etwa v. Aufschnaiter/ v. Aufschnaiter 2001, Leisen 2001), zunehmend dann auch in den Fremdsprachen (vgl. etwa Eckerth 2003, Tesch 2010) und in den Kulturwissenschaften (vgl. etwa Breit/ Weißeno 2005, Heuer 2011).

sinnvoll unterstützen und begleiten? Fördert begleitendes Trainieren von erforderlichen Kompetenzen den Aufgabenlösungsprozess? Wie wirken sich Diskussionen auf Verlauf und Ergebnis von Lernprozessen aus? Wie rezipieren Lernende Aufgaben in Abhängigkeit von Merkmalen ihrer Darbietung? Wie lassen sich Aufgaben kompetenzorientiert formulieren? Welche unterschiedlichen Verstehensleistungen fordern unterschiedliche Aufgabenformate heraus? Welchen Einfluss haben eher offene oder geschlossene Aufgabenformate auf die Bearbeitungs- und Lernprozesse? Wie lässt sich die Sicht der Lernenden förderlich in die Gestaltung einer kompetenzorientierten Aufgabenkultur einbeziehen? Fördern selbst gestellte Aufgaben das Lernen? Wie verlaufen Prozesse der Aufgabenbearbeitung und welche Kompetenzen sind dazu erforderlich? Fördern Lösungsbeispiele den Lösungsprozess? Fördert ein Wechsel der Bezugsebene, in der ein Lerngegenstand betrachtet wird, das Lernen? Inwieweit lassen sich Prüfungsaufgaben für Lernzwecke nutzen – und umgekehrt? Wie lassen sich Lernpotenziale von Aufgaben im schulischen Alltag zuverlässig und praktikabel ermitteln?

All diese Initiativen, wie auch die Jahrestagung 2013 der GDSU, tragen dazu bei, das Thema mehr als bisher in den Fokus der Forschung zu rücken.

2. Neuvermessung der Zielhorizonte im Perspektivrahmen Sachunterricht

Die neue Beachtung der Qualität von Aufgaben ist eng verbunden mit dem Anspruch, Zielhorizonte des Lernens differenziert auszuloten, um so die Lernpotentiale von Aufgaben zu optimieren. Damit einhergehend muss man geklärt und entschieden haben, welche Richtungsangebote dem Lernen gemacht werden sollen. Mit der Orientierung des Lernens an Kompetenzen (vgl. Lauterbach et al. 2007), die in den vergangenen Jahren Eingang in fast alle Lehrpläne und Bildungsstandards gefunden hat, wurde nicht nur ein begriffliches Instrumentarium geschaffen, das Lernziele genauer als bisher zu fassen vermag, die gesamte Architektur des unterrichtlichen Zielhorizontes wurde neu vermessen und justiert. In diesem Zusammenhang erfolgte eine Verschiebung von eher inhalts- zu eher prozessorientierten Zielen. Möglicherweise hat man dabei mancherorts das Kind mit dem Bade ausgeschüttet und Inhaltsbezüge in allzu offenen Kompetenzformulierungen zu sehr ausgedünnt. Paradoxerweise hat dies im Ergebnis zu einer neuen Stoffüberfüllung geführt.

Der neue Perspektivrahmen Sachunterricht (Gesellschaft für Didaktik des Sachunterrichts 2013), der von einem Kompetenzmodell der zweiten Generation getragen wird, vermeidet diesen Fehler. Gleichgewichtig formuliert er Kompetenzen im Ausgang sowohl von inhaltlichen Konzepten und Themen als auch von prozeduralen Denk-, Arbeits- und Handlungsweisen. Lehrende, die mit dem Perspektivrahmen oder einem von ihm inspirierten Lehrplan arbeiten, können ihre Aufgabenstellungen daraufhin analysieren, ob sie dieses Gleichgewicht abbilden. Darüber hinaus erhalten sie einen detaillierten Ein- und Überblick darüber, auf welche Kompetenzen es ankommt. Diese sind entlang von Perspektiven aufgespannt, in denen fachkulturell begründete Interpretationsweisen von Sach- und Welterfahrungen aufgeschlossen werden. Alles kommt darauf an, diesen Reichtum der Welterschließung qualitativ in das Aufgabenprofil des Sachunterrichts einzubringen und zu kultivieren. Dazu braucht man die Unterrichtsplanung nicht neu zu erfinden. Aber sie muss an den Stellen geschärft und gestärkt werden, an denen es um eine kompetenzorientierte Analyse und Begründung von Aufgaben geht (vgl. Giest 2007). Zielhorizonte des Unterrichts, die als strukturierte Kompetenzfelder gefasst sind, müssen nicht wie Stoffpläne nacheinander abgearbeitet werden. Deshalb führen sie auch bei noch so detaillierter Ausarbeitung nicht zwangsläufig zu einer Aufgabenüberfüllung des Unterrichts. Die Kunst, Aufgaben zu kreieren, zu analysieren und zu begründen besteht vielmehr darin, sie mit polyvalenten Lernchancen auszustatten bzw. in ihrer möglichen Polyvalenz überhaupt wahrzunehmen und diese pädagogisch zu bewerten und zu nutzen. Die Aufgabe beispielsweise, Schulwege zu erforschen und zu reflektieren, die für Erst- und Zweitklässler in den Perspektivrahmen Sachunterricht eingebracht wurde (vgl. a.a.O., S. 104ff.), fordert nicht nur verschiedene prozedurale Kompetenzen heraus, sie verbindet auch prozessbezogene und inhaltsbezogene Kompetenzen. Darüber hinaus bietet sie Lernchancen, die weit über die raumbezogene Perspektive hinausgehen, für die sie reserviert wurde. Auf ihren Schulwegen machen Kinder auch soziale Erfahrungen, Naturerfahrungen, Erfahrungen mit Geschichte und mit Technik. Was der Perspektivrahmen aus theoretischen und analytischen Gründen abstrahierend auseinander hält, können konkrete Aufgaben zusammenbringen. „Concrescō" bedeutet „zusammenkommen". Wir alle wissen, dass der Sachunterricht der Grundschule, auch wenn er perspektivisch die Herausforderung zu isolieren und zu abstrahieren enthält, doch seinen Anfang in konkreten kindlichen Lebenswelten nehmen muss, wo noch zusammenläuft, was erst später analytisch getrennt werden kann. Und immer dann, wenn wir uns im Sachunterricht mit komplexeren, realitätsnahen und lebensbedeutsamen Problemen

befassen, lohnt es sich, Kompetenzen zusammenführend zu nutzen und auszubilden, die in verschiedenen Perspektiven angelegt sind. Das gilt nicht nur
für die von Klafki (1985, S. 96ff.) beschriebenen Schlüsselprobleme, von
denen einige als Vernetzungsbeispiele von Themen und Perspektiven im
Perspektivrahmen Sachunterricht aufgenommen wurden. Es gilt auch nicht
nur im Hinblick auf jene überperspektivischen prozeduralen Grundkompetenzen, die in allen sachunterrichtlichen Lernaufgaben immer mitbedacht
werden sollten und die deshalb im Kompetenzmodell des Perspektivrahmens
ganz oben angesiedelt sind. Der Sachunterricht ist aus diesen Gründen mehr
als andere Lernbereiche darauf angewiesen, seine Aufgaben an konkreten
Lebensproblemen und in Bezug zu authentisch und „original" (vgl. Roth
1957, S. 116ff.) erleb- und erfahrbaren Realitäten zu gewinnen und darin zu
situieren.

3. Kompetenzorientierung als Herausforderung und die Notwendigkeit eines bildungstheoretischen Bezugsrahmens

Die Entwicklung einer in diesem Sinne kompetenzorientierten Aufgabenkultur ist m.E. eine der größten und schwierigsten aktuellen Herausforderungen
für die innere Reform unseres Bildungswesens. Sie ist bislang weder an den
Hochschulen noch an den Schulen mehr als nur ansatzweise bewältigt worden – auch wenn es mittlerweile überall kompetenzorientierte Studienord-
nungen und Lehrpläne gibt. Was den Sachunterricht anbelangt, so hat der
neue Perspektivrahmen wichtige Voraussetzungen geschaffen, um diese
Herausforderung künftig besser zu bewältigen. Viel hängt davon ab, wie wir
ihn als Instrument kompetenzorientierter Aufgabengestaltung und -analyse in
die Aus- und Weiterbildung von Lehrenden einbringen und dort fruchtbar
machen können. Deshalb ist die von der Kommission Perspektivrahmen und
vom Vorstand der GDSU getroffene Entscheidung richtig, auch die Dozenten
in der Zweiten Phase der Lehrerbildung in eine Fortbildungsinitiative mit
einzubeziehen (vgl. GDSU-Info 2013, S. 7ff.). Darüber hinaus stellen sich
Forschungsaufgaben, die diese Prozesse unterstützen können. Dazu gehört
eine Implementationsforschung, die ihren Blick darauf richtet, welche Rezeption der neue Perspektivrahmen letztlich in der schulischen Praxis erfährt und
welchen förderlich gestaltenden Einfluss er auf Lernsituationen und Aufgabenkultur des Sachunterrichts zu nehmen vermag. Grundsätzlicher und lang-
fristiger angelegt sind Forschungen, die die Beziehungen zwischen Aufga-

benformaten und Lernprozessen im Sachunterricht differentiell untersuchen und auf diese Weise auch zu empirisch gestützten Aussagen über Anforderungsniveaus gelangen. Dieser Weg ist im Grundschulbereich in den Fachdidaktiken Deutsch und Mathematik beschritten worden als Konsequenz der Einrichtung von Bildungsstandards auf KMK-Ebene.[2] Pädagogische Praxis und wissenschaftliche Forschung bedürfen bei der Kultivierung von Aufgabenformaten im Sachunterricht freilich eines bildungstheoretischen Bezugsrahmens, der den Zusammenhang von Aufgaben- und Zielhorizonten relativiert und allererst konstituiert. Gewiss stellen Aufgaben und die in ihnen enthaltenen Lernpotentiale notwendige und legitime Herausforderungen der objektiven Kultur und Gesellschaft an Individuen. Bildung ist nur möglich als Enkulturation und Sozialisation. Äußere Anforderungen und Angebote sind freilich auf die Annahme durch Individuen angewiesen und bewähren sich erst in gelingenden Prozessen der Individuation. Deshalb kann man die Rechnung nicht ohne die Subjekte machen. Welche Lernpotentiale in Aufgaben stecken, lässt sich letztendlich erst in gelingenden Bildungsprozessen ausmachen. Sie bedürfen der sinnvollen Integration in eine subjektive Lernbiographie. Das kann nicht von außen erzwungen oder beschworen, es muss von innen geleistet werden. Bildung bedarf dieser inneren Spiel- und Freiheitsräume, in denen äußere Anforderungen subjektiv angeeignet, beantwortet und qualifiziert werden. Auf Seiten des Pädagogen muss sich hier die Fähigkeit zu einer vorgängigen kompetenzorientierten Aufgabenanalyse und -entwicklung in einer subtilen Wahrnehmungs-, Verstehens- und Dialogfähigkeit fortsetzen, die den Lernprozess nicht nur am Kriterium des Objektiven zu bemessen, sondern auch daran zu ermessen vermag, was er an qualifizierter Subjektivität und Sinnerzeugung hervorbringt. Bildung ist nicht nur Tradierung von Kultur, sie ist auch Transformation und Erneuerung von Kultur. Hier liegt der Bildungskern des Sachunterrichts, der auf Mündigkeit gerichtet ist. An ihm haben sich die Aufgabenkultur des Sachunterrichts ebenso wie das Erkenntnisinteresse der Forschung auszurichten.

Literatur

Aufschnaiter, C. v.; Aufschnaiter, S. v. (2001): Eine neue Aufgabenkultur für den Physikunterricht. In: Der mathematische und naturwissenschaftliche Unterricht, 54, 5, S. 409-416.

---

[2] Vgl. dazu die vom Institut für Qualitätsentwicklung im Bildungswesen (IQB) herausgegebenen Kompetenzstufenmodelle für die Fächer Deutsch und Mathematik: www.iqb.hu-berlin.de/bista/ksm [10.09.2013]

Bos, W. (2003): Erste Ergebnisse aus IGLU-Schülerleistungen am Ende der vierten Jahrgangsstufe im internationalen Vergleich. Münster, New York, München, Berlin.

Bos, W.; Hornberg, S.; Arnold, K-H.; Faust, G.; Fried, L.; Lankes, E.-M. (Hrsg.) (2007): IGLU 2006: Lesekompetenzen von Grundschulkindern in Deutschland im internationalen Vergleich. Münster, New York, München, Berlin.

Bos, W.; Tarelli, Irmela; Bremerich-Vos, A.; Schwippert, K. (Hrsg.) (2012): IGLU 2011: Lesekompetenzen von Grundschulkindern in Deutschland im internationalen Vergleich. Münster, New York, München, Berlin.

Bos, W.; Bonsen, M.; Baumert, J.; Prenzel, M.; Selter, Chr.; Walther, G. (Hrsg.) (2008): TIMSS 2007: Mathematische und naturwissenschaftliche Kompetenzen von Grundschulkindern in Deutschland im internationalen Vergleich. Münster, New York, München, Berlin.

Bos, W.; Wendt, H.; Köller, O; Selter, Chr. (Hrsg.) (2012): TIMSS 2011: Mathematische und naturwissenschaftliche Kompetenzen von Grundschulkindern in Deutschland im internationalen Vergleich. Münster, New York, München, Berlin.

Bohl, T.; Kleinknecht, M.; Bartzel, A.; Richey, P. (2012): Aufgabenkultur in der Schule. Eine vergleichende Analyse von Aufgaben und Lehrerhandeln im Hauptschul-, Realschul- und Gymnasialunterricht. Baltmannsweiler.

Breit, G.; Weißeno, G. (2005): Von der traditionellen Aufgabenkultur zu kompetenzorientierten Aufgaben. In: Weißeno, G. (Hrsg.): Politikkompetenz. Was Unterricht zu leisten hat. Wiesbaden, S. 402-419.

Bremerich-Vos, A.; Granzer, D.; Köller, O. (Hrsg.) (2008): Lernstandsbestimmungen im Fach Deutsch. Gute Aufgaben für den Unterricht. Weinheim.

Büchter, A.; Leuders, T. (^{3}2005): Mathematikaufgaben selbst entwickeln. Lernen fördern – Leistungen überprüfen. Berlin.

Demuth, R.; Walther, G.; Prenzel, M. (Hrsg.) (2011): Unterricht entwickeln mit Sinus. 10 Module für den Mathematik- und Sachunterricht in der Grundschule. Seelze.

Deutsches PISA Konsortium (Hrsg.) (2001): PISA 2000. Basiskompetenzen von Schülerinnen und Schülern im internationalen Vergleich. Opladen.

Eckerth, J. (2003): Entwicklung, Einsatz und Evaluierung von Lernaufgaben – von der Fremdsprachenforschung zur Unterrichtspraxis. In: German as a foreign language, Issue 2, pp. 1-28.

Gesellschaft für Didaktik des Sachunterrichts (Hrsg.) (2013): Perspektivrahmen Sachunterricht. Vollständig überarbeitete und erweiterte Ausgabe. Bad Heilbrunn.

GDSU-Info (2013). Hrsg. v. d. Gesellschaft für Sachunterricht (GDSU), H. 55.

Giest, H. (2007): Didaktische Analyse als Mittel zur Kompetenzförderung im Unterricht. In: Lauterbach, R.; Hartinger, A.; Feige, B.; Cech, D. (Hrsg.): Kompetenzerwerb im Sachunterricht fördern und erfassen. Bad Heilbrunn, S. 13-22.

Girmes, R. (2004): (Sich) Aufgaben stellen. Seelze.

Helmke, A. (2003): Unterrichtsqualität. Erfassen, bewerten, verbessern. Seelze.

Helmke, A. (^{4}2012): Unterrichtsqualität und Lehrerprofessionalität. Diagnose, Evaluation und Verbesserung des Unterrichts. Seelze.

Heuer, Chr. (2011): Gütekriterien für kompetenzorientierte Lernaufgaben im Fach Geschichte. In: Geschichte in Wissenschaft und Unterricht, 62, 7/8, S. 443-455.

Keller, St.; Bender, U. (Hrsg.) (2012): Aufgabenkulturen. Fachliche Lernprozesse herausfordern, begleiten, reflektieren. Seelze.

Kieper, H.; Meints, W.; Peters, S.; Schlump, St.; Schmidt, St. (Hrsg.) (2010): Lernaufgaben und Lernmaterialien im Kompetenzorientierten Unterricht. Stuttgart.

23

Klafki, W. (1985): Konturen eines neuen Allgemeinbildungskonzepts. In: Fichtner, B.; Fischer, H.-J.; Lippitz, W. (Hrsg.): Pädagogik zwischen Geistes- und Sozialwissenschaft. Standpunkte und Entwicklungen. Königstein Ts, S. 91-102.

Köster, J. (2003): Konstruieren statt entdecken – Impulse aus der PISA-Studie für die deutsche Aufgabenkultur. In: Didaktik Deutsch, 14, S. 14-20.

Kuhn, J. (2010): Authentische Aufgaben im theoretischen Bereich von Instruktions- und Lehr-Lern-Forschung. Wiesbaden.

Klime, E.; Artelt, C.; Hartig, J.; Jude, N.; Köller, O.; Prenzel, M.; Schneider, W.; Stanat, P. (Hrsg.) (2010): PISA 2009: Bilanz nach einem Jahrzehnt. Münster, New York, München, Berlin.

Lauterbach, R.; Hartinger, A.; Feige, B.; Cech, D. (Hrsg.) (2007): Kompetenzerwerb im Sachunterricht fördern und erfassen. Bad Heilbrunn.

Leisen, J. (2001): Qualitätssteigerung des Physikunterrichts durch Weiterentwicklung der Aufgabenkultur. In: Der mathematische und naturwissenschaftliche Unterricht, 54, 7, S. 401-405.

Leuders, T. (im Druck): Mathematikaufgaben in Forschung und Praxis. In: Bruder, R.; Hefendehl-Hebeker, L.; Schmidt-Thieme, B.; Weigand, H.-G. (Hrsg.): Handbuch Mathematikdidaktik. Heidelberg.

PISA-Konsortium Deutschland (Hrsg.) (2004): PISA 2003. Der Bildungsstand der Jugendlichen in Deutschland – Ergebnisse des zweiten internationalen Vergleichs. Münster, New York, München, Berlin.

PISA-Konsortium Deutschland (Hrsg.) (2007): PISA 2006. Die Ergebnisse der dritten internationalen Vergleichsstudie. Münster, New York, München, Berlin.

Rieck, K. unter Mitarbeit von D. Hoffmann u. G. Friege (2005): Gute Aufgaben. Modulbeschreibungen des Programms SINUS-Transfer Grundschule. Steigerung der Effizienz des mathematisch-naturwissenschaftlichen Unterrichts. G 1 Naturwissenschaften. Kiel.

Roth, H. (1957): Pädagogische Psychologie des Lehrens und Lernens. Berlin, Hannover, Darmstadt.

Tesch, B. (2010): Kompetenzorientierte Lernaufgaben im Fremdsprachenunterricht. Konzeptionelle Grundlagen und eine rekonstruktive Fallstudie zur Unterrichtspraxis (Französisch). Frankfurt a.M.

Walther, G. (2004): Gute Aufgaben. Modulbeschreibungen des Programms SINUS-Transfer Grundschule. Steigerung der Effizienz des mathematisch-naturwissenschaftlichen Unterrichts. G 1 Mathematik. Kiel.

Marco Adamina

Sachunterricht in der deutschsprachigen Schweiz – aktuelle Entwicklungsarbeiten zu Lehrplan und kompetenzorientierten Lernsituationen

In the context of current issues of alignment and importance of education in the school subject "Natur, Mensch, Gesellschaft" (science and social studies) a curriculum for the entire German-speaking part of Switzerland is being developed for the first time. Different aspects concerning the development of this basic ideas, concepts and skills oriented curriculum are explained. Furthermore, it is shown what this means for the arrangement of learning situations for elementary school in terms of a cognitive-constructive understanding of learning and teaching.

1. Vielgestaltige Bildungslandschaft Schweiz – unterschiedliche Anlagen zum Sachunterricht

In der Schweiz sind die Kantone für das Schulwesen zuständig. Diese haben je eigene Bildungssysteme, die sich bezüglich Struktur und Dauer der Stufen (Kindergarten, Primarschule, Sekundarstufe I und II), Lehrplan, Fächerkanon, Anzahl Unterrichtsstunden u.a. zum Teil deutlich unterscheiden. So differiert zum Beispiel die Gesamtzahl der Unterrichtsstunden in der neunjährigen Volksschulzeit zwischen dem Kanton mit dem größten und demjenigen mit dem geringsten Angebot umgerechnet um rund 1½ Schuljahre.

Sachunterricht wird in den Lehrplänen unterschiedlich bezeichnet und ist auch konzeptionell unterschiedlich angelegt. In der Mehrheit der deutschsprachigen Kantone heißt das Schulfach „Mensch und Umwelt" (14 Kantone), in 5 Kantonen existieren Bezeichnungen wie Sach-, Heimat- und bzw. oder Realienunterricht und in zwei Kantonen wird der Fachbereich „Natur-Mensch-Mitwelt" bzw. „Mensch und Mitwelt" genannt. Im „Plan d'Etudes romand" (PER) für die französischsprachige Schweiz werden bereits ab dem

1. Zyklus (Kindergarten und 1./2. Schuljahr) „Sciences de la Nature" und „Sciences humaines et sociales" (CIIP 2010) getrennt geführt. Im italienischsprachigen Kanton Tessin heißt das entsprechende Fach „Studio dell'ambiente".

Konzeptionell können im Wesentlichen drei Varianten unterschieden werden (vgl. dazu auch Kübler 2013, S. 25):

- eine fächerübergreifende Konzeption im Lehrplan mit einer Strukturierung nach Themenfeldern. Dabei werden zum Teil auch spezifische Fähigkeiten und Fertigkeiten bzw. Handlungsaspekte explizit aufgeführt, in anderen Lehrplänen sind diese direkt in thematischen Kontexten integriert,
- eine in Ansätzen bzw. ab der oberen Primarstufe bereits fachbezogene Strukturierung,
- eine durchgehend fachbezogene Strukturierung.

Unterschiede zeigen sich auch darin, ob und wie der Bereich „Ethik, Religionen, Gemeinschaft" im Lehrplan aufgenommen wird. Während in einigen Lehrplänen neben „Mensch und Umwelt" ein eigenständiger Fachbereich „Ethik, Religionen" bzw. „Religion und Kultur" ausgewiesen wird, sind Aspekte und Themen aus diesem Bereich, z.b. im Kanton Bern, im Lehrplan Natur-Mensch-Mitwelt aufgenommen worden.

Bemerkenswert sind auch die zum Teil erheblichen Unterschiede in der Stundendotation für den Sachunterricht. Auch wenn Vergleiche nur schwer anzustellen sind, so kann doch festgestellt werden, dass die Stundendotationen für den Sachunterricht in einzelnen Kantonen fast doppelt so hoch angesetzt sind als in anderen; die Anteile für den Sachunterricht in einzelnen Schuljahren variieren zwischen den Kantonen von 3 bis 6 Jahresunterrichtsstunden (vgl. dazu auch Peschel et al. 2013).

2. Harmonisierung und Koordination der Volksschulbildung

2006 wurde in einer Volksabstimmung einem verfassungsmäßigen Auftrag an die Kantone zugestimmt, mit welchem diese beauftragt werden, ihre Bildungssysteme zu harmonisieren. Mit der „Interkantonalen Vereinbarung über die Harmonisierung der obligatorischen Schule" (HarmoS-Konkordat, EDK 2007) wurde festgelegt, welche Bereiche zu harmonisieren sind und welche Instrumente dazu geschaffen werden sollen (EDK 2007, 2ff.). Es sind dies z.B. die grundlegenden Bereiche der Bildungsarbeit in der obligatorischen

Schulzeit, die Struktur und Dauer der Schulzyklen[1] (Schulstufen), die Entwicklung nationaler Bildungsstandards (vgl. dazu die 2011 verabschiedeten Nationalen Bildungsziele unter http:// www.edk.ch/ dyn/ 12930.php), die sprachregionale Harmonisierung der Lehrpläne sowie der Aufbau eines Bildungsmonitorings über das gesamte schweizerische Bildungssystem hinweg. Die Vereinbarungen und Ergebnisse des HarmoS-Konkordats gelten seit 2009 für diejenigen Kantone in allen Sprachregionen der Schweiz,[2] die es ratifiziert haben. Dies sind mittlerweile 15 Kantone; in 7 Kantonen wurde das Konkordat in Abstimmungen abgelehnt und in 4 Kantonen steht eine Ratifizierung bzw. Abstimmung dazu noch aus. Aber auch die ablehnenden Kantone arbeiten in verschiedenen Teilprojekten mit, so z.B. beim Projekt Lehrplan 21.[3] Bis 2015 sollen die im Konkordat vereinbarten strukturellen Eckwerte der obligatorischen Schule umgesetzt sein. Auf die bildungspolitischen Debatten, die in diesem Kontext in der Schweiz geführt werden sowie auf die bisherige Lehrplansituation geht Kübler (2013) in seinem Beitrag zum Sachunterricht in der Schweiz umfassend ein.

3. Lehrplanentwicklung in der deutschsprachigen Schweiz – der Weg zum Lehrplan 21

Mit dem Lehrplan 21 wird für alle deutsch- und gemischtsprachigen Kantone der Schweiz erstmals ein gemeinsames Grundlagendokument für die Bildungsarbeit entwickelt. Vorgesehen ist, den Lehrplan 21 bis Ende 2014 zur Inkraftsetzung und Einführung in den Kantonen freizugeben. Diese werden noch Ergänzungen (z.B. zur Stundentafel, zu Schultypenentscheiden, beim Übertritt in die Sekundarstufe I, zur Beurteilung, zum fakultativen Unterricht) ausarbeiten müssen.
Die Entwicklungsarbeiten am Lehrplan 21 verlaufen in einem mehrstufigen Verfahren. In einem ersten Schritt wurden von 2007 bis 2010 die Grundlagen geklärt und der Rahmen für die Lehrplanentwicklung konzeptionell entwor-

---

[1] Zyklus steht für Schulstufe: 1. Zyklus: Kindergarten (2 Jahre), 1. und 2. Schuljahr; 2. Zyklus: 3.-6. Schuljahr (Primarstufe); 3. Zyklus: 7.-9. Schuljahr (Sekundarstufe 1).

[2] Von den 26 Kantonen der Schweiz sind 4 französischsprachig, 3 gemischtsprachig deutsch und französisch, 17 deutschsprachig, 1 italienischsprachig und 1 gemischtsprachlich deutsch, italienisch und rätoromanisch.

[3] Im Projekt Lehrplan 21 wird für die 21 deutsch- und gemischtsprachigen Kantone der Schweiz ein gemeinsamer Lehrplan für die Volksschule (Kindergarten und 1.-9. Schuljahr) entwickelt. Ende Juni 2013 wurde ein zweiter Entwurf des gesamten Lehrplans veröffentlicht und für eine Konsultation unterbreitet.

fen. Als Eckwerte wurden dabei folgende Punkte festgelegt (vgl. dazu D-EDK 2010):

- Im Lehrplan werden grundlegende Kompetenzen für die einzelnen Fachbereiche sowie für überfachliche Kompetenzen ausgewiesen (Kompetenzorientierung).
- Das Lern- und Unterrichtsverständnis wird auf einen kompetenzorientierten Unterricht ausgerichtet.
- Ein verbindlicher Fachbereichskanon wird festgelegt: Deutsch, 1. und 2. Fremdsprache (Französisch/ Englisch oder Englisch/ Französisch), Mathematik, Natur-Mensch-Gesellschaft (Aufteilung im 3. Zyklus in die Fachbereiche: Natur und Technik; Wirtschaft, Arbeit, Haushalt; Räume, Zeiten, Gesellschaften; Ethik, Religionen, Gemeinschaft), Bildnerisches sowie Textiles und Technisches Gestalten, Bewegung und Sport.
- Überfachlich werden personale, soziale und methodische Kompetenzen ausgewiesen und es werden überfachliche Themen festgelegt: Berufliche Orientierung, ICT und Medien sowie „Nachhaltige Entwicklung". Kompetenzen zu den überfachlichen Themen werden in die entsprechenden Fachbereiche integriert; so sind z.b. in umfassender Weise Anliegen der Nachhaltigen Entwicklung im Fachbereich Natur, Mensch, Gesellschaft aufzunehmen.
- Für die einzelnen Fachbereiche werden Kompetenzen beschrieben, die von den Lernenden im Verlauf der Volksschule (Primar- und Sekundarstufe I) aufgebaut werden sollen. Zu jeder Kompetenz sind der Aufbau über die gesamte Volksschulzeit und die entsprechenden Kompetenzerwartungen beschrieben. Mit dem Kompetenzaufbau in Stufen wird dargelegt, welches Wissen, Können, Handeln u.a. von den Lernenden zu entsprechenden Zeitpunkten erwartet wird (Mindestanspruch je Schulzyklus, Verbindlichkeit, woran in den einzelnen Zyklus gearbeitet werden muss).
- Für die Ausarbeitung der Fachbereichslehrpläne werden Planungsannahmen für die Verteilung von Unterrichtszeit getroffen. So werden z.B. dem Fachbereich Natur, Mensch, Gesellschaft vom 1. bis zum 6. Schuljahr je Schuljahr wöchentlich 6 Unterrichtsstunden zugeteilt. Bei der Ausarbeitung der Fachbereichslehrpläne sollen dabei auch Freiräume geschaffen werden, indem angestrebt wird, dass für den Aufbau und die Entwicklung der entsprechenden Kompetenzen lediglich 80% der veranschlagten Unterrichtszeit verwendet werden muss.

Auf der Grundlage dieser Eckdaten wurden in einer zweiten Phase der Entwicklung des Lehrplans 21 (2010 – 2013) die Lehrpläne für die einzelnen Fachbereiche ausgearbeitet. Dies erfolgte in Fachbereichsteams, die aus

Fachdidaktikerinnen und Fachdidaktikern von Pädagogischen Hochschulen und aus Lehrpersonen der entsprechenden Schulstufen zusammengesetzt wurden. Das Fachbereichsteam Natur, Mensch, Gesellschaft bestand aus je 12 Personen der Fachdidaktik und der Schulpraxis. Die Arbeitsweise wurde so angelegt, dass die Entwicklungsarbeiten einerseits innerhalb der Zyklen und andererseits über die drei Zyklen hinweg koordiniert werden konnten. Bemerkenswert ist, dass es in einer Gruppe von 24 Personen mit ganz unterschiedlicher Herkunft, unterschiedlichen Anliegen, Hintergründen, Erfahrungen, Einstellungen und Interessen gelungen ist, ein gemeinsames Produkt zu entwickeln, welches geprägt ist durch ein gut abgesprochenes fachliches und fachdidaktisches Verständnis, eine koordinierte Struktur der Kompetenzorientierung und des Kompetenzaufbaus über alle Zyklen und thematischen Perspektiven innerhalb von Natur, Mensch, Gesellschaft hinweg sowie durch ein iteratives Ausloten zwischen fachdidaktischen und schulpraktischen Anliegen. Selbstverständlich wirft der jetzt vorliegende Entwurf (D-EDK 2013) noch viele Fragen auf und Ungereimtheiten sind nach wie vor sichtbar. Welche Veränderungen der Lehrplan noch erfahren wird, wird sich aufgrund der Ergebnisse der Konsultation zeigen. Die Diskussionen im Rahmen des Konsultationsverfahrens (Juli bis Dezember 2013) zeigen, dass verschiedenste Anliegen und Gewichtungen im Lehrplan sowohl in Fachkreisen als auch in der Gesellschaft sehr kontrovers beurteilt werden.

4. Kompetenzmodelle und „Lehrplanarchitekturen" – Ausgangspunkte

Lehrpläne in der Ausrichtung der Kompetenzorientierung beschreiben, was eine grundlegende Bildung im entsprechenden Fach ausmacht, welche Kompetenzbereiche und damit welches Wissen und Können für die Lernenden im Vordergrund stehen und wie ein entsprechender Aufbau und die Entwicklung von Kompetenzen bei den Lernenden kumulativ angelegt werden kann. Kompetenzmodelle beziehen sich sehr oft auf drei Dimensionen: Handlungsaspekte (oft auch als Fähigkeiten und Fertigkeiten, Strategien u.a. bezeichnet) (1), Themenbereiche, Inhalte, grundlegende Konzepte und „große Ideen" (2), Niveaus im Sinne von Anforderungen bzw. (Kompetenz-)Erwartungen (3).
In der Schweiz wurden in der Ausrichtung der Kompetenzorientierung entsprechende Modelle erstmals im Zusammenhang mit der Ausarbeitung und Entwicklung der Grundkompetenzen (Nationale Bildungsziele bzw. „Bildungsstandards") zwischen 2005 und 2011 für die Bereiche Schulsprache,

Fremdsprachen, Mathematik und Naturwissenschaften ausgearbeitet und 2011 von der Konferenz der kantonalen Erziehungsdirektoren (EDK) verabschiedet. Sie dienen für die Ausarbeitung der sprachregionalen Lehrpläne und für die Entwicklung eines nationalen Bildungsmonitorings. Für den Bereich der Naturwissenschaften (vom Kindergarten bis zum 9. Schuljahr, Sek I) wurde ein Kompetenzmodell entwickelt, welches auf zwei Achsen aufgespannt ist. 1. Achse: acht Handlungsaspekte (z.b. Fragen und Untersuchen, Informationen erschließen, Ordnen, Strukturieren, Modellieren, Einschätzen und Beurteilen) und 2. Achse: sieben grundlegende Themenbereiche wie z.b. „Bewegung, Kraft, Energie", „Stoffe und Stoffeigenschaften", „Lebewesen, Mensch und Gesundheit", „Natur, Gesellschaft, Technik – Perspektiven". Innerhalb der primären Achse wurden die acht Handlungsaspekte jeweils in mehrere Teilaspekte aufgegliedert und dazu Niveaus der Kompetenzentwicklung beschrieben. Im Niveaumodell sind für die einzelnen Teilaspekte jeweils bis insgesamt 9 Levels (Niveaustufen) beschrieben – je 4 für die drei Zyklen (2., 6. und 9. Schuljahr), wobei zwischen dem ersten und dem zweiten Zyklus ein Niveau und zwischen dem zweiten und dritten Zyklus zwei Niveaus überlappend sind (vgl. dazu die Ausführungen in Labudde/ Adamina 2012).

5. Lehrplan 21 – Kompetenzorientierung im Fachbereich Natur, Mensch, Gesellschaft im Lehrplan 21

Wie bei der Entwicklung der Nationalen Bildungsziele Naturwissenschaften (Kindergarten bis Ende 9. Schuljahr, Sek I) war auch für die Ausarbeitung des Fachbereichlehrplans Natur, Mensch, Gesellschaft (NMG) ein koordiniertes Vorgehen über die Zyklen hinweg vom Kindergarten bis am Ende der Sekundarstufe I vorgegeben. Im Lehrplan sollte sichtbar werden, wie die Kompetenzbereiche und Kompetenzen über die Zyklen hinweg aufgebaut sind und welche Verknüpfungen sich dabei ergeben. Eine besondere Herausforderung stellt dabei die Ausgangslage dar, dass im Fachbereich NMG vier verschiedene Bereiche – Natur und Technik; Wirtschaft, Arbeit, Haushalt; Räume, Zeiten; Gesellschaften und Ethik, Religionen, Gemeinschaft – im wechselseitigen Bezug zueinander in einem Fachbereichslehrplan aufgebaut werden. Die stufenübergreifende, kumulative Anlage und die Koordination und Vernetzung des gesamten Sachfachbereichs stellen – verglichen auch mit anderen Lehrplanentwicklungen im deutschsprachigen Raum – ein Novum dar.

In einem ersten Schritt der Lehrplanentwicklung wurden grundlegende Anliegen zusammengestellt. Dies erfolgte mit Bezug zu den bisherigen Lehrplänen sowie unter Einbezug aktueller Ergebnisse aus fachlichen und fachdidaktischen Forschungs- und Entwicklungsarbeiten, schulpraktischer Erfahrungen sowie Erkenntnissen aus Curriculumentwicklungen in anderen Ländern (insbesondere aus Deutschland, Kanada, den USA, Australien).

Ausgehend vom Kompetenzmodell im Bereich Naturwissenschaften und unter Einbezug von Modellen aus den anderen Fachbereichen (z.B. Mathematik, Sprachen) wurden mögliche Konstruktionen für die Lehrplanstruktur entworfen. Dabei entstanden erste Entwürfe für eine Konzeption der „Handlungsaspekte" (Fähigkeiten und Fertigkeiten; grundlegende Denk-, Arbeits- und Handlungsweisen, die für die verschiedenen Perspektiven des Fachbereichs von Bedeutung sind) sowie für perspektivenbezogene und -übergreifende Themenbereiche mit entsprechenden grundlegenden Konzepten und gesellschaftlich relevanten Themen und Ideen (Big Ideas).

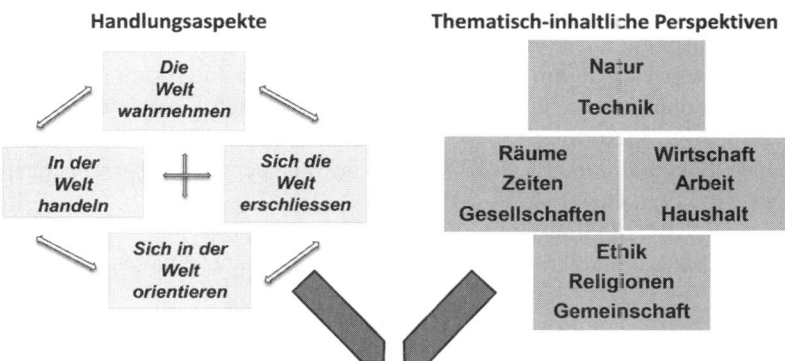

Kompetenzbereiche, Kompetenzen Natur, Mensch, Gesellschaft

Abbildung 1: Modell für die Erarbeitung der Kompetenzen und Kompetenzstufen im Lehrplan 21, Fachbereich „Natur, Mensch, Gesellschaft"

Im schließlich gewählten Lehrplanmodell werden die Kompetenzbereiche in erster Priorität nach thematisch-inhaltlichen Gesichtspunkten zusammengestellt. Die Beschreibung der Kompetenzen und Kompetenzstufen erfolgt dabei in der Verknüpfung von thematisch-inhaltlichen Anliegen und ausgewählten Handlungsaspekten. Damit ist bereits im Lehrplan eine direkte Verknüpfung zwischen den beiden Grunddimensionen vorgegeben (vgl. Abb. 1). Begründet wird dies insbesondere mit der Annahme, dass damit der Grundausrichtung eines kompetenzorientierten Lehrplans besser Rechnung getragen und die Förderung von Denk-, Arbeits- und Handlungsweisen (Handlungsaspekte – vgl. Bezug zum Perspektivrahmen Sachunterricht, GDSU 2013) verbindlicher angelegt werden können. Von Seiten der Schulpraxis wurde zudem das Überlassen dieser Verknüpfung an die Lehrpersonen in der Umsetzungsarbeit als zu hoher Anspruch eingeschätzt.

Rückmeldungen aus Hearings mit Fachexpertinnen und Fachexperten sowie Lehrpersonen für die beiden ersten Zyklen (Kindergarten und 1.-6. Schuljahr) führten zu einer nochmaligen Überarbeitung der Grundstruktur, bei der stärker Formen der „Weltbegegnung und -erschließung" der Schülerinnen und Schüler in diesen beiden Zyklen in den Fokus genommen werden. Ausgehend von Anliegen der Bezugsdisziplinen, von gesellschaftlich relevanten Fragestellungen sowie mit Bezug zu Erfahrungen und Interessen der Schülerinnen und Schüler wurden für die beiden ersten Zyklen 12 Kompetenzbereiche (vgl. Abb. 1) konstruiert, sechs davon mit einer stärker perspektivenbezogenen Fokussierung (p) und sechs mit stärker perspektiven-vernetzender Anlage (pv) (vgl. dazu D-EDK 2013):

- Identität, Körper, Gesundheit – für sich Sorge tragen (pv)
- Tiere, Pflanzen und ihre Lebensräume erkunden, Natur erhalten und gestalten (p)
- Stoffe, Energie und Bewegungen beschreiben, untersuchen und nutzen (p)
- Phänomene der belebten und unbelebten Natur wahrnehmen, erforschen und erklären (pv)
- Technische Entwicklungen und Umsetzungen erschließen, einschätzen und anwenden (pv)
- Konsum und Lebensstil gestalten, Produktions- und Arbeitswelten erkunden (p)
- Lebensweisen und Lebensräume von Menschen erschließen und vergleichen (pv)
- Menschen nutzen Räume – sich orientieren und mitgestalten (p)
- Zeit, Dauer und Wandel verstehen – Geschichte und Geschichten unterscheiden (p)

- Gemeinschaft und Gesellschaft – Zusammenleben gestalten und sich enga-
gieren (pv)
- Nach Grunderfahrungen, Werten und Normen fragen (pᵛ)
- Religionen und Weltsichten begegnen (p)

Tabelle 1: Struktur und Aufbau der Kompetenzen und Kompetenzstufen im
Lehrplan NMG (in Anlehnung an D-EDK 2013, Fachbereichslehrplan NMG, Kompetenzaufbau, S.19)

Kompetenzbereich NMG 4: Phänomene der belebten und unbelebten Natur erforschen und
erklären

*Kompetenz 6: Die Schülerinnen und Schüler können Erscheinungen auf der Erde und Bewe-
gungen von Himmelskörpern wahrnehmen, beschreiben und erklären*

	a	b…ei-gene Vorstel-lungen zu Himmel, Him-mels-körpern und Weltall be-schrei-ben, austau-schen und verglei-chen	c…können Erschei-nungen am Tag- und Nachthim-mel (Son-nenlauf, Mond, Sterne) beobachten, eigene Einsichten und Er-kenntnisse dazu be-schreiben, darstellen und mit eigenen Worten erklären	d …eigenen Fragen zur Erde als Planet und zu Him-melskörpern nachgehen, Informatio-nen dazu erschließen und bearbei-ten sowie Ergebnisse darstellen und Fragen im Aus-tausch mit anderen klären	e…Beobach-tungen zum Tag- und Nachthim-mel (z.B. Tag und Nacht, Jahreszeiten, Mond, Sterne) über längere Zeit vornehmen und Ergeb-nisse dazu ordnen und strukturieren	f…können zu ausge-wählten Fragen zu Erde, Him-melskörper und Univer-sum Infor-mationen erschließen, Sachverhalte untersuchen und Erkennt-nisse zusam-menstellen, ordnen und darstellen	g…Phänome ne zu Erde, Mond, Planeten und Sterne auf einfache Modelle übertragen und dabei Merkmale und Zusam-menhänge zu Bewegungen sowie räum-lichen und zeitlichen Situationen beschreiben, erklären und verknüpfen
Kompetenzstufen, -entwicklung / Die Schülerinnen/ Schüler können							

Das Fehlen einer Stufenbeschreibung unter a weist darauf hin, dass mit dem Aufbau dieser
Kompetenz erst im Verlaufe des 1. Zyklus begonnen wird. Grau gerastert: Mindestkompetenzan-
spruch am Ende des 1. bzw. des 2. Zyklus (bei dieser Kompetenz identisch mit Zyklusauftrag).

Jeder Kompetenzbereich umfasst fünf bis sieben Kompetenzen, die ihrerseits
mit mehreren Kompetenzstufen beschrieben werden. Dabei werden die
Kompetenzstufenbeschreibungen progressiv und kumulativ über die beiden
Schulzyklen vom Kindergarten bis zum Ende der Primarstufe (6. Schuljahr)
angelegt und gleichzeitig die Anschlussstellen zu den entsprechenden Kom-

petenzen im 3. Zyklus (Sekundarstufe 1) ausgewiesen. Zudem ist jeweils festgelegt, welche Kompetenzstufe von möglichst allen Lernenden am Ende eines Zyklus erreicht (Mindestanspruch) und bis zu welcher Kompetenzstufe innerhalb eines Zyklus im Unterricht gearbeitet werden muss (Auftrag des Zyklus). An einem Beispiel soll diese Struktur und dieser Kompetenzaufbau gezeigt werden (vgl. Tab. 1).

Auf diese Art sind alle Kompetenzbereiche, Kompetenzen und Kompetenzstufen im Fachbereichslehrplan NMG formuliert. Bei der Strukturierung und Beschreibung zeigten sich drei große Herausforderungen:

1. Wie können die Kompetenzstufen innerhalb von Kompetenzen und Kompetenzbereichen, aber auch zwischen den Kompetenzbereichen sinnstiftend, kumulativ-progressiv und möglichst konsistent beschrieben werden?

2. Wie können eine sachlich und fachdidaktisch gut begründete Verknüpfung und ein kontinuierliches Fördern (Aufbau, Übung, Anwendung) verschiedener Handlungsaspekte (Denk-, Arbeits- und Handlungsweisen) angelegt und bei jeder Kompetenzstufe mit möglichst zutreffenden Verben beschrieben werden (z.b. vergleichen, beurteilen, ordnen und strukturieren)?

3. Wie können die Entwicklungsarbeiten verschiedener Autorinnen und Autoren so koordiniert werden, dass die Kompetenzbeschreibungen auf gleicher Ebene (z.B. Konkretisierung, inhaltliche Bezugspunkte und Beispiele) erfolgen, Überschneidungen vermieden bzw. Verbindungen zwischen Kompetenzbereichen bewusst angelegt und sichtbar gemacht werden können?

Aus der Darlegung der Kompetenzstufen in Tabelle 1 geht hervor, dass eine Progression und Kumulation hinsichtlich der Entwicklung von eigenen Vorstellungen über Beobachtungen von Phänomenen, der Auseinandersetzung mit Informationen u.a. hin zur Einordnung und Orientierung und zu ersten modellartigen Vorstellungen und der Erklärung von Gesetzmäßigkeiten erfolgt; dabei sind Progressionen vor allem zwischen den Stufen c und e, d und f sowie b, d und g angelegt. Das Beispiel zeigt auch, dass bei der erwarteten Kompetenzentwicklung im Fachbereichslehrplan Natur, Mensch, Gesellschaft verschiedene Progressionslogiken einbezogen werden (in Anlehnung an Kübler/ Adamina 2012):

a. Komplexität und Schwierigkeit des Inhalts oder des Verfahrens

b. Breite und Menge (der Informationen, der Verfahren, der Art der Bearbeitung)

c. Tiefe, Genauigkeit, Differenzierung (der inhaltlichen Ausrichtung, der Verfahren)

d. Verallgemeinerung, Abstraktion (z.B. vom Alltagsphänomen zur Gesetzmäßigkeit)

34

e. Eigenständigkeit, Grad der Selbstständigkeit bei der Bearbeitung
f. Grad der Strukturierung, Anleitung, Unterstützung u.a.
g. Perspektiven und Aspekte (personale, sachbezogene Perspektive, Mehrperspektivität, Perspektivenwechsel)

Bei der Stufung der Kompetenzen sind jeweils mehrere Progressionslogiken berücksichtigt (vgl. dazu das Beispiel in Tab. 1). Dabei wird versucht, inner-halb der Kompetenzen eine möglichst angepasste und konsistente Kumulati-on der Kompetenzstufen zu erreichen, was sich bei der Konstruktion als sehr anspruchsvoll erweist.

Angestrebt wurde, über alle Teilfachbereiche und Zyklen hinweg die Hand-lungsaspekte in koordinierter Form aufzuspannen und bei der Kompetenzbe-schreibung anzuwenden. Dazu wurde versucht, ein gemeinsames Verständnis zu den verschiedenen Denk-, Arbeits- und Handlungsweisen zu entwickeln und die Vielfalt von Formen der Erkenntnisgewinnung und Zugangsweisen zu Sachen und Situationen zu berücksichtigen. In einem mehrstufigen Ver-fahren wurde dazu ein Raster zu den vier Handlungsaspekten mit der Zuord-nung entsprechender Denk-, Arbeits- und Handlungsweisen entworfen und dabei eine Verbenliste für die Beschreibung von Kompetenzen und Kompe-tenzstufen ausgearbeitet und abgestimmt. Am Beispiel der beiden Hand-lungsaspekte „Die Welt erschließen" und „Sich in der Welt orientieren" wird dies aufgezeigt.

So gehören zum Handlungsaspekt „Die Welt erschließen" z.B. die Denk-, Arbeits- und Handlungsweisen Fragen stellen/ vermuten, erkunden, explorie-ren und laborieren, untersuchen und erforschen, experimentieren, recherchie-ren und Informationen erschließen, darstellen und dokumentieren. Zum Handlungsaspekt „Sich in der Welt orientieren" werden die Operatoren ord-nen, vergleichen, benennen und charakterisieren, strukturieren und modellie-ren, erzählen, erklären, analysieren, einschätzen und beurteilen sowie reflek-tieren aufgeführt und dabei die Kennzeichen und Merkmale dieser Teilaspek-te von Handlungsweisen näher erläutert.

6. Chancen der Lehrplanumsetzung – Entwicklung von Lernsituationen und Lernaufgaben

Die große Herausforderung aber auch Chance für die Umsetzung der anvi-sierten Kompetenzorientierung besteht in der Aufarbeitung und Aufbereitung von Lernsituationen bzw. -aufgaben für den Unterricht. Die Bedeutung der Entwicklung und Ausarbeitung adäquater Lernarrangements für die Umsetzung im Unterricht ergibt sich aus den Ergebnissen vieler Unterrichtsentwicklungsprojekte im Nachgang zu den PISA- und IGLU-Untersuchungen, wie z.b. in den Projekten SINUS-Grundschule Naturwissenschaften (Physik, Biologie, Chemie) im Kontext (vgl. z.b. Demuth et al. 2008, Duit et al. 2007) und aus fachdidaktischen Forschungs- und Entwicklungsprojekten (vgl. z.b. Möller 2011).

Für die deutschsprachige Schweiz liegen in Bezug auf die Konzeption, das Arrangement sowie teilweise auch für die Erprobung und Validierung von Lernsituationen und -aufgaben in der Ausrichtung eines kompetenzorientierten Unterrichts folgende Erfahrungen vor:

- die Entwicklung von Testsituationen und -aufgaben sowie die Konzeption von Lerngelegenheiten zum naturwissenschaftsbezogenen Lernen im Rahmen des Projektes „Nationale Bildungsziele, Grundkompetenzen Naturwissenschaften" (Konsortium Naturwissenschaften+ 2008),
- die Entwicklung von Lehr- und Lernmaterialien zum Fachbereich Natur, Mensch, Mitwelt im Projekt „Lernwelten Natur, Mensch, Mitwelt".

Hinweise auf Beispiele aus diesen Projekten finden sich insbesondere in den publizierten Unterlagen zum HarmoS Projekt Naturwissenschaften+ (nawiplus.phbern.ch, Labudde/ Adamina 2012) und in den Unterlagen zur Lehrmittelreihe „Lernwelten Natur, Mensch, Mitwelt" (www.nmm.ch, Adamina/ Müller 2008).

Aus aktueller Sicht und im Hinblick auf die geplante Weiterentwicklung von Lehr- und Lernmaterialien zum Sachunterricht im Anschluss an den Lehrplan 21 und auf das geplante Bildungsmonitoring in der Schweiz – welches z.B. eine Überprüfung der Grundkompetenzen der Schülerinnen und Schüler im Bereich Naturwissenschaften am Ende des 2. Schuljahres ab 2017 vorsieht – besteht gerade in dieser Hinsicht noch ein großer Bedarf an Grundlagen- und Entwicklungsarbeit.

Eine Art Analyse der Ausgangssituation dazu mit Vorschlägen für weitere Entwicklungsarbeiten und Gesichtspunkten für die Ausarbeitung von Lernsituationen und Lehrmitteln im Hinblick auf die Umsetzung der Nationalen Bildungsziele wurde 2011 ausgearbeitet (Adamina/ Mayer 2011).

Vorgeschlagen wird, im Rahmen von Projekten der fachdidaktischen Entwicklungsforschung entsprechende Grundlagen aufzuarbeiten und Hilfsmittel für den Unterricht in Form von exemplarischen Lernsituationen, Lehr- und Lernmaterialien sowie unterstützenden Planungs- und Umsetzungshilfen zu entwickeln. Als Skizze für entsprechende Entwicklungsprojekte kann, ausgehend von den bisherigen Erfahrungen, folgende Anlage und Struktur anvisiert werden (vgl. Abb. 2):

Iteratives Verfahren bei der Entwicklung von Lernsituationen, Aufgaben, Lernmaterialien

Abbildung 2: Entwicklungsforschung zu Lernsituationen und -aufgaben für den NMG-Unterricht (in Anlehnung an Adamina 2004, Prediger/ Link 2012)

Da die entsprechenden Ressourcen und Erfahrungen in der deutschsprachigen Schweiz diesbezüglich recht schmal sind, bleibt zu hoffen, dass es in Kooperation zwischen den Pädagogischen Hochschulen und wenn möglich auch in Zusammenarbeit mit Partnerorganisationen im deutschsprachigen Raum gelingen wird, eine gut koordinierte und Synergien nutzende Entwicklungsarbeit in Gang zu bringen.

Literatur

Adamina, M (2004): Bottom Up und Top Down – die Verschränkung von schulpraktischen und grundlegenden fachdidaktischen Anliegen bei der Entwicklung von Lern- und Lehrmaterialien. In: Aeberli, Chr. (Hrsg.): Lehrmittel – neu diskutiert. Ergebnisse des 1. Schweizer Lehrmittelsymposiums. Zürich, S. 67-85.

Adamina, M.; Mayer, B. (2011): Auswirkungen der Implementierung von Bildungsstandards auf die Entwicklung von Lehrmitteln. Bericht der Schweizer Delegation EDK zum Ländertreffen Deutschland, Österreich, Schweiz 2011 in Ittingen). URL: http://harmos.phbern.ch/ fileadmin/02_harmos/Publikationen/Text14.pdf [10.10.2013].

Adamina, M.; Müller, H. (2008). Lernwelten Natur, Mensch, Mitwelt. Bern.

CIIP (2010): Plan d'études romand (PER). Premier et deuzième Cycle. Neuchàtel. URL: http:// www. ciip.ch/CMS/default.asp?ID=1298 [30.10.2013].

D-EDK (Deutschschweizer Erziehungsdirektoren-Konferenz) (2010): Grundlagen für den Lehrplan 21. Luzern. URL: http:// www. lehrplan. ch/ sites/ default/ files/ Grundlagenbericht. pdf [10.10.2013].

D-EDK (Deutschschweizer Erziehungsdirektoren-Konferenz) (2013): Lehrplan 21 – Fachbereichslehrplan Natur, Mensch, Gesellschaft – Einleitende Kapitel und Kompetenzaufbau. Luzern: D-EDK. URL: http://www.lehrplan.ch [10.10.2013].

Demuth, R.; Gräsel, C.; Parchmann, I.; Ralle, B. (Hrsg.) (2008): Chemie im Kontext. Von der Innovation zur nachhaltigen Verbreitung eines Unterrichtskonzepts. Münster.

Duit, R.; Groppengiesser, H.; Stäudel, L. (Hrsg.) (2007): Naturwissenschaftliches Arbeiten. Unterricht und Material 5-10. Seelze.

EDK (Schweizerische Konferenz der kantonalen Erziehung[s]direktoren) (2011). Grundkompetenzen für die Naturwissenschaften. Nationale Bildungsstandards. Bern. URL: http:// edudoc.ch/record/96787/files/grundkomp_nawi_d.pdf [30.10.2013].

EDK (Schweizerische Konferenz der kantonalen Erziehungsdirektoren) (2007): Interkantonale Vereinbarung über die Harmonisierung der obligatorischen Schule (Harmos Konkordat). Bern. URL: http://edudoc.ch/record/24711/files/HarmoS_d.pdf [30.10.2013].

Konsortium HarmoS Naturwissenschaften (2008): HarmoS Naturwissenschaften+: Kompetenzmodell und Vorschläge für Bildungsstandards (Wissenschaftlicher Schlussbericht). Bern. Kurzversion des Berichts. URL: http://www.edudoc.ch/ static/ web/ arbeiten/ harmos/ harmoS _kurzbericht_neu.pdf. [30.10 2013].

Kübler, M. (2013): Sachunterricht in der Schweiz. Lehrpläne zwischen Föderalismus und Zentralismus. In: Peschel, M.; Favre, P.; Mathis, Chr. (Hrsg.) (2013): SaCHen unterriCHten. Beiträge zur Situation der Sachunterrichtsdidaktik in der deutschsprachigen Schweiz. Baltmannsweiler, S. 21-40.

Kübler, M.; Adamina, M. (2012): Unterschiedliche Progressionslogiken im Kompetenzaufbau NMG im Lehrplan 21. Arbeitspapier des Fachbereichsteams NMG. (unveröffentlicht)

Labudde, P.; Adamina, M. (2012): Kompetenzen fördern – Standards setzen: Naturwissenschaftliche Bildung in der Primarstufe. Handreichung des Programms SINUS an Grundschulen. Kiel. URL: http:// www.sinus-an-grundschulen.de/ fileadmin/ uploads/ Material_aus_SGS/ Handreichung_LabuddeAdamina_web.pdf [30.10.2013].

Möller, K. (2010): Lehrmittel als Tools für die Lehrkräfte – ein Mittel zur Unterrichtsentwicklung? In: Beiträge zur Lehrerbildung, 28, 1, S. 97-108.

Peschel, M.; Favre, P.; Mathis, Chr. (Hrsg.) (2013): SaCHen unterriCHten. Beiträge zur Situation der Sachunterrichtsdidaktik in der deutschsprachigen Schweiz. Baltmannsweiler.

Prediger, S.; Link, M. (2012): Fachdidaktische Entwicklungsforschung – ein lernprozessfokussierendes Forschungsprogramm mit Verschränkung fachdidaktischer Arbeitsbereiche. In: Bayrhuber, H. et al. (Hrsg.): Formate fachdidaktischer Forschung. Band 2 Fachdidaktische Forschungen. Münster, S. 29-45.

Andrea Becher und Eva Gläser

Kompetenzorientierte Analyse und Entwicklung von Lernaufgaben

It is a central assignment of teachers to plan, develop and analyze tasks in order to improve the quality of lessons generally and to be able to promote (domain)specific learning processes. Thus categorical systems for the analysis and classification of assignments must be developed for every subject. Particularly, this is a challenge for social sciences which are characterized by their multi-perspectiveness. In the following text specifically for the historical perspective it is shown which criteria have a certain importance. The explanation of the criteria of analysis also contains an empirical investigation with an analysis of assignments in social sciences readers. As for teachers assignments in teaching materials are a "pivotal instrument of planning, directing and evaluating teaching-learning processes" (Maier et al. 2010, p. 5).

1. Lernaufgaben und Lehrkompetenz

Den Zusammenhang von Lehrkompetenz und Aufgabenkultur benennt die Kultusministerkonferenz (KMK) in ihren Standards für die Lehrerbildung im Kompetenzbereich „Unterrichten". Dort wird festgelegt, dass Lehrende für eine sach- und fachgerechte Unterrichtsplanung und -durchführung neben unterschiedlichen Unterrichtsmethoden auch Aufgabenformate kennen sollen, um diese anforderungs- und situationsgerecht einsetzen zu können (vgl. KMK 2004, S. 7). Eine zentrale Kompetenz von Lehrpersonen ist demnach über Instrumente zur Analyse und Klassifikation von Aufgaben zu verfügen, was meint, dass sie diese kennen und anwenden können sollen, um Aufgaben fachspezifisch im Unterricht einsetzen zu können (vgl. Becher/ Gläser 2014). Doch obwohl Aufgaben immanente Bestandteile von Lehrmitteln sind und somit „Ziele und Inhalte von Unterricht" konkretisieren (Bohl et al. 2012, S. 7), gibt es nur wenige fachdidaktische Aufgabenanalysen bzw. domänenspezifische Untersuchungen einzelner (Lern-)Aufgaben hinsichtlich ihres Potenzials zur Initiierung, Aufrechterhaltung als auch Sicherstellung von lernförderlichem Unterricht. Gegenwärtig wird insbesondere aus der Perspektive der Schulpädagogik diskutiert, welche Potentiale fächerübergreifende Analyseraster in Bezug auf eine Unterstützung von Lehrenden zur Aufgabenentwicklung und -beurteilung besitzen. Ein Beispiel hierfür ist das von der Forschungsgruppe um Thorsten Bohl entwickelte fächerübergreifende Kategoriensystem zur Aufgabenanalyse, das in allen Schulstufen und allen Fächern eingesetzt werden soll (vgl. Maier et al. 2013, S. 27). Teilweise sind diese Kategorien auch aus sachunterrichtsdidaktischer Sicht für die Analyse von Aufgaben anwendbar, beispielsweise wenn die überfachlichen Kriterien Lebensweltbezug, sprachlogische Komplexität oder Formen der Repräsentation betrachtet werden. Für explizit fachdidaktisch angelegte Aufgabenanalysen reichen diese allgemeinen, fachübergreifenden Kategorien aber nicht aus. Zusätzlich sind domänenspezifische Kategorien für die Analyse und Entwicklung von Aufgaben notwendig (vgl. Becher/ Gläser 2013, S. 195f.).

2. Analyse von Aufgaben im Sachunterricht

Eine Auseinandersetzung mit bzw. Diskussion über Aufgaben ist innerhalb der Fachdidaktik Sachunterricht bislang nur begrenzt erkennbar. Beispielsweise werden innerhalb des SINUS-Programms für Grundschulen unterschiedliche „Kennzeichen" für die Analyse von „guten Aufgaben" für das naturwissenschaftliche Lernen im Sachunterricht vorgestellt. Diese sind allerdings sehr allgemein formuliert und lassen keinen explizit fachlichen Bezug erkennen, da Lehrende allgemeindidaktische Kriterien wie „Offenheit" und „Materialaufwand" einschätzen sollen (vgl. Rieck 2011, S. 31). Ähnliches gilt für die von Kaiser und Albers (2010) im Kontext des Projektes KLee (Kompetenzerwerb durch Lernaufgaben) durchgeführten Aufgabenanalysen in ausgewählten Sachunterrichtsbüchern vierter Klassen, die vor allem auf lernpsychologisch bestimmten Kriterien basieren. Eine fachlich bzw. fachdidaktisch begründete Auseinandersetzung mit Lernaufgaben im Sachunterricht wird daher mit keinem der Analyseraster ermöglicht (vgl. Gläser 2012, S. 199; Becher/ Gläser 2014). Somit stellen fachspezifisch-kompetenzorientierte Analysen von Lernaufgaben für die Sachunterrichtsdidaktik ein Desiderat dar, das daher im Rahmen unseres Forschungsprojektes zur kompetenzorientierten Analyse von Lernaufgaben aufgegriffen wird. Ausgehend von der Annahme, dass viele Lehrkräfte Lehrbücher „als Aufgabensammlung [nutzen] und die Unterrichtsvorbereitung [...] mehr durch das der Lehrkraft zur Verfügung stehende Lernmaterial als durch den Lehrplan bestimmt [wird]" (Maier et al. 2010, S. 5), legten wir den Untersuchungsgegenstand unserer Studie bewusst auf schriftliche Lernaufgaben aus Sachunterrichtsschulbüchern (vgl. Gläser/ Becher 2012a, S. 234; 2012b, S. 147). Eingebettet ist die Studie zudem in die Diskussion über fachspezifische Kompetenzorientierung und domänenspezifische Kompetenzmodelle zur Identifizierung von „Grunddimensionen der Lernentwicklung in einem Gegenstandsbereich" (Klieme et al. 2007, S. 686) und hat daher folgende leitende Forschungsfrage: Kann mit schriftlichen Lernaufgaben in Sachunterrichtsschulbüchern eine Kompetenzorientierung initiiert werden?

3. Kompetenzen historischen Denkens im Sachunterricht

Kompetenzen sind „aufgrund der zentralen Rolle fachbezogener Fähigkeiten und fachbezogenen Wissens […] in hohem Maße domänenspezifisch" (a.a.O., S. 61) und werden in fachbezogenen Kompetenzmodellen angeordnet. Eine Teilstudie im Rahmen unserer kompetenzorientierten Aufgabenanalyse befasste sich explizit mit schriftlichen Lernaufgaben zum historischen Lernen in Sachunterrichtsschulbüchern. Das Kompetenz-Strukturmodell zum historischen Denken der Forschergruppe FUER-Geschichtsbewusstsein und der aktuelle Perspektivrahmen Sachunterricht der GDSU, der in der historischen Perspektive eine klare Orientierung am FUER-Modell aufweist, wurden zur fachdidaktischen Klärung verwendet. Beide Kompetenzmodelle unterscheiden fünf Kompetenzbereiche: die historischen Frage-, historische Orientierungs-, historische Sach- und historische Methodenkompetenz – letztere wird von der GDSU als Methoden-/ Medienkompetenz bezeichnet (vgl. Schreiber et al. 2006; GDSU 2013, S. 57ff.). Der fünfte Kompetenzbereich ist die so genannte historische Narrationskompetenz, die die Kompetenz zur Bildung sinnhafter Erzählungen umfasst. Im FUER-Modell (Schreiber et al. 2006) ist diese als Re-Konstruktionskompetenz in die Methodenkompetenz integriert (GDSU 2013, 54ff.; Schreiber et al. 2006). Für zwei Kompetenzbereiche, die historische Methoden- und die historische Sachkompetenz, liegen bereits Ergebnisse unserer Untersuchung vor. Die Analyse der Lernaufgaben in den untersuchten Sachunterrichtsschulbüchern ergab, dass sowohl historische Sachkompetenz als auch historische Methodenkompetenz nur bedingt durch die Aufgaben zu vermitteln ist (vgl. Gläser/ Becher 2012a, S. 234ff.; 2012b, S. 146ff.; Becher/ Gläser 2014).
Zu einem weiteren Analyseschwerpunkt, der Förderung der historischen Fragekompetenz durch Lernaufgaben in Sachunterrichtsschulbüchern, werden im Folgenden Ergebnisse vorgestellt. In den analysierten Sachunter-

richtslehrwerken (je sechs Schulbücher der Klassen 3 und 4, die aktuell in Niedersachsen zugelassen sind) konnten in einem ersten Schritt, einer Oberflächenanalyse, insgesamt 135 schriftliche Lernaufgaben zum historischen Lernen herausgefiltert werden, die Aspekte zur historischen Fragekompetenz enthalten. Bei der quantitativen Verteilung dieser Aufgaben zeigten sich große Unterschiede zwischen den Lehrwerken. So enthalten zwei Lehrwerksreihen in der Klassenstufe 3 und 4 nur sechs bzw. zehn Aufgaben zur historischen Fragekompetenz. In drei Lehrwerksreihen sind zwischen 23 und 27 Lernaufgaben enthalten und in einer weiteren Lehrwerksreihe für die Klassenstufen drei und vier finden sich hingegen 42 Lernaufgaben zu Aspekten der historischen Fragekompetenz. Jedoch ist dieses Ergebnis zu relativieren, da die Unterschiede der Lehrwerke hinsichtlich der Quantität von Lernaufgaben zur historischen Fragekompetenz zum einen mit der Quantität von Aufgaben im gesamten Lehrwerk – also auch zu anderen (domänenspezifischen) Inhaltsbereichen – und somit auch mit den unterschiedlichen Konzeptionen der einzelnen Lehrwerksreihen korrelieren: Einige sind wie Sachbücher gestaltet, das heißt, sie enthalten kaum Lernaufgaben und bilden vielmehr Sachtexte und Bilder ab (vgl. Gläser 2012, S. 204).

4. Historische Fragekompetenz: Aufgabenanalyse und ausgewählte Ergebnisse

Historische Fragekompetenz meint allgemein „Fragen nach Veränderungen menschlichen Zusammenlebens in der Zeit stellen" (GDSU 2013, S. 58) zu können. Für die Studie wurden acht Teilkompetenzen historischer Fragekompetenz vor allem aus dem FUER-Modell, dem aktuellen Perspektivrahmen Sachunterricht sowie induktiv aus dem Datenmaterial herausgearbeitet und in ein Kategoriensystem (siehe Tabelle 1) überführt. Dieses wurde anschließend im Rahmen der Aufgabenanalyse deduktiv auf die Aufgaben angewandt. Die folgenden acht Teilkompetenzen sind nicht additiv zu verstehen, sondern sie umschreiben insgesamt die historische Fragekompetenz. In der Planung und Auswertung von Lehr-Lernprozessen zum historischen Lernen, insbesondere zur historischen Fragekompetenz, veranschaulichen und erläutern sie, welches Wissen in diesem Kompetenzbereich vermittelt werden sollte.

Tabelle 1: Kategoriensystem zur domänenspezifischen Aufgabenanalyse – historische Fragekompetenz (© Becher & Gläser)

Acht Teilkompetenzen historischer Fragekompetenz	Fragestellungen zur Analyse von Aufgaben zu historischer Fragekompetenz
Fragen stellen	*historische Fragen formulieren:* Werden die SuS dazu angeleitet, Fragestellungen an die Vergangenheit/ Geschichte zu formulieren?
Demonstration	*Fragestellungen generieren:* Werden die SuS dazu angeleitet, mit Hilfe von Demonstrationen von historischen Fragestellungen ebendiese zu stellen?
erkenntnisorientierte Fragen	*Beispiele finden:* Werden die SuS dazu angeleitet, exemplarische Fragen zu stellen, um sich anhand von Beispielen aus der Vergangenheit in Gegenwart und Zukunft orientieren zu können?
kritische Fragen	*Alternativen suchen:* Werden die SuS dazu angeleitet, mit Hilfe von kritischen Fragen nach Alternativen, abgebrochenen Ideen und Versuchen o.ä. zu suchen?
kontexterschließende Fragen	*Rahmenbedingungen:* Werden die SuS dazu angeleitet, Fragen zu stellen, die die sich verändernden zeitlichen Rahmenbedingungen berücksichtigen?
auf Vergleiche zielende Fragen	*Vergleiche:* Werden die SuS angeleitet, Fragen zu stellen, die auf Vergleiche zielen – im Hinblick auf ein Strukturieren des Vorwissens?
Überführung von Interesse an Historischem	*Interesse an Historischem:* Werden die SuS dazu angeleitet, ihr (individuelles) Interesse für ein historisches Thema in konkrete historische Fragen zu überführen?
Nachvollzug gegenwärtiger Sichtweise	*gegenwärtige Sichtweise:* Werden die SuS dazu angeleitet, zu verstehen bzw. nachzuvollziehen, dass sich historische Fragen aus unserer gegenwärtigen Sichtweise ergeben?

Eine wichtige Teilkompetenz innerhalb der historischen Fragekompetenz ist, dass Schülerinnen und Schüler angeleitet werden, historische Fragen zu formulieren. In der Detailanalyse der Lernaufgaben, in der Doppelkodierungen möglich waren, fiel jedoch auf, dass die insgesamt 135 Aufgaben zur historischen Fragekompetenz fast alle vom Lehrwerk *vorgegebene Fragestellungen* an die Geschichte enthalten (N=124) (siehe Abb. 1). Ein weiteres Ergebnis ist, dass nur sehr begrenzt Aufgaben in den Lehrwerken enthalten sind, die

Schülerinnen und Schülern *demonstrieren*, wie historische Fragen gefunden und gestellt werden können (N=6). Ebenso gering sind Aufgaben vertreten, die explizit *initiieren*, dass Lernende selbst Fragen an die Vergangenheit stellen sollen (N=16). Bei einer Aufgabe, die dies gezielt einbindet, wird beispielsweise im Kontext eines Interviews zu „Kindheit früher" gefragt, welche Fragen die Kinder selber noch stellen können.

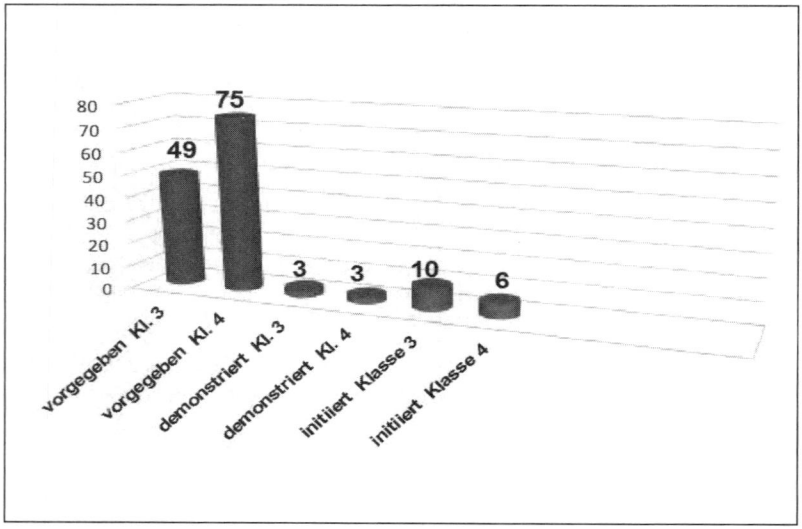

Abbildung 1: Aufgaben zur Fragekompetenz in Sachunterrichtsschulbüchern

Zur Teilkompetenz „erkenntnisorientierte Fragen" gehört beispielsweise die Analysefrage, ob die Lernenden dazu angeleitet werden, zielgerichtet nach Ursachen zu fragen. Dazu sind exemplarische Fragen zu stellen, um sich anhand von Beispielen aus der Vergangenheit in Gegenwart und Zukunft orientieren zu können. Die Teilkompetenz „kontexterschließende Fragen" bindet mit ein, ob Schülerinnen und Schüler durch Aufgabenstellungen dazu angeleitet werden, Fragen zu stellen, die die sich verändernden zeitlichen Rahmenbedingungen berücksichtigen. Die Anwendung dieser Kriterien auf die Aufgaben zur historischen Fragekompetenz ergab jedoch, dass nur wenige Aufgaben dazu anleiten, den historischen Kontext zu erschließen (N=8). Es konnte zudem nur eine einzige Aufgabe identifiziert werden, die dazu anleitet, Beispiele zu finden, die eine Erkenntnisorientierung unterstützen: In dieser Aufgabe wird eine Spurensuche nach Zeugen der Vergangenheit vor Ort initiiert und neben dem Alter und der Herkunft ebenso danach gefragt, warum es diese gibt.

5. Fazit

Das zentrale Ergebnis unserer kompetenzorientierten Aufgabenanalyse zur historischen Fragekompetenz ist, dass nicht alle acht Teilbereiche gleichgewichtet in den untersuchten Lernaufgaben der Sachunterrichtslehrwerke enthalten sind. Eine Kompetenzentwicklung im Sinne eines Bildungsganges wird somit nicht ermöglicht und es ist kein curricularer Wissensaufbau von Klasse 3 zu Klasse 4 in den Lehrwerken angelegt. Des Weiteren ist auffällig, dass mehr als 80% der Aufgaben zur historischen Fragekompetenz die Fragestellung bereits vorgeben und Lernende somit nicht explizit dazu anleiten, eigene historische Fragen zu generieren und zu stellen. Zudem demonstrieren nur sehr wenige Aufgaben den Lernenden, wie Fragen an die Vergangenheit gestellt werden können. Hieraus ergibt sich eine grundsätzliche Frage: Sind die in den Schulbüchern vorgegebenen Fragestellungen überhaupt als kompetenzorientierte Lernaufgaben für die Entwicklung historischer Fragekompetenz zu klassifizieren?

Bedenkt man den Zusammenhang von Lehrkompetenz und Aufgabenkultur, bleibt anzumerken, dass Lehrende dazu anzuleiten sind, Lehrwerke hinsichtlich ihrer Kompetenzorientierung überprüfen zu können. Dafür wurden unter anderem die für diese Studie zur kompetenzorientierten Analyse von Aufgaben historischen Lernens entwickelten Untersuchungsinstrumente entwickelt. Die Kategoriensysteme zu historischer Methoden-, Sach- und Fragekompetenz (vgl. Gläser 2012, S. 204; Gläser/ Becher 2012b, S. 148; Becher/ Gläser 2013) eigenen sich zur domänenspezifischen Analyse und Bewertung von Aufgaben zum historischen Lernen im bzw. für den Sachunterricht und können in der Praxis angewendet werden.

Literatur

Becher, A.; Gläser, E. (2014): Lehrkompetenz und kompetenzorientierte Lernaufgaben im Sachunterricht. In: Kopp, B; Martschinke, S.; Munser-Kiefer, M.; Haider, M.; Kirschhock, E.-M.; Ranger, G.; Renner, G. (Hrsg.): Individuelle Förderung und Lernen in der Gemeinschaft. Wiesbaden, S. 114-117.
Becher, A.; Gläser, E. (2013): Schriftliche Lernaufgaben kompetenzorientiert gestalten und reflektieren – Zur Etablierung einer entwicklungsorientierten Aufgabenkultur. In: Gläser, E.;

Schönknecht, G. (Hrsg.): Sachunterricht in der Grundschule – entwickeln – gestalten – reflektieren. Frankfurt a.M.: Arbeitskreis Grundschule e.V. (im Druck).

Bohl, T.; Kleinknecht, M.; Bartzel, A.; Richey, P. (2012): Aufgabenkultur in der Schule. Eine vergleichende Analyse von Aufgaben und Lehrerhandeln im Hauptschul-, Realschul- und Gymnasialunterricht. Baltmannsweiler.

Gesellschaft für Didaktik des Sachunterrichts (GDSU) (Hrsg.) (2013): Perspektivrahmen Sachunterricht. Vollständig überarbeitete und erweiterte Ausgabe. Bad Heilbrunn, S. 191-201.

Gläser, E. (2012): Lernaufgaben und Kompetenzorientierung im Sachunterricht – eine Studie zum historischen Lernen in Schulbüchern. In: Kosinár, J.; Carle, U. (Hrsg.): Aufgabenqualität in Kindergarten und Grundschule. Grundlagen und Praxisbeispiele. Baltmannsweiler, S. 197-208.

Gläser, E; Becher, A. (2012a): Kompetenzorientierung im Sachunterricht – eine Studie zu schriftlichen Lernaufgaben. In: Hellmich, F.; Förster, S.; Hoya, F. (Hrsg.) (2012): Bedingungen des Lehrens und Lernens in der Grundschule – Bilanz und Perspektiven. Wiesbaden, S. 233-236.

Gläser, E.; Becher, A. (2012b): Kompetenzorientierung im historischen Lernen – Eine Analyse schriftlicher Lernaufgaben in Schulbüchern. In: Giest, H.; Heran-Dörr, E.; Archie, C. (Hrsg.) (2012): Lernen und Lehren im Sachunterricht. Zum Verhältnis von Konstruktion und Instruktion. Bad Heilbrunn, S. 143-150.

Kaiser, A.; Albers, S. (2010): Lernen durch Lernaufgaben im Sachunterricht. Eine kritische Schulbuchanalyse. Oldenburg.

Klieme, E.; Avenarius, H.; Blum, W.; Döbrich, P.; Gruber, H.; Prenzel, M.; Reiss, K.; Riquarts, K.; Rost, J.; Tenorth, H.-E.; Vollmer, H. (2007): Zur Entwicklung nationaler Bildungsstandards. Bonn, Berlin.

KMK (2004): Standards für die Lehrerbildung Bildungswissenschaften (Beschluss der Kultusministerkonferenz vom 16.12.2004). URL: http://www.kmk.org/fileadmin/ veroeffentlichungen_beschluesse/2004/2004_12_16-Standards-Lehrerbildung.pdf [12.03.2013].

Maier, U.; Kleinknecht, M.; Metz, K.; Schymalia, M.; Bohl, T. (2010): Entwicklung und Erprobung eines Kategoriensystems für fächerübergreifende Aufgabenanalyse. Nürnberg.

Maier, U.; Bohl, T.; Kleinknecht, M.; Metz, K. (2013): Allgemeindidaktische Kriterien für die Analyse von Aufgaben. In: Kleinknecht, M.; Bohl, T.; Maier, U.; Metz, K. (Hrsg.): Lern- und Leistungsaufgaben im Unterricht. Fächerübergreifende Kriterien zur Auswahl und Analyse. Bad Heilbrunn, S. 9-45.

Rieck, K. (2011): Kennzeichen guter Aufgaben. In: Demuth, R.; Walther, G.; Prenzel, M. (Hrsg.): Unterricht entwickeln mit SINUS. 10 Module für den Mathematik- und Sachunterricht in der Grundschule. Seelze, S. 24-32.

Schreiber, W.; Körber, A.; Borries, B. v.; Krammer, R.; Leutner-Ramme, S.; Mebus, S.; Schöner, A.; Ziegler, B. (2006): Historisches Denken. Ein Kompetenz-Strukturmodell. 2., Aufl., Neuried.

Friedrich Gervé

Individualisiertes und gemeinschaftliches Lernen im Sachunterricht kompetenzorientiert gestalten

Three basic principles of a teaching and learning process geared toward Perspective Framework for General Studies (GDSU, 2013) are introduced: competence orientation, independent learning and a social-constructivist theory of learning. Based on classroom work with the instructional material "Kleine Forscher" (Gervé 2010/11), approach, materials and first findings of an explorative study are reconstructed considering both individualized and collaborative learning.

1. Einführung

Kinder einer vierten Klasse sitzen im Kreis, blättern in Ordnern mit Dokumenten individueller Lernarbeit, bringen eigene Beiträge in die Gesprächsrunde ein, fragen zurück oder kommentieren spontan Beiträge ihrer Mitschüler/innen. Die Lehrerin leitet das Gespräch, hält die Gruppe bei einem Thema, fasst zusammen, spiegelt, stellt in Frage. Die Beiträge der Kinder offenbaren unterschiedliche Perspektiven auf ein übergreifendes Thema und eine breite Palette an Kompetenzen. Manche Kinder bringen außerschulische Vorerfahrungen oder Meinungen ein, andere nutzen bereits ihr im Sachunterricht erweitertes Wissen, wieder andere haben sich noch gar nicht mit dem Thema befasst oder entsprechende Kompetenzen an anderen Inhalten entwickelt. Bruchlos verschmelzen fachliche Bezüge mit konkreten Erfahrungen, Weltdeutungen und individuellen (Prä-)Konzepten. Eine Vielfalt von Denk-, Arbeits- und Handlungsweisen (GDSU 2013) wird sichtbar. Sachunterricht wird lebendig durch ein hohes Maß an Diversität. Inklusion beginnt, wo Individualisierung in ein Miteinander mündet.

2. Theoriebausteine

2.1 Kompetenzorientierung als Prinzip

Sachunterrichtsbezogene Kompetenzen erweisen sich als sehr komplexe Verstehens- und Handlungspotenziale, die sowohl Kenntnisse und Fähigkeiten bzw. Fertigkeiten, als auch Motivation und Haltungen umfassen. Damit wird ein weiter Kompetenzbegriff benutzt (vgl. Weinert 2001, S. 27; Giest/ Hartinger/ Kahlert 2008, S. 7f.; GDSU 2013, S. 12ff.). Mit Kompetenzorientierung wird hier allerdings der Blick auf die Entwicklung von Kompetenzen als Prozess gerichtet und nicht auf vermeintlich messbare Niveaustufen als Produkt. Die hohe Diversität und deren individuelle Verteilung und Bedeutsamkeit verlangen individuelle Kompetenz- bzw. Entwicklungsbeschreibungen. Diese können unter Zuhilfenahme des Perspektivrahmens als Grundlage für eine individualisierte Förderung einerseits und ein gemeinschaftliches Lernen andererseits dienen und den Unterricht strukturieren helfen. Der Erwerb von *Kenntnissen* impliziert im Sachunterricht das *Verstehen* von Phänomenen der Lebenswelt über das flexible Anwenden und Vernetzen von (Welt-)Wissensbausteinen. Die Entwicklung von *Fähigkeiten* und *Fertigkeiten* betont den Zusammenhang von Denken und Tun im *Handeln*, also die Möglichkeit, Lebenswelt aktiv und reflektiert mitzugestalten. *Haltungen* aufzubauen schließlich lässt sich auch beschreiben als *Verantworten*-wollen. Gemeint sind die Bereitschaft bzw. Motivation, die Folgen des eigenen Handelns zu reflektieren und zu tragen bzw. Handlungsentscheidungen vor dem Hintergrund ihrer absehbaren Konsequenzen zu beurteilen und zu treffen. Bildungsbedeutsam im Klafkischen Sinne (Klafki 1992) werden Kenntnisse und Fähigkeiten erst durch eine auf Selbstbestimmung, Mitbestimmung und Solidarität zielende Haltung als Grundlage verantwortlichen Handelns.

Beispiel (1. Schuljahr): Im Kreis berichtet Karl von seinen Erfahrungen im Umgang mit Hammer und Nägeln und zeigt dazu seine Dokumentationsseite, auf der er Abbildungen von Werkzeugen typischen Situationen und Begriffen zugeordnet und ein Foto seiner konkreten Arbeit aufgeklebt hat. Denken und Tun greifen hier ineinander, die individualisierte Kompetenzentwicklung bekommt durch Präsentation und Austausch eine erweiterte Performanz und wird zum gemeinschaftlichen Lernprozess. *„Und wenn zu große Nägel ist, dass man'n anderen Hammer benutzt, weil die sind zu klein Nägel, weil sonst können die net hammern."* Karls Beitrag geht über das Dokumentierte (ikonische Repräsentation) und über die Handlungsbeschreibung (enaktive Repräsentation) hinaus und zeigt im eigenständigen, um Begreifen (Begriffe) ringenden gedanklichen Verknüpfen von Bedingungen und Konsequenzen (symbolische Rekonstruktion) eine umfassende Kompetenzentwicklung.

Der Zusammenhang von individualisiertem und gemeinschaftlichem Lernen wird evident: Kenntnisse werden zunächst über individuelle Arbeit und Erfahrung erworben. Das *Verstehen* wird im gemeinschaftlichen Diskurs manifest. Fähigkeiten werden individuell entwickelt, das *Handelnkönnen* ergibt sich aus der in der Gemeinschaft erprobten kognitiven Verfügbarkeit. Motivation gewinnt der Einzelne über individuelle Auswahl und Bearbeitung, das *Verantwortenwollen* wird im sozialen Kontext als sinnstiftend erkannt.

1.2 Sozial-konstruktivistisches Lernmodell

Lernen im Sachunterricht kann auf der Grundlage moderat konstruktivistischer Theorien (u.a. Möller 2001) als ein aktiver Prozess der individuellen und sozialen Konstruktion von Welt beschrieben werden. Sinneseindrücke von Phänomenen der natürlichen und sozialen Welt (äußere Wahrnehmung), aber auch medial repräsentierte Weltkonstruktionen (Informationen) werden in Beziehung gebracht mit Gedanken (vorhandenen Konzepten), Gefühlen, Motiven usw. (innere Wahrnehmung) und so individuell kognitiv und affektiv rekonstruiert (vgl. Gervé 2009, S. 35f.). Über das *Wahrnehmen* entstehen Konstrukte, die Gestalt bekommen, wenn sie zum Ausdruck gebracht werden. Das *Gestalten* im Sinne eines Dokumentierens und Ausdrückens individueller Konstruktionen von Welt kann somit als wichtiger Teilprozess des Lernens im Sachunterricht angesehen werden. Eine Prüfung individueller Weltkonstruktionen, die auch als Konzepte zur Erklärung und Deutung von Phänomenen (Verstehen im Sinne kognitiver Rekonstruktionen) und als Basis für ein sicheres Handeln beschrieben werden können, auf Viabilität (Tragfähigkeit, Belastbarkeit, Tauglichkeit) führt schließlich in die Notwendigkeit der *Kommunikation* als dritter Komponente des Lernprozesses. Die Verständigung als Basis für das Verstehen und Handeln in der gemeinsamen Lebenswelt ist – auch anthropologisch gesehen – ein soziales Grundbedürfnis.

Beispiel: Linda präsentiert im Kreis eine Zeichnung ihres Auges. Sie hatte diese Aufgabe zuvor mit einem Spiegel individuell erarbeitet. Lars fragt: *„Ist das da rot oder rosa?"* *„rosa"*, antwortet Linda, *„das ist rot nicht rosa"*, mischt sich Frank ein. Mehrere Kinder prüfen spontan Lindas individuelle „Konstruktion", sie schauen ihr Auge genau an. Erst hier zeigt sich ein umfassender Kompetenzerwerb, der über das Ansammeln von Wissen hinausreicht und Fähigkeiten zum Fragen, Prüfen und Aushandeln sowie die Bereitschaft dazu einschließt.

Im Austausch und Abgleich individueller Erfahrungen und Erkenntnisse und im Aushandeln von Widersprüchlichem in der Gruppe zeigt sich das Potenzial von Diversität im Sachunterricht für den Aufbau tragfähiger Kompetenzen.

1.3 Öffnung von Sachunterricht

In der Theorie kennt Öffnung von Unterricht verschiedene Dimensionen und Grade (Peschel 2003). In der Praxis zeigen differenzierte Lernangebote und Unterstützungssysteme in einer materialorientierten Lernumgebung oft eine eher organisatorisch geprägte Umsetzung. Dies ist aber nur eines von drei wesentlichen Merkmalen einer Öffnung von Sachunterricht (vgl. Gervé 2010, S. 7ff.), die man als *Öffnung zum Kind* überschreiben könnte, um damit Individualisierung und Selbststeuerung zu betonen. Dem Prinzip der Lebensweltorientierung entsprechend ist als zweites eine *Öffnung zur Welt* im Sinne von Lebensnähe und Vielfalt zu realisieren. Lerngegenstände und Kompetenzen sind auf die Lebenswelt der Kinder zu beziehen, Schule und Unterricht also z.B. durch das Aufsuchen außerschulischer Lernorte (Burk u.a. 2008) oder das Ausgehen von Kinderfragen (Miller/ Brinkmann 2013) inhaltlich und methodisch für ein situiertes Lernen (Hartinger/ Mörtl-Hafizovic 2003) zu öffnen. Im Sinne Peschels Dimensionen „persönliche" (Peschel 2003, S. 52ff.) bzw. „sozial-integrative Öffnung" (a.a.O. S. 62f.) kann das dritte Merkmal als *Öffnung zum Anderen* betitelt werden. Es geht um Humanisierung und Demokratisierung durch eine von Wertschätzung und Interesse geprägten Begegnung mit Anderen. *„Voraussetzung für den Aufbau von Kompetenzen ist also eine Lernumgebung, in der man sich von den anderen Mitgliedern angenommen fühlt und in der man seine Handlungen und Entscheidungen als autonom erlebt" (Ziegler/ Stern/ Neubauer 2012, S. 15).*

Beispiel: Fatima trägt ihrer dritten Klasse leise vor, was sie zum Bereich „Zusammenleben" in ihre Lernwegmappe geschrieben hat: *„ Wir sollen andere helfen und mit den zusammenleben. Es gibt ganz viele Länder, das dort Menschen arm sind und gar kein Essen und Trinken haben. Wir sollen mit braunen oder weißen Menschen zusammenleben. Waisenkinder gibt es auch auf die Straße und man soll mit ihn auch zusammenleben. "* Einen Moment ist es still, dann bekommt sie spontan Applaus dafür, dass sie sich getraut hat vorzulesen, aber offensichtlich auch dafür, was sie geschrieben hat und mit welcher Betroffenheit sie vorträgt. Fatima zeigt Motivation und Haltung und die Kinder verbinden dies in anschließenden Kommentaren mit ihren individuellen Kenntnissen und Fähigkeiten im Bereich sozialen Handelns.

Auf eine Formel gebracht, realisiert sich Öffnung im Sachunterricht dadurch, sich selbst, den Sachen und ein*ander* begegnen zu können. Eine Reduktion auf Individualisierung über wahlfreie Lernangebote würde dem Sachunterricht die entscheidende Begegnung mit dem Anderen nehmen. Welt würde „schulisch" reduziert auf ein vermeintlich von sozialen Beziehungen loslösbares Wissen über die Welt. Der Sachunterricht würde sein zentrales Prinzip der Lebensweltorientierung preisgeben.

2. Unterrichtsmaterialien und Unterrichtskonzept

Das hier vorgestellte Unterrichtskonzept zur Verbindung von individualisierten und gemeinschaftlichen Lernsituationen beruht auf dem Lehrwerk „Kleine Forscher"[1] (Gervé 2010/ 2011). Aufgabenkarten, Materialien, Sachinformationen und die Lernwegmappe als Dokumentations- und Reflexionselement für die individuelle Lernarbeit sind entsprechend dem Perspektivrahmen in die Bereiche *Natur, Zusammenleben, Raum, Zeit* und *Technik* gegliedert, erweitert um die *Künste*. Die Lernaufgaben sind nach Kompetenzbereichen geordnet. Jede Arbeitskarte bietet zwei Aufgaben mit unterschiedlichem Anspruch zur gleichen Kompetenz, nicht unbedingt zum gleichen Inhalt.

Beispiel 1: Naturbezogenes Lernen; Kompetenz: „*...Untersuchungen sachgerecht durchführen (durch betrachten, beobachten, vergleichen, benennen, beschreiben ...)"* (GDSU 2013, S. 40). Die Kinder sollen verschiedene Materialien bzw. in der Differenzierungsaufgabe Wettererscheinungen vergleichen und ordnen. Der Umgang mit konkreten Materialien lässt die Erfahrung und Deutung des Einzelnen wichtig werden und provoziert den Abgleich der Ergebnisse in der Gruppe. Trotz der bereitgestellten Sachinformationen gibt es keine eindeutig „richtige" Lösung. Im Gespräch werden Begriffe an unterschiedlichen Themen geschärft.

Beispiel 2: Historisches Lernen; Kompetenz: *„ Veränderungen menschlichen Handelns [...] erkennen [...] und zielgerichtet nach ihren Ursachen fragen"* (GDSU 2013, S. 59). Die Kinder sind aufgefordert, biographische Veränderungen herauszuarbeiten Die „Unschärfe" der individuell zu bearbeitenden Aufgabe liefert den Anlass für das gemeinschaftliche Lernen im Gespräch. Dabei rückt die Kompetenzentwicklung in den Fokus, es geht um das Verstehen von Veränderungen, Ursachen und Konsequenzen, weniger um die konkreten Inhalte, wie Zahnwechsel, Spielzeug, Radfahren, eigenes Taschengeld o.ä.

Das Kartenformat erlaubt eine konsequent individualisierte Organisation des Unterrichts, so arbeiten die Schüler/innen ihrem Lerntempo und ihrem Kompetenzniveau entsprechend an unterschiedlichen Themen und ihre Lernwegmappe wird zu einem je einzigartigen Dokument. Die Wahl der Aufgaben erfolgt auf der Grundlage einer Selbstreflexion mit Hilfe von *Vorwissensbö-*

---

[1] Weitere Informationen zum Lehrwerk unter URL: http://duden-schulbuch.de/kleine_forscher [18.9.13].

gen. Gerahmt wird der typische Arbeitsablauf der *individualisierten Arbeit* (Aufgabe wählen > Materialien sammeln > Erarbeiten > Ergebnis dokumentieren > Arbeit präsentieren) von einem *Eingangskreis* (Klärung organisatorischer Fragen, Einführung neuer Arbeitsangebote) und einer *Reflexionsrunde* (Vorstellen und Diskutieren von Ergebnissen, Vertiefung, Ausblick, Generierung situativer Aufgaben). Die Arbeit mit dem Lehrwerk folgt den beschriebenen Theoriebausteinen: *Kompetenzorientierung* ergibt sich aus Aufgabenstellungen und -gliederung, dem beschriebenen *Lernmodell* entspricht das Bereitstellen von Informationen, Erarbeitungs- und Gestaltungs- und Kommunikationshilfen. *Öffnung* erfolgt durch Wahlfreiheit, problemorientierte Aufgaben und Diversität in der Bearbeitung als Basis für die Wertschätzung des Anderen. Große Bedeutung gewinnt das Gespräch, welches die individuellen Arbeiten auf bestimmte Kompetenzen hin zusammenführt und ein Lernen vom Anderen und mit dem Anderen einfordert.

4. Individualisiertes und gemeinschaftliches Lernen

Auf der Grundlage einer groben Analyse von Protokollen teilnehmender Beobachtung, videographierter Unterrichtsgespräche (gemeinschaftliches Lernen), Reflexionsbögen und Dokumenten individuell gestalteter Lernwegmappen (individualisiertes Lernen) sowie schriftlichen wie mündlichen Rückmeldungen von Studierenden an von ihnen beobachtete Kinder können in einer explorativen Studie erste Ergebnisse und Thesen formuliert werden.[2]

Ergebnisse auf der Grundlage teilnehmender Beobachtung
Individualisiertes Lernen: große Unterschiede (Vorwissen, Interessen, Selbstorganisation), oft Bestätigung vorhandener Kompetenzen, Vielfalt der Themen wird angenommen, auch bei individueller Arbeit gibt es einen Drang nach Kommunikation.
Gemeinschaftliches Lernen: individuelle Lernergebnisse brauchen „Bewährung" und gemeinsame Vertiefung; Interesse am Anderen wird offenbar; kaum Leistungsvergleiche und Konkurrenz; die Frage bleibt offen, ob einander zuhören auch voneinander lernen bedeutet.

In Beiträgen zu Gesprächen im Sachunterricht finden sich verschiedene Kategoriensysteme und Hinweise auf Qualitätsmerkmale von Gesprächen im Sachunterricht (Gläser 2004). Betont werden einerseits Zielorientierung und Struktur, andererseits Inhalts- und Problemorientierung. Für Austausch- und

---

[2] Bisher wurden noch eher unsystematisch entsprechende Daten im Rahmen der schulpraktischen Ausbildung in einem 3. (2. Hj.) und 4. und einem 1. Schuljahr (1. Hj.) erhoben.

Reflexionsgespräche, wie sie im vorgestellten Konzept als zentrales Element für die Vergemeinschaftung individualisierter Lernprozesse angesehen werden können, erscheint der sachbezogene Dialog zwischen den Schüler/innen entscheidend. Zu fragen ist, ob die Kinder in ein an der Sache orientiertes, „nachdenkliches Gespräch" (LI 2011) finden, bei dem es „nicht nur um die Klärung von Sachverhalten oder den Erwerb von Wissen, sondern um den Prozess des Nachdenkens über verschiedene Antwort-, Interpretations- und Deutungsmöglichkeiten" (LI 2011, S. 31) geht. Die quantitative Analyse der Gespräche wird sich auf die Interaktionswege (L-Sch/ Sch-Sch) und dann auf die Art der Beiträge (Vortrag/ Frage/ Argument/...) konzentrieren. Die qualitative Analyse wird nach Tiefe der Beiträge und Qualitätsentwicklung fragen.

Ergebnisse auf der Grundlage erster Probeanalysen von Gesprächen

Eingangskreise: Dominanz instruktiver, arbeitsorganisatorischer und disziplinierender Beiträge; starke Lehrer/innendominanz, hohe Redeanteile; bei der Vorstellung von Lernangeboten eher Themenbeschreibungen als Kompetenzformulierungen.

Reflexionsgespräche: Hohe Aufmerksamkeit bei Beiträgen von Schüler/innen; Wertschätzung und Motivation durch Vielfalt der vorgestellten Aktivitäten; Interesse an vortragenden Personen vermischt sich mit Interesse an der Sache (Wechsel vom sozialen zum Sachinteresse).

Zusammenfassend lässt sich folgende These formulieren Die Entwicklung von Kompetenzen, die sich im Sachunterricht als Zusammenspiel von *Verstehen, Handeln-können und Verantworten-wollen* beschreiben lassen, kann über individualisierende Lernangeboten dann nachhaltig gefördert werden, wenn individuelle Arbeitsergebnisse in Varianten in strukturierten und moderierten Gesprächsphasen ausgetauscht, diskutiert und gezielt vertieft werden.

5. Ausblick

Individualisierte Lernprozesse mit einer angebotsorientierten Organisation und kompetenzorientierten, thematisch geöffneten Aufgabenstellungen motivieren, fordern zur Realisierung eigener Lernwege heraus und entsprechen damit der Diversität in der Grundschulklasse. Daraus ergeben sich vor allem folgende *Forschungsfragen:* Wie kann angesichts ausgeprägter Individualisierung gewährleistet werden, dass die notwendige Tiefe bei der Bearbeitung einerseits und die notwendige Breite der Kompetenzentwicklung andererseits erreicht werden? Können über gemeinschaftliche Phasen kompetenzbezogene Einheiten hergestellt und für die Kinder explizit erfahrbar gemacht werden? Wie und was lernen Kinder voneinander? Der neue Perspektivrahmen Sachunterricht (GDSU 2013) betont zu Recht übergreifende Denk-, Handlungs- und Arbeitsweisen sowie vernetzende Themenbereiche. Zu wenig werden aber die lebensweltlichen Erfahrungsmöglichkeiten der Kinder angebunden. Für das vorgestellte Konzept ergibt sich daraus die *Entwicklungsaufgabe*, die vorhandenen stark perspektivenbezogenen Lernangebote um solche zu ergänzen, die den integrativen und lebensweltbezogenen Charakter sachunterrichtlichen Lernens deutlicher werden lassen. Darüber hinaus gilt es die Schnittstellen zwischen individualisiertem und gemeinschaftlichem Lernen gezielt zu entwickeln, indem der verbindende Bildungsgehalt perspektivenbezogenen Lernens expliziert und die variablen Situationen konkretisiert werden, in denen Kompetenzen Performanz bekommen können.

Literatur

Burk, K.; Rauterberg, M.; Schönknecht, G. (Hrsg.) (2008): Schule außerhalb der Schule. Lehren und Lernen an außerschulischen Orten. Frankfurt/ M.

GDSU (2013) (Hrsg.): Perspektivrahmen Sachunterricht. Bad Heilbrunn.

Gervé, F. (2010/ 2011) (Hrsg.): Kleine Forscher. Lehrermaterial, Aufgabenkartei, Sachkartei, Arbeitsbögen, Lernwegmappe. Mannheim.

Gervé, F. (2009): Materialien für den Sachunterricht. In: Die Grundschulzeitschrift, 230, S. 34-67.

Giest, H.; Hartinger, A.; Kahlert, J.(Hrsg.) (2008): Kompetenzniveaus im Sachunterricht. Bad Heilbrunn.

Gläser, E. (2004): Mehr als nur darüber reden. Unterrichtsgespräche im Sachunterricht. In: Grundschule, 5, S. 36-38.

Hartinger, A./ Mörtl-Hafizovic, D. (2003): Lehren und Lernen in situierten Lernbedingungen. In: Reeken, D. v. (Hrsg.): Handbuch Methoden im Sachunterricht. Baltmannsweiler, S. 254-261.

Klafki, W. (1992): Allgemeinbildung in der Grundschule. In: Lauterbach, R. u.a. (Hrsg.): Brennpunkte des Sachunterrichts. Kiel 1992, S. 11-31.

Landesinstitut für Lehrerbildung und Schulentwicklung (LI) (2011): Nachdenkliche Gespräche im Sachunterricht. URL: http://bildungsserver.hamburg.de/contentblob/3340624/ data/ nachdenkliche-gespraeche-fuehren.pdf [15.12.2013].

Miller, S.; Brinkmann, V. (2013): Subjektiv bedeutsame Lernprozesse planen und analysieren anhand von Schülerfragen. In: Fischer, H-J.; Giest, H.; Pech, D. (Hrsg.): Der Sachunterricht und seine Didaktik. Bad Heilbrunn, S. 221-230.

Möller, K. (2001): Konstruktivistische Sichtweisen für das Lernen in der Grundschule? In: Roßbach, H.-G.; Nölle, K.; Czerwenka, K. (Hrsg.): Jahrbuch Grundschulforschung, Band 4. Opladen, S. 16-31.

Peschel, F. (2003): Offener Unterricht in der Evaluation. Baltmannsweiler.

Weinert, F.E. (2001): Leistungsmessung in Schulen. In: Weinert, F.E. (Hrsg.) (2001): Leistungsmessung in Schulen. Weinheim u. Basel, S. 17-31.

Ziegler, E.; Stern, E.; Neubauer, A. (2012): Kompetenzen aus der Perspektive der Kognitionswissenschaften und der Lehr-Lernforschung. In: Paechter, M. u.a. (Hrsg.): Handbuch Kompetenzorientierter Unterricht. Weinheim, S. 14-26.

Meike Wulfmeyer und Anne Levin

Zur Bedeutsamkeit von Stressfaktoren bei der Entwicklung sozialer Verantwortung. Überlegungen zu einem kompetenzorientierten Sachunterricht aus psychologischer und fachdidaktischer Perspektive

The article discusses models that describe children's development of social responsibility within a framework of historical and political education. Based on this some perspectives of research concerning responsible social behavior are pointed out.

1. Einleitung

Bei der Entscheidung, sozial verantwortlich zu handeln, spielen eine Fülle unterschiedlicher Motive und Überzeugungen eine Rolle, die in ihrer komplexen Interaktion zu berücksichtigen sind und die wiederum von den aktuellen Umgebungsbedingungen beeinflusst werden.

Damit wird deutlich, dass ein kompetenzorientiertes Modell, das versucht, die Entwicklung sozialer Verantwortung bei Kindern im Rahmen historisch-politischer Bildung zu beschreiben, interdisziplinär verortet sein und neben der fachdidaktischen sowohl die entwicklungspsychologische als auch die systemische Perspektive im Hinblick auf schulische, familiäre und situative Umgebungsbedingungen berücksichtigen muss.

Im Folgenden werden diese unterschiedlichen Perspektiven zunächst dargestellt. Anschließend wird der Versuch unternommen, diese in einem Modell mit dem Ziel zusammenzuführen, Forschungsperspektiven zum sozialverantwortlichen Handeln zu entwickeln.

2. Die Perspektiven des Sachunterrichts auf Kind und Gesellschaft

Da es uns in dem geplanten Vorhaben/ Projekt unter anderem um historische Bezüge geht, um Vorstellungen zu Prozessen des historischen Denkens und um Fragen nach politischer Kompetenz, wird aus sachunterrichtsdidaktischer Sicht als Pendant zu einer naturwissenschaftlichen Grundbildung eine Art gesellschaftliche Grundbildung bedeutsam. Hier lohnt sich besonders ein Blick auf die Konstrukte *Geschichtsbewusstsein* und *Civic Literacy* und deren Bezüge zur individuellen Entwicklung von Kindern.

So legen Körber et al. (2007) ein Prozessmodell des historischen Denkens und der historischen Orientierung vor, bei dem die Bedeutsamkeit von „Re-Konstruktion" und „De-Konstruktion" aufgezeigt wird. Hierbei steht nicht lediglich die Rekonstruktion von Geschichte, sondern besonders die kritische Analyse und Dekonstruktion historischer Narrationen im Mittelpunkt. Neben Wissen geht es um Deutungen und kritische Werturteile, es geht um Orientierung und Motivation.

Das Modell eines „reflektierten Geschichtsbewusstseins" nach Pandel (1987) wird in der Sachunterrichtsdidaktik explizit aufgegriffen. Es unterscheidet grundlegend zwei Ebenen: die Geschichtlichkeit (Zeit, Wirklichkeit, Historizität) und die Gesellschaftlichkeit (Identität, Herrschaft, Sozialschicht, Moral) (vgl. Pech/ Wulfmeyer 2010, S. 8).

Bereits in diesen beiden Modellen historischen Denkens bzw. Bewusstseins spielt Identität eine zentrale Rolle und es werden Werte und Moral explizit als Bezugskategorien aufgegriffen. Pandel (2013, S. 148) stellt das moralische Bewusstsein, verstanden als „Selbstobligation gegenüber sozialen Normen", und eine „freiwillig eingegangene Gesittungsverbindlichkeit" als zentral dar. Im Rahmen des Geschichtsbewusstseins beschreibt es die Fähigkeit, Geschehnisse nicht willkürlich, sondern nach Regeln positiv oder negativ zu beurteilen, wobei zwischen verschiedenen Argumentationsniveaus zu differenzieren ist. Für Pandel geht es dabei um die Auseinandersetzung mit zwei Moralkonzepten: dem ethischen Apriorismus und dem historischen Relativismus, wobei er darauf hinweist, dass Geschichtsbewusstsein, anders als andere kognitive Systeme, stark emotional geprägt sei.

Bei Pandel wird unter der Kategorie „Gesellschaftlichkeit" generell auch politisches Bewusstsein aufgegriffen, das jedoch nicht lediglich als Unterkategorie historischen Bewusstseins aufgefasst wird, sondern eine eigene, in sich hochkomplexe Kategorie darstellt.

Weißeno et al. (2010) zeigen mit ihrem Modell des Fachwissens einen Ansatz auf, der Politik als Kernbereich politischer Bildung ausmacht. Für alle Schulstufen werden Minimal- und Maximalstandards im Hinblick auf politikspezifisches Wissen vorgestellt. Es geht um Literalität und hier analog zu *(Natural) Science Literacy* um *Political Science Literacy*, also um politikbezogene Kompetenz. Dieser Ansatz wird in einer Streitschrift der Autorengruppe Besand et al. (2011) dahingehend kritisiert, dass er politisch-soziales Wissen im Sinne einer *Civic Literacy* nur unzureichend berücksichtige. Dazu müsste in dem zentralen Inhaltsfeld „Individuum und Gesellschaft" der Frage „Wie soll unsere Gesellschaft gestaltet werden?" stärker nachgegangen werden. Die Autorengruppe kritisiert also an dem Modell von Weißeno et al. (2010) einerseits eine starke inhaltliche Einschränkung. Andererseits werden subjektive Konzepte als Ausgangspunkt politischer Lernprozesse, also identitätsstiftende Prozesse, in den Hintergrund gedrängt und nicht explizit einbezogen (vgl. Besand et al. 2011, S. 167). Werteabstinenz und Pluralitätsmangel werden angeprangert, vermisst werden Ideen zu politischen Grundorientierungen von Kindern oder Vorstellungen zu einer Art politischem Kompass mit Bezügen zu Werten und Moral. Die Streitschrift mündet in der Forderung, Deutungsvarianten in ein Aushandlungsverhältnis zu setzen, statt Konzeptwechsel von kindlichen hin zu „richtigen" Basiskonzepten anzustreben. Das hätte zur Folge, dass individuelle Konzepte und Deutungsmuster als Lernwege von Werten anerkannt würden (vgl. Besand et al., a.a.O., S. 169) und setzt ein weites Politikverständnis voraus, das lebensweltliche und gesellschaftliche Zugänge explizit einbezieht.

2012 greifen die kritisierten Autoren Grundorientierungen im Rahmen eines Modells zur Politikkompetenz auf. Wiederum wird eine normative fachwissenschaftliche Sichtweise unter Einbezug kognitionspsychologischer Aspekte vorgelegt. Als Kompetenzdimensionen wird neben „Fachwissen", „politischer Urteilsfähigkeit" und „politischer Handlungsfähigkeit" auch die Dimension „politische Einstellung und Motivation" ausgewiesen (vgl. Detjen et al. 2012).

Es bleibt zu überlegen, um welche Kompetenzdimensionen es hinsichtlich der gesellschaftlichen Mitgestaltung im Sinne des bereits erwähnten Konstrukts *Civic Literacy* gehen könnte. Geht es um die bereits 1974 von Heinrich Roth proklamierte moralisch-mündige Handlungsfähigkeit (vgl. Detjen 2007, S. 128), also um gesellschaftliche Mitgestaltung, so wird der Einbezug des Individuums mit seinen Werten (vgl. Reinhardt 2007, S. 157ff.) im Rahmen der Entwicklung zu einem bewusst und verantwortlich Handelnden (vgl. Detjen 2007, S. 129) bedeutsam. Das geht mit Komponenten wie Kenntnissen, Gefühlen, Handlungsabsichten und Wertorientierungen einher und steht in Verbindung zu Dimensionen eines politischen Selbstbewusstseins im Sinne eines „Senses of Political Efficacy" (vgl. Niedermeyer 2005, S. 29).

Die Diskrepanz zwischen Wissen um historisch-politische Phänomene und reflektiertem und verantwortlichem Handeln wird somit in den Konstrukten *Geschichtsbewusstsein* und *Civic Literacy* deutlich; ebenso der Fokus auf das Individuum und seine Entwicklung.

Im Zusammenhang mit der Entwicklung sozialer/ gesellschaftlicher Verantwortung muss daher der Blick auch auf die individuelle moralische Entwicklung gelenkt werden. Menschliches Handeln ist in komplexe individuelle und soziale Prozesse eingebunden. Bevor es zu manifestem Handeln kommt, durchlaufen Individuen verschiedene Phasen der sozial-kognitiven Verarbeitung, was sich im Folgenden an der Diskussion zweier Modelle verdeutlicht.

3. Die Bedeutung der individuellen Entwicklung

Die Entwicklung sozialer Verantwortung im Rahmen der schulischen Ausbildung ist nur unter der Berücksichtigung sowohl der individuellen Entwicklung als auch der individuellen Voraussetzungen denkbar. In diesem Zusammenhang stellt sich einerseits die Frage, welche Prozesse die Auswahl von moralischen bzw. sozialen Handlungen bestimmen, andererseits, welche Bedeutung spezifische Selbstkonzepte für die Handlungsauswahl haben.

Das Modell zur Handlungsmotivierung (vgl. Rost 1992) versucht zu beschreiben, welche vornehmlich kognitiven Prozesse auf die Handlungsmotivierung wirken und darüber letztlich auch die Auswahl von Handlungen steuern. Der Problemlöseprozess wird nach *Rost* in drei Stadien aufgeteilt: „erstens, die Definition dessen, was subjektiv als Problem wahrgenommen wird; zweitens, die Auswahl und Gewichtung von Zielen und Teilzielen; drittens, die Auswahl, Sequenzierung und Dosierung geeigneter Mittel und Maßnahmen. Alle drei Komponenten sind von den subjektiven Werten der Person abhängig" (Rost 1992, S. 146).

Im Rahmen des Problemlösens wird Wissen über Ist-Zustände, alternative Ziele, Abhängigkeiten und Operationen aufgerufen, welches dann wiederum unmittelbar auf die Definition von Problemen und die Auswahl von Zielen wirkt. Die persönlichen Wertvorstellungen beeinflussen den Prozess des Problemlösens zwar, inwiefern deren emotionale Anteile Auswirkungen auf die Auswahl von Handlungen haben, ist bei Rost jedoch von untergeordneter Bedeutung. Die Wertvorstellungen wirken im Rahmen des Modells eher implizit auf den Problemlöseprozess und damit auf die Handlungsmotivation.

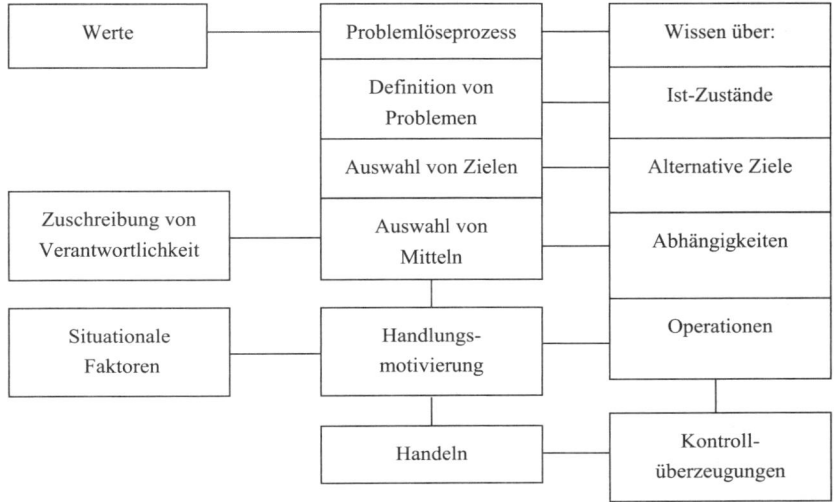

Abbildung 1: Modell der Handlungsmotivierung nach Rost (vgl. Rost 1992, S. 147)

Das Handeln ist bei Rost (vgl. 1992) das Endprodukt des Problemlösevorgangs, verstanden als Realisation oder auch tatsächliche Ausführung einer (gedanklichen) Problemlösung und in diesem Zusammenhang als intentionale Veränderung eines Realitätsausschnittes durch ein Subjekt. Auf die Ausführung von manifestem Handeln[1] werden vielschichtige situationale Faktoren fördernd oder behindernd wirksam, die allerdings in dem Modell nicht näher spezifiziert werden.

Anders als Rost es sieht, ist jedoch die personale Zuordnung von Verantwortung entscheidend dafür, ob eine Handlung überhaupt erfolgt oder nicht (vgl. Blasi 1993; s. Abb. 2). Das Urteil darüber, ob eine Person sich als verantwortlich beschreibt, hängt wiederum davon ab, wie sie die Fragen, was moralisch richtig ist und was für sie in der gegebenen Situation verbindlich ist, beantwortet (vgl. Krettenauer 2010). Schlussendlich bedarf es darüber hinaus noch einer gewissen willentlichen Anstrengung, die getroffene Entscheidung in eine moralische Handlung umzusetzen.

---

[1] Bei den Angaben über manifestes Verhalten ist man auf die Aussagen der Befragten, also auf das sogenannte selbstberichtete Handeln angewiesen.

Die Unterscheidung von Zentralität moralischer Inhalte für das Selbstkonzept einerseits und ihrer Integration in das Selbst andererseits erlaubt zumindest theoretisch die Vorhersage moralischen Handelns. Die Zentralität markiert, inwieweit der moralische Inhalt für die Person als bedeutsam im Vergleich zu anderen Werten erlebt wird.

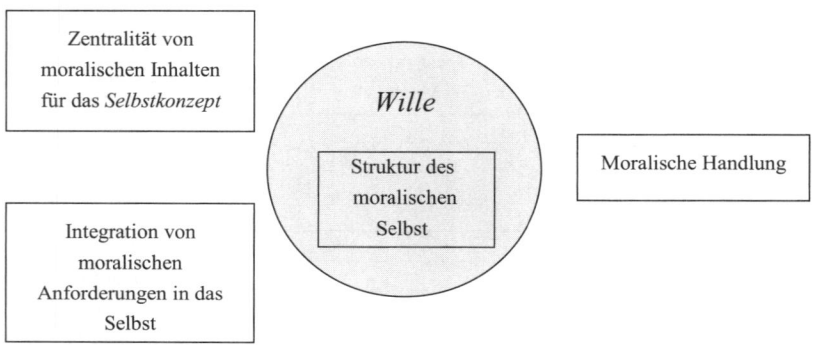

Abbildung 2: Self Model (Blasi, 1993, 2005)

Die Selbst-Integration kann so verstanden werden, dass sie darüber Auskunft gibt, inwieweit Normen und Werte internalisiert werden – also einen Verpflichtungscharakter haben, oder aber eher als von außen herangetragen erlebt werden. In diesem Zusammenhang ließe sich weitergehend eine Verbindung zur Selbstbestimmungstheorie von Deci/ Ryan (1985, 1993) ziehen, die den Grad der Selbstbestimmtheit bei der Verhaltensregulation beschreibt. Die Berücksichtigung dieser Theorie könnte einen weiteren Beitrag zur Integration des Kontrollerlebens (vgl. das Modell von Rost 1992) leisten.

Eine Handlung erfolgt nach Blasi (2005) nur dann, wenn sowohl Zentralität gegeben ist, als auch eine Integration in das Selbst stattgefunden hat. Bezugnehmend auf das Modell von Deci und Ryan könnte das bedeuten, dass eine Person einen Wert für sehr zentral erachtet, die entsprechende Handlung aber nicht ausführen kann, weil sie nicht internalisiert wurde. Das kann bedeuten, dass sie sie nur unter äußerem Druck auszuführen vermag oder aber (noch) nicht in der Lage ist, sie auszuführen. Hätte beispielsweise „zu einem Freund stehen" eine große Bedeutung (Zentralität) für das Selbstkonzept, könnte eine damit verbundene Handlung nicht ausgeführt werden, wenn die Person diese Handlung nur unter Druck (z.B. im Beisein des Freundes) ausführen kann.

Beide vorgestellten Modelle leisten bedeutsame Beiträge zur Frage, unter welchen Bedingungen moralische oder sozial verantwortliche Handlungen ausgeführt werden. Die spezifischen Umgebungsbedingungen werden eher im Modell von Rost integriert, in Blasis Modell wirken sie eher implizit über das Verantwortungsurteil. Im Blick auf die Frage, wie sich soziale und gesellschaftliche Verantwortung im Rahmen des Sachunterrichts entwickeln, haben beide Modelle einen Erklärungswert.

4. Modell zu Bedingungen der Entwicklung sozialer und gesellschaftlicher Verantwortung

Die Entwicklung sozialer und gesellschaftlicher Verantwortung hängt somit einerseits von den individuellen Voraussetzungen ab, die vor dem Hintergrund der familienspezifischen Sozialisationsbedingungen, aber auch vor dem der Umgebungsbedingungen während des Lernens betrachtet werden müssen (vgl. Abb. 3). Historisch-politisches Lernen muss dementsprechend sowohl diese Umgebungs- und Sozialisationsbedingungen aufgreifen und reflektieren als auch die individuellen Voraussetzungen erkennen und aufgreifen.

Ungeklärt und daher zu erforschen ist die Frage, wie sich schulische Umgebungsbedingungen auf die Entwicklung des Selbstkonzepts im Rahmen des historisch-politischen Lernens auswirken und die Entwicklung sozialer und gesellschaftlicher Verantwortung fördern oder behindern.

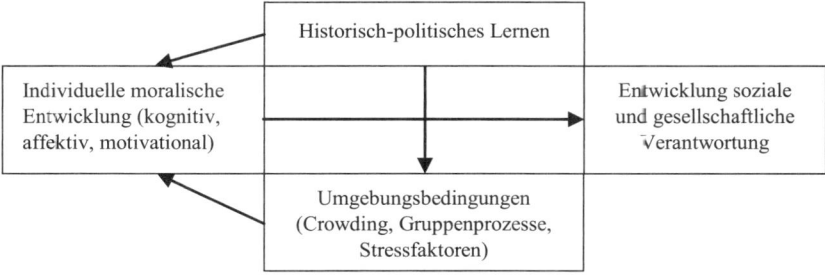

Abbildung 3: Modell zu Bedingungen der Entwicklung sozialer und gesellschaftlicher Verantwortung

In diesem Zusammenhang stellen sich Fragen: Führen Crowding-Bedingungen im Sinne erhöhten Stresserlebens zu einer Verminderung der Selbstintegration von Werten und Zielen? Ist die Entwicklung von Zentralität ge- knüpft an Rahmenbedingungen derart, dass auch Werte, die zunächst „fremd" erscheinen, zugelassen, reflektiert und als zentral erlebt werden können? In diesem Sinne kann das auf theoretischer Basis entwickelte Mo- dell Ausgangspunkt für weitere Untersuchungen zur Entwicklung sozialer und gesellschaftlicher Verantwortung sein.

Literatur

Deci, E.; Ryan, R. (1993): Die Selbstbestimmungstheorie der Motivation und ihre Bedeutung für die Pädagogik. In: Zeitschrift für Pädagogik, 39, S. 223-238.

Blasi, A. (1983): Moral Cognitionand Moral Action: A theoreticalPerspective. In: Developmen- tal Review, 3, S. 178-210.

Besand, A.; Grammes, T.; Hedtke, R.; Henkenborg, P.; Lange, D.; Petrik, A.; Reihardt, S.; Sander, W. (2011): Konzepte der politischen Bildung. Eine Streitschrift. Schwalbach/Ts.

Blasi, A. (1993): The Developmentof Identity. Some Implications for Moral Functioning. In: Noam, G.G.; Wren, T.E. (Eds.): The Moral Self. Cambridge, MA, pp.99-122.

Blasi, A. (2005): Moral Character: A psychological Approach. In: Lapsley, D.K.; Power, F.C. (Eds.): Character Psychology and Character Education. Notre Dame, pp. 67-100.

Deci, E.L.; Ryan, R.M. (1985): The general Causality orientations Scale: Self-Determination in Personality. In: Journal of Research in Personality, 19, pp. 109-134.

Detjen, J. (2007): Kompetenzorientierung. In: Lange, D. (Hrsg.): Basiswissen Politische Bil- dung. Band 4: Forschung und Bildungsbedingungen. Baltmannsweiler, S. 128-136.

Detjen, J.; Massing, P.; Richter, D.; Weißeno, G. (2012): Politikkompetenz. Ein Modell. Schwalbach/Ts.

Körber, A.; Schreiber, W.; Schöner, A. (Hrsg.) (2007): Kompetenzen historischen Denkens. Ein Strukturmodell als Beitrag zur Kompetenzorientierung in der Geschichtsdidaktik. Neuried.

Krettenauer, T. (2010): Das moralische Selbst – Forschungsstand und Perspektiven. In: Latzko, B.; Malti, T. (Hrsg.): Moralische Entwicklung und Erziehung in Kindheit und Adoleszenz. Göttingen, S. 87-104.

Niedermeyer, O. (2005): Bürger und Politik. Politische Orientierungen und Verhaltensweisen der Deutschen. (2. aktualis. u. erw. Aufl.) Wiesbaden.

Pandel, H.-J. (1987): Dimensionen des Geschichtsbewusstseins – Ein Versuch, seine Struktur für Empirie und Pragmatik diskutierbar zu machen. In: Geschichtsdidaktik, 11, 2, S. 130-142.

Pandel, H.-J. (2013): Geschichtsdidaktik. Eine Theorie für die Praxis. Schwalbach/Ts.

Pech, D.; Wulfmeyer, M. (2010): Wie war das damals? Zeitgeschichte als Bereich des histori- schen Lernens in der Grundschule. In: Grundschule, 7/8, S. 6-9.

Reinhardt, S. (2007): Werte in der politischen Bildung. In: Lange, D. (Hrsg.): Basiswissen Politische Bildung. Band 1: Konzeptionen politischer Bildung. Baltmannsweiler, S. 157-165.

Rost, J. (1992): Das Verhältnis von Wissen und Handeln aus kognitionstheoretischer Sicht. In: Häußler, P. (Hrsg.): Physikunterricht und Menschenbildung. Kiel, S. 141-153.

Weißeno, G.; Detjen, J.; Juchler, I.; Massing, P.; Richter, D. (2010): Konzepte der Politik. Ein Kompetenzmodell. Schwalbach/Ts.

Iris Lüschen und Claudia Schomaker

„Das darfst du entscheiden!" – Konstruktive Lernsituationen im altersübergreifenden Sachlernen

Early learning processes and the cooperation of kindergarten and primary school become increasingly more the focus of attention in research. This article demonstrates, on the example of two research projects, how children from both institutions can be encouraged to learn and work together and how they shape these processes. Our results indicate that the transition between the institutions of early education can be supported by means of cross aged learning settings. Both primary and elementary school children were able to signify their individual notions, ideas and opinions towards society-related as well as science-related contents and solute tasks cooperatively.

1. Einführung

Im Fokus gegenwärtiger Diskussionen um die Gestaltung eines kompetenzorientierten Unterrichts, der es vermag, die individuellen Lernvoraussetzungen eines Kindes aufzunehmen und im Hinblick auf die fachlichen Zielsetzungen eines Unterrichtsfaches weiterzuführen, steht insbesondere die Strukturierung förderlicher Lernsituationen bzw. Aufgaben.

Für das Sachlernen im Übergang zwischen den Institutionen des Kindergartens und der Grundschule werden hier Anforderungen formuliert, die zum einen spezifische Merkmale von Lernsituationen des Elementarbereichs aufgreifen und zum anderen ein Lernen mit Blick auf die fachlichen Ziele des Sachunterrichts ermöglichen. Fischer kennzeichnet ein so verstandenes Sachlernen folgendermaßen: „[Es sind] Lernszenarien erforderlich, die Kindern Spielraum geben, anknüpfend an ihre Vorerfahrungen subjektiv bedeutsamen Fragen eigenaktiv nachzugehen und Erfahrungen mit eigenen Mitteln zu reflektieren und deutend zu ordnen" (Fischer 2013, S. 24). Es ist das Ziel, belastbare Vorstellungen zu Phänomenen der umgebenden Welt mit Hilfe sachbezogener Denk-, Arbeits- und Handlungsweisen aufzubauen (vgl. GDSU 2013). „Sachunterrichtliche Bildung von Anfang an muss bei den Kindern eine Verbindung herstellen von einer Welt der Magie und des Unvorhersehbaren zu einer Welt von Wissen und gemeinsamen Wegen des Wissenserwerbs" (Giest/ Marquardt-Mau 2013, S. 5). Die Autor/innen geben zu bedenken, dass die gegenwärtige fachdidaktische Diskussion darüber, *wie* der Übergang vom Elementar- in den Primarbereich aus der Perspektive des Sachlernens zu gestalten sei, uneinheitlich verlaufe (vgl. ebd.). Diese Überlegungen aufgreifend nehmen zwei im Folgenden zu skizzierende Forschungsprojekte diesen Zusammenhang unter nachstehenden Forschungsfragen in den Fokus: Inwiefern gelingt es Grundschul- und Kindergartenkindern, gemeinsam an einem sachunterrichtsrelevanten Inhalt zu arbeiten? Wie gestalten sie die gemeinsame Arbeit und welche Erklärungsmuster nutzen sie zur Erläuterung abstrakter Begriffe und konkreter Situationen? Es ist das Ziel der Forschungen, aus zwei domänenspezifischen Perspektiven Hinweise auf den Aufbau kindlicher Wissensstrukturen im Übergang vom Elementar- in den Primarbereich zu erhalten. Beide Forschungsprojekte folgen einer gemeinsamen Struktur. So erarbeiteten sich die Kinder des Primarbereichs in einer Unterrichtseinheit zunächst einen Sachgegenstand wie die Bauweise von Brücken oder Fragen zu Macht und Gerechtigkeit. Zuvor bestimmte Fokuskinder wurden vor und nach der Unterrichtseinheit zu ihren sachbezogenen Vorstellungen in Interviews befragt. Auf die Unterrichtseinheit folgte eine Phase gemeinsamen Lernens (Peer-Tutoring). In Tandems erarbeiteten sich je ein Kind aus dem Elementar- und Primarbereich an Aufgabenstellungen, die keinem Kind bereits zuvor bekannt waren, Inhalte der jeweiligen Phänomene und Fragestellungen. Ihre gemeinsamen Ergebnisse hielten sie in Forscherbüchern (sogenannten „Logbüchern") und Exponaten fest. Im Anschluss an diese Phase wurden wiederum die jeweiligen Fokuskinder und ihre Tandempartner getrennt zu ihren phänomenbezogenen Vorstellungen befragt (vgl. Kaiser/ Schomaker 2010, Schomaker 2011).

2. Struktur der Lernsituation am Beispiel eines politisch-sozialwissenschaftlichen Inhalts[1]

Unterricht und Peer-Tutoring wurden jeweils in enger Abstimmung zueinander geplant und durchgeführt. Durchgehendes Strukturierungselement der Unterrichtseinheiten und der Peer-Tutoring-Phasen bildete das so genannte „Logbuch". Dieses enthielt jeweils alle Aufgaben, die während des Unterrichts bzw. Peer-Tutorings zu bearbeiten waren, sowie Hinweise auf das benötigte Material. Die Arbeitsergebnisse der Kinder wurden an den entsprechenden Stellen von diesen in das Logbuch eingetragen oder es wurden Fotos von Arbeitsprozessen (bei Rollenspielen) bzw. Arbeitsergebnissen (bei Gestaltungsaufgaben) eingeklebt. Die Aufgaben wurden jeweils so gestaltet, dass sie mit möglichst wenig Text auskamen, um den unterschiedlichen Lesefähigkeiten der Kinder entgegenzukommen. Die Abbildungen 1 und 2 zeigen beispielhaft eine Doppelseite eines solchen Logbuchs. Die Situation, in welche die Kinder sich hineinversetzen sollten, wurde nicht nur sprachlich ausgedrückt, sondern auch bildlich dargestellt. Zunächst wurde Essen gesucht und gerecht an die Kinder auf der Insel verteilt. Abbildung 1 veranschaulicht, dass ein Kind, Tom, sich nicht an der Arbeit beteiligt, sondern gespielt hat. Als er abends wieder zurück zu den Hütten kommt, ist er hungrig. Anstatt sich etwas zum Essen zu suchen, nimmt er von den Vorräten anderer Kinder ein Stück Obst. Diese bezichtigen Tom des Diebstahls. Im vorliegenden Fall wurden den Kindern zudem Diskussionsanregungen gegeben, indem die Methode der Concept Cartoons® (Naylor/ Keogh 2004) auf den gesellschaftswissenschaftlichen Lernbereich übertragen wurde. In diesem wird die Geschichte weitergeführt und mündet in eine Aufgabe für die Kinder. Die abgebildeten Kinder überlegen, ob Tom für sein Handeln bestraft werden sollte. Während die Kinder, deren Essen er genommen hat, dafür sind, ihn zu bestrafen, gibt ein weiteres zu bedenken, dass er nur aufgrund seines Hungers vom Obst der anderen Kinder etwas genommen hat. Die Gruppe, deren Lösung hier abgebildet ist, ist der Meinung, dass Tom sich entschuldigen soll, „aber/ oder er soll fragen".

---

[1] Das diesem Abschnitt zugrundeliegende Vorhaben wurde mit Mitteln des Bundesministeriums für Bildung und Forschung und des Europäischen Sozialfonds der Europäischen Union unter dem Förderkennzeichen 01NV1013/1014 gefördert. Die Verantwortung für den Inhalt dieser Veröffentlichung liegt bei den Autorinnen.

Neben Aufgaben, wie in Abbildung 1, die vorwiegend auf der sprachlich-kognitiven Ebene zu bearbeiten waren, umfasste die Lernumgebung auch jeweils handlungsorientierte Aufgaben, wie Gestaltungsaufgaben und Rollenspiele.[2]

Abbildung 1: Beispiel aus Logbuch; Illustrationen: C.E. Albrecht; Text: I. Lüschen/ A. Lietzmann

---

[2] Ausführliche Informationen zu Unterricht und Peer-Tutoring inkl. Material siehe Schomaker/ Lüschen (in Vorbereitung).

Abbildung 2: Beispielseite aus Logbuch mit Lösung eines Peer-Teams

Der folgende Dialog zeigt, wie eines der Tandems aus Kindergartenkind (Lasse) und Grundschulkind (Lucas) mit der oben abgebildeten Aufgabe umgegangen ist:

Lucas: Hm, „einige Kinder überlegen, was man jetzt machen sollte". ((liest Sprechblasen vor)). […] Hm, was findest du? Was findest du am gerechtesten? […]

Lasse: Was?

Lucas: ((liest Aussagen erneut vor)) „Was denkt ihr?" Was ist richtig? Das? ((zeigt vermutlich auf eine Sprechblase)) Ja?

Lasse: Was ist das nochmal? ((zeigt vermutlich auf eine Sprechblase))

Lucas: ((liest vor:)) „Ich finde, Tim sollte bestraft werden". Bestrafen ist, glaube ich, ein bisschen zu viel.

Lasse: Jaa, aber ich würde das machen.

Lucas: Ich würde das sagen. ((zeigt vermutlich auf eine Sprechblase))

Lasse: Was?

Lucas: Ich finde das. ((zeigt vermutlich auf eine Sprechblase))

Lasse: Nehm ich auch das.

67

Dieser Dialog zeigt zum einen, dass das Aufgabenformat die Kinder zu einem gemeinsamen Lösungsprozess angeregt hat. Lasse ist interessiert an den abgebildeten Äußerungen und lässt sich diese von seinem Tutor vorlesen. Lucas seinerseits versucht, Lasse in die Entscheidungsfindung einzubeziehen, indem er dessen Meinung einfordert. Allerdings äußert er einen Einwand gegen Lasses Lösungsvorschlag und „überzeugt" ihn deshalb, sich seiner eigenen Meinung anzuschließen.

Die von uns entwickelten Aufgabenformate scheinen also sowohl Kindergarten- als auch Grundschulkinder anzusprechen und zu einer Auseinandersetzung mit der Sache anzuregen. Die Lösungen in den Logbüchern zeigen zudem, dass nicht alle Tandems sich an den Äußerungen der abgebildeten Kinder orientiert haben, sondern dass sie angeregt wurden, eine eigene Lösung zu entwickeln.

3. Ergebnisse

In Bezug auf die eingangs skizzierten Forschungsfragen werden im Folgenden insbesondere Ergebnisse zu den Kooperations- und Interaktionsmustern während der Peer-Tutoring-Phase dargestellt.[3] Diese wurden mit Hilfe der inhaltlich-strukturierenden Analyse nach Mayring (2010) ausgewertet. Die Transkripte der Peer-Tutoring-Phasen wurden hierzu zunächst im Hinblick auf die jeweiligen Gegenstände der Kommunikations- und Interaktionshandlungen ausgewertet (z.B. Aussagen und Gespräche über die Aufgabe im engeren Sinne oder private Angelegenheiten). Des Weiteren wurde kodiert, mit wem kommuniziert wurde. Kommunikationspartner konnten die Partnerkinder, andere Kinder oder Erwachsene sein. Zudem gab es einige Passagen, in denen nicht mit Sicherheit identifiziert werden konnte, wer der Interaktionspartner ist.

Die Auswertung aller Peer-Tutoring-Phasen der zehn Fokuskinder zeigt, dass die Teams den Lernprozess in 57% der kodierten Passagen, an denen nur die beiden Partnerkinder beteiligt waren, gemeinsam gestaltet haben. Gemeinsam heißt in unserem Fall, dass die Kinder sich mit dem gleichen „Gegenstand" beschäftigt und aufeinander Bezug genommen haben (siehe Dialog oben). Betrachtet man nur die Kommunikation, die sich mit den zu bearbeitenden Aufgaben im engeren Sinne befasste, wurde in 716 von 1335 kodierten Passagen gemeinsam gearbeitet. In 382 dieser Passagen stand die Arbeit an der Lösung bzw. das Gespräch über den Lösungsprozess im Zentrum.

---

[3] Für eine ausführliche Darstellung der Ergebnisse siehe Kaiser/ Lüschen (in Vorbereitung).

In 24% der Passagen sind die Kinder arbeitsteilig vorgegangen. Das heißt, sie haben unterschiedliche Tätigkeiten übernommen, die z.B. zum Lösen einer Aufgabe notwendig waren. Auch Passagen, in denen das Schul- dem Kindergartenkind vorgelesen hat, wurden als arbeitsteilig kodiert. Offensichtlich alleine gearbeitet wurde nur in 3% der kodierten Passagen und in weiteren 7% haben die Kinder nebeneinander gearbeitet. Dies bedeutet, dass beide zwar beispielsweise an derselben Aufgabe gearbeitet haben, aber jeder ein eigenes Produkt erstellt hat. In 9% der Passagen konnte die Arbeitsform nicht mit Sicherheit festgestellt werden.

Zusammenfassend können wir somit zeigen, dass die durch das Peer-Tutoring intendierten Arbeitsformen, wie das gemeinsame bzw. das arbeitsteilige Vorgehen, tatsächlich angeregt wurden. Des Weiteren können wir zeigen, dass insbesondere Lösungsprozesse gemeinsam gestaltet wurden.

4. Fazit und Ausblick

Die Ergebnisse verweisen darauf, dass der Übergang zwischen den Institutionen des Elementar- und Primarbereichs aus der Perspektive des Sachlernens konstruktiv gestaltet werden kann. So ist es Kindern des Elementarbereichs bereits möglich, sowohl zu einem Inhalt gesellschaftsbezogenen Sachlernens wie „Gerechtigkeit" als auch zu naturwissenschaftsbezogenen Themenstellungen ihre individuellen Vorstellungen in der Interaktion mit Schülerinnen und Schülern des Primarbereichs zur Sprache zu bringen und diese gemeinsam weiterzuentwickeln. Bereits die Studie von Reichmann (2010) zeigt auf, dass kooperative Lernformen den Transitionsprozess vom Elementar- in den Primarbereich wirksam zu unterstützen vermögen. Diese haben „positive Auswirkungen auf den Informationsstand, die Einstellungen und die Übergangsbewältigung der Kinder […]. Als ein Element der Kooperation trägt es [das Konzept] dazu bei, Kinder auf den Schuleintritt vorzubereiten, indem sich diese in einem überschaubaren Rahmen mit den Diskontinuitäten des Transitionsprozesses konstruktiv auseinandersetzen können" (a.a.O., S. 192f.).

Die Ergebnisse der hier referierten Forschungsprojekte verdeutlichen die Bedeutung des Übergangs in Bezug auf die Fachdidaktik, am Beispiel des Sachunterrichts. Denn neben den in den Forschungsvorhaben fokussierten Forschungsfragen kann die Struktur des institutionenübergreifenden Peer-Tutorings auch ein Weg sein, um den Übergang zwischen Elementar- und Primarbereich anhand von Sachthemen zu gestalten. In einem derartigen Konzept können dann beispielsweise auch die individuellen Interessen von

Kindern zum Tragen kommen, die nach den Erkenntnissen von Lichtblau (2013) für die individuelle Förderung insbesondere in inklusiven Lernzusammenhängen ein fruchtbarer Ansatzpunkt zu sein vermögen. Er stellt jedoch fest, dass „ein Transfer von Informationen zu den kindlichen Interessen vom Kindergarten zur Schule [...] nicht dokumentiert werden [konnte]. Die Interessen der Kinder scheinen somit nicht als bildungsrelevante Ressource angesehen zu werden, die zur Gestaltung der Transition in die Schule genutzt werden könnten" (Lichtblau 2013, S. 83).

Hier ist somit ein möglicher weiterer Forschungsansatz gegeben, das Peer-Tutoring in ein Konzept institutionenübergreifenden Sachlernens zu überführen und seine Wirksamkeit in Bezug auf die Anschlussfähigkeit an den Sachunterricht der Primarstufe zu überprüfen.

Literatur

Fischer, H.-J. (2013): Ist das Wasser stark? Wie Sachlernprozesse im Übergangsfeld von Kindergarten und Grundschule gelingen können. In: Grundschulunterricht Sachunterricht, 2, S. 24-27.

GDSU (Hrsg) (2013): Perspektivrahmen Sachunterricht. Vollst. überarb. und erw. Ausg. Bad Heilbrunn.

Giest, H.; Marquardt-Mau, B. (2013): Anschlussfähigkeit sichern – Übergänge gestalten. Übergänge sind Lernchancen, die nicht verpasst werden sollten! In: Grundschulunterricht Sachunterricht, 2, S. 4-7.

Kaiser, A.; Lüschen, I. (in Vorbereitung): Das Miteinander lernen. Frühe politisch-soziale Bildungsprozesse. Eine empirische Untersuchung zum Sachlernen im Rahmen von Peer-Education zwischen Grundschule und Kindergarten. Erscheint in Baltmannsweiler.

Kaiser, A.; Schomaker, C. (2010): Weltwissen, Weltorientierung, Welterkundung? Zur Entwicklung und zum Stellenwert des Sachlernens im Übergang vom Elementar- zum Primarbereich. In: Giest, H.; Pech, D. (Hrsg.): Anschlussfähige Bildung aus der Perspektive des Sachunterrichts. Bad Heilbrunn, S. 91-98.

Lichtblau, M. (2013): Inklusive Förderung auf Basis kindlicher Interessen – Ergebnisse einer Längsschnittstudie zur Interessenentwicklung soziokulturell benachteiligter Kinder. In: Zeitschrift für Grundschulforschung, 6, 1, S. 72-87.

Mayring, P. (2010): Qualitative Inhaltsanalyse. Grundlagen und Techniken. Weinheim.

Naylor, S.; Keogh, B. (2004): Concept Cartoons in Science Education. (The ConCISE Project). Reprinted. Sandbach.

Reichmann, E. (2010): Übergänge vom Kindergarten in die Grundschule unter Berücksichtigung kooperativer Lernformen. Baltmannsweiler.

Schomaker, C. (2011): „Gemeinsam die Welt befragen." Altersübergreifendes Sachlernen anhand von Naturphänomenen im Übergang vom Elementar- in den Primarbereich. In: MNU-Primar, 3, 1, S. 22-25.

Schomaker, C.; Lüschen, I. (in Vorbereitung): Miteinander Brücken bauen. Zusammen Gerechtigkeit erleben. Lernumgebungen für das gemeinsame Arbeiten von Kindergarten- und Grundschulkindern. Erscheint in Baltmannsweiler.

Anja Heinrich-Dönges

Implementierung unterrichtspraktischer Innovationen im Fächerverbund Mensch, Natur und Kultur – Die Bedeutung der Interessenentwicklung in Lehrkräftefortbildungen für eine nachhaltige Unterrichtsentwicklung

Long-term effects on teacher training are rare. Studies on interest development show long-term effects of learning by interest. The following explanations show the teacher's development of interests in context of the teacher training program „PROFI".

1. Einführung

Unterrichten ist ein hoch individueller, von vielschichtigen Rahmenbedingungen beeinflusster Vorgang. Lehrkräftefortbildungen mit dem genuinen Ziel, Unterricht nachhaltig zu verändern, greifen in dieses individuell sehr unterschiedliche Bedingungsgefüge ein. Da dies nur selten die erwarteten Erfolge erbringt (Helmke/ Weinert 2009, Wahl 2006), wurden in den letzten Jahren verstärkte Anstrengungen unternommen, die Wirksamkeit von Lehrkräftefortbildungen zu erhöhen und die dazu erforderlichen Bedingungen zu untersuchen (Lipowsky 2010, Zehetmeyer 2010). Für die Untersuchung solcher spezifischer Bedingungen erscheint es jedoch notwendig, die individuelle Bereitschaft von Lehrkräften zur Veränderung des Unterrichts durch Umsetzung von Fortbildungsinhalten zu analysieren und zwar, indem die subjektiven Überzeugungen von Lehrkräften zu den Rahmenbedingungen für veränderten Unterricht erfasst werden.

2. Lehrkräftefortbildung, Interessenentwicklung und Unterrichtsentwicklung aus personal-systemtheoretischer Sicht

Die systemische Eingebundenheit von Unterrichtsentwicklung in individuelle und externe Bedingungsfaktoren verdeutlicht das von Heinrich/ Reinhoffer/ Irion (2010) adaptierte Sequenzmodell der Unterrichtsentwicklung (Helmke 2009). Um über die Sequenzen *Information* durch die Fortbildung, *Rezeption* und *Reflexion* durch die Lehrkraft in Bezug auf ihr Vorwissen und ihre Überzeugungen zur *Aktion* in Form einer Umsetzung im Unterricht zu gelangen, sowie schlussendlich in einer subjektiven *Evaluation* als gewinnbringend für die Schülerinnen und Schüler oder die eigenen Handlungen betrachtet zu werden, bedarf es vielfältiger Passungen zwischen individuellen, systemischen und fortbildungsspezifischen Bedingungen. Verändern Lehrkräfte ihren Unterricht, sind diese Entwicklungen aus personal-systemtheoretischer Sicht (König/ Volmer 2005) einerseits gekoppelt an individuelle Veränderungen in beispielsweise den Überzeugungen und Einstellungen der Lehrkräfte und andererseits an Prozesse der Schulentwicklung. Denn Veränderungen einzelner Personen und ihrer Handlungen sind eingebettet in das spezifische System der Einzelschule und bewirken in diesem wiederum Veränderungen. Zentral für einen solchen Implementierungsprozess sind nach der Personalen Systemtheorie die subjektiven Überzeugungen der Lehrkräfte. „Veränderung sozialer Systeme kann immer nur bedeuten, dass sich Menschen Gedanken über ihre Situation machen, auf Basis dieser Deutungen handeln und damit das System verändern" (a.a.O., S. 33). In Bezug auf Lehrkräftefortbildung spielt darüber hinaus das strukturelle, methodische und organisatorische Arrangement der Lehrkräftefortbildung selbst eine zentrale Rolle (Lipowsky 2005, 2010). Es ist davon auszugehen, dass solche Lehrkräftefortbildungen nachhaltige Wirkungen im Unterricht erzielen, die in der Gestaltung die genannten Ebenen berücksichtigen.

Das Fortbildungsprojekt „PROFI – Professionalisierung von Lehrkräften durch schulbezogene Lehrkräftefortbildung im Fächerverbund Mensch, Natur und Kultur" (Heinrich/ Reinhoffer/ Irion 2010) integriert die individuellen Fortbildungsbedarfe der Lehrkräfte in ein gemeinsam mit den Fortbildnern konzipiertes schulspezifisches Fortbildungsarrangement und begleitet das gesamte Grundschulkollegium über einen längeren Zeitraum auch in Umsetzungsfragen. Aus der wissenschaftlichen Begleitung dieses Projekts liegen

Untersuchungsergebnisse vor (Heinrich/ Reinhoffer 2013), die hier in Bezug auf die Entwicklung der berufsbezogenen Interessen dargestellt werden.

Aus empirischen Untersuchungen zur Münchner Interessentheorie (Prenzel/ Krapp/ Schiefele 1986, Krapp/ Ryan 2002, Willems/ Lewalter 2010) wird deutlich, dass interessenorientiertes Lernen tiefenverarbeitendes Lernen ist und damit als nachhaltiges Lernen angesehen werden kann. Interessenorientiertes Lernen bezeichnet in diesem Verständnis eine als angenehm und lustvoll empfundene Auseinandersetzung mit einem als subjektiv bedeutsam empfundenen Gegenstand, gekennzeichnet durch die Bereitschaft, die eigenen Handlungsmöglichkeiten (durch beispielsweise Wissen oder Fähigkeiten) weiter zu vertiefen.

Ein neues Interesse wird in einer konkreten Situation der Auseinandersetzung mit einem (Lern-)Gegenstand geweckt und bezeichnet eine spezifische Motivationsqualität, das situationale Interesse (Willems/ Lewalter 2010, Hidi/ Renninger 2006). Situationale Interessen können nach einer ersten von Neugierde und Aufmerksamkeit auf einen spezifischen Sachverhalt geprägten „Catch-Phase" in eine dauerhaftere, von Lernbereitschaft geprägten „Hold-Phase" übergehen und längerfristig bei wiederholter Beschäftigung mit diesem Interessengegenstand zu einem dispositionalen individuellen Interesse werden (Willems/ Lewalter a.a.O., Hidi/ Renninger a.a.O.).

Bislang fehlen in der wissenschaftlichen Diskussion um die Wirkung von Lehrkräftefortbildungen Untersuchungen, welche die Rolle der Interessenentwicklung im Rahmen von Lehrkräftefortbildungen näher beleuchten.

3. Methodisches Vorgehen

Die vorliegende Studie rückt die berufsbezogenen Interessen von Lehrkräften in den Fokus und fragt nach der Interessenwirksamkeit des Fortbildungsprojekts PROFI: *Entwickeln die teilnehmenden Lehrkräfte neue Interessen im Rahmen der Fortbildungen? Verändern die teilnehmenden Lehrkräfte bestehende Interessen im Rahmen der Fortbildungen? Welche Rahmenbedingungen erachten sie ggf. als wirksam? Welche Rolle spielen ggf. die (veränderten) Interessen für die Umsetzung im Unterricht?*

Mit den am Fortbildungsprojekt PROFI teilnehmenden Lehrkräften wurden in einem Prä-Post-Design jeweils vor und nach dem ersten Projektjahr leitfadengestützte problemzentrierte Interviews geführt, die die berufsbezogenen Interessen, deren Entwicklung sowie die aus subjektiver Sicht entscheidenden Rahmenbedingungen in den Fokus nahmen. Weiterhin wurden die situationalen Interessen der Lehrkräfte zu jeder einzelnen stattgefundenen Fortbildung mit Hilfe eines Fragebogens mit offenem Antwortformat erfasst. Vollständige Datensätze liegen von 26 Lehrkräften an insgesamt vier Schulen vor. Unvollständige Datensätze fünf weiterer Lehrkräfte (z.b. durch Schulwechsel oder Eintritt in Pension) und eine Pilotstudie wurden für eine erste Kategorienbildung verwendet. Sämtliche Daten wurden inhaltsanalytisch (Mayring 2008, Steigleder/ Mayring 2008) durch konsensuelles Kodieren (Reinhoffer 2008) computerunterstützt mit MAXQDA ausgewertet. So ließen sich Entwicklungsverläufe der berufsbezogenen Interessen der Lehrkräfte über den Fortbildungs- und Untersuchungszeitraum nachzeichnen.

4. Ergebnisse

Die Lehrkräfte beschrieben insgesamt 449 Themen berufsbezogener Interessen (siehe Tabelle 1). Weitere Themen konnten einer Prüfung der genutzten Kriterien der Interessendefinition nicht standhalten und wurden nicht weiter berücksichtigt. Anhand ihres Auftretens in den verschiedenen Erhebungsphasen wurden die Interessenthemen unterschieden in *beständige*, in der Prä- und Post-Studie relevante dispositionale Themen und *neue*, nach der Prä-Studie erstmals genannte situationale oder dispositionale Interessenthemen. Von insgesamt 262 beständigen Interessenthemen wurden 150 Interessen von den Fortbildungsinhalten berührt, bei 19 Interessen geben die Lehrkräfte sogar ursächliche Veränderungen der Interessen durch die Fortbildungen an, wie beispielsweise: *„Gerade auch die Sache mit der Kerze und so. Da waren ja schon interessante Sachen dabei, was ich dann/ das habe ich umgesetzt, die Versuche. (...) Ähm, also das läuft gerade gut in der dritten Klasse"* (AE-HN-17). Von den 131 weiteren beständigen Interessen wurden 98 während der Projektlaufzeit aufgrund verschiedener Impulse verändert. Unter Veränderungen werden beispielsweise inhaltliche Ausdifferenzierungen, thematische Erweiterungen oder die Verlagerung inhaltlicher Schwerpunkte verstanden. Aufgelöste Interessen sind jeweils separat dargestellt. Bei 32 Interessenthemen wurde trotz einer Thematisierung in den Fortbildungen, keine Veränderung von den Lehrkräften beschrieben.

Im Zeitraum von einem Jahr entwickelten die Lehrkräfte insgesamt 187 neue Interessenthemen, davon 169 im Zusammenhang mit der Fortbildung. Die Entstehung von 92 dieser Interessenthemen schrieben die Lehrkräfte ursächlich der Fortbildung zu, weitere 77 Interessen entstanden im Zusammenspiel einer Kombination aus Fortbildungs- und weiteren Faktoren. Die anderen 18 Interessen entstanden ohne Berührungspunkte zum Fortbildungsprojekt.

Tabelle 1: Entwicklungsverläufe berufsbezogener Interessen von Lehrkräften

beständige Interessen	262	ohne Fortbildung	112	konstant		65
				verändert		42
				aufgelöst		5
		mit Fortbildung	131	konstant		32
				verändert		98
				aufgelöst		1
		durch Fortbildung	19	(konstant)		0
				verändert		19
				aufgelöst		0
neue Interessen	187	ohne Fortbildung	18	situational	catch	8
					hold	4
				dispositional		6
		mit Fortbildung	77	situational	catch	21
					hold	40
				dispositional		16
		durch Fortbildung	92	situational	catch	54
					hold	34
				dispositional		4

Zentrale Erkenntnisse zur Nachhaltigkeit von Lehrkräftefortbildungen lassen sich aus den „mit" bzw. „durch Fortbildung" entstandenen Interessen und der Berücksichtigung des Entwicklungsstatus klassifizieren: 75 Interessen (21 „mit Fortbildung", 54 „durch Fortbildung") verblieben zum Zeitpunkt der Post-Studie auf dem „catch"-Status und haben damit in Hinblick auf die Nachhaltigkeit eher „Strohfeuercharakter": *„Also Licht und Schatten, das hat mir mit Sicherheit auch viel gebracht. Allerdings im Moment jetzt noch nicht direkt für den Unterricht"* (AE-TA-20). Durch wiederholte Auseinandersetzung zeichneten sich 74 Interessenthemen aus (40 „mit Fortbildung", 34 „durch Fortbildung"). Dispositionalen Status erreichten 20 Interessenthemen (16 „mit Fortbildung", 4 „durch Fortbildung"): Mit diesen hatten sich die Lehrkräfte zum Zeitpunkt der Posterhebung bereits intensiv auseinandergesetzt und planten für die Zukunft weitere Aktivitäten und Vorhaben. Da die Post-Untersuchung bereits zwei Monate nach der jeweils letzten Fortbildung stattfand, ließen sich möglicherweise nicht alle situationalen Interessen mit dem Potential für ein dispositionales Interesse identifizieren.

Die Entwicklungsverläufe der Interessen sind auf die einzelnen Lehrkräfte sehr unterschiedlich verteilt, insbesondere in Bezug auf die fortbildungsbezogenen Themen. Entwicklungsbeschreibungen „konstant", „verändert" und „neu" lassen sich auf die personenbezogenen Analysen anwenden. Sie kommen bei den einzelnen Lehrkräften mit unterschiedlichen Anteilen an den Interessenthemen vor (siehe Abb. 1).

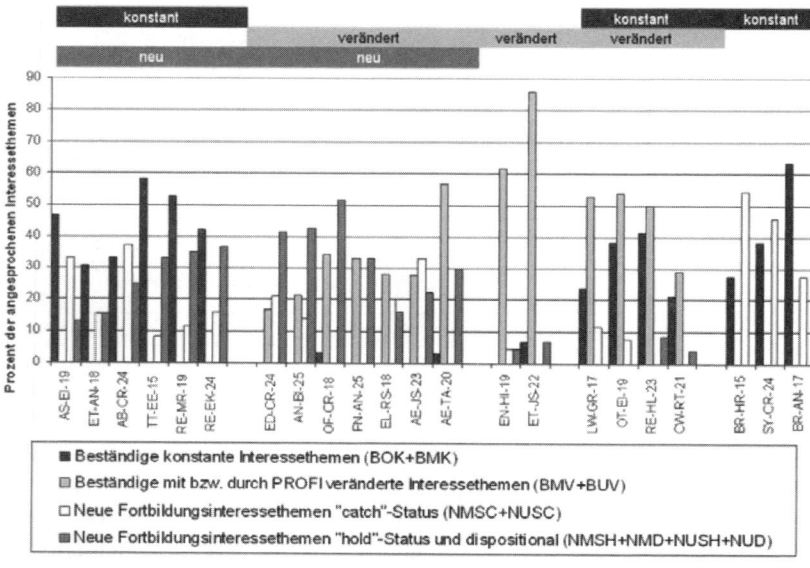

Abbildung 1: Individuelle Verteilung der Entwicklungsverläufe berufsbezogener Interessen

So gibt es eine Gruppe von drei Lehrkräften, die neben konstant gebliebenen beständigen Interessen ausschließlich situationale Interessen in der Catch Phase entwickelte. Für diese spielten damit keinerlei Fortbildungsinhalte längerfristig eine Rolle. Ein weiterer Interessentyp, dem vier Lehrkräfte zuzuordnen sind, verzeichnete neben einem großen Anteil konstanter Themen aber auch die Bereitschaft, dispositionale Interessen zu verändern. Bei zwei Lehrkräften überwog die Bereitschaft zur Veränderung der dispositionalen Interessen gegenüber anderen Möglichkeiten der Interessenentwicklung. Sie integrierten Fortbildungsinhalte in (fast) alle ihre Interessenthemen. Insgesamt sieben Lehrkräfte beschäftigten sich längerfristig mit neuen fortbildungsbezogenen Interessen und zeigten gleichzeitig eine große Bereitschaft zur Veränderung dispositionaler Interessen. Dieser Typ lässt sich nach den Anteilen der veränderten und neuen Interessenthemen in drei Subtypen differenzieren. Bei einer weiteren Gruppe von sechs Lehrkräften ist die Interessenverteilung gekennzeichnet von einem sehr großen Anteil konstanter Themen und einem geringeren Maß an neuen situational-hold-Themen oder dispositionalen Themen. Weitere vier Lehrkräfte ließen sich keinem der genannten Typen zuordnen, nähere Analysen dazu stehen noch aus.

5. Zusammenfassung und Ausblick

Die Zusammenstellung der berufsbezogenen Interessen von Lehrkräften ergibt eine große Vielzahl an Interessenthemen. Viele dieser wurden inhaltlich in den Fortbildungen thematisiert, was sicherlich teils auf die bedarfsorientierte Anlage der Fortbildungen zurückzuführen ist und teils auf Offenheit einzelner Lehrkräfte hinsichtlich einer Integration der Fortbildungsinhalte in ihre dispositionalen Interessen. Betrachtet man die Entwicklungsverläufe der einzelnen Interessenthemen über ein Jahr Teilnahme am Fortbildungsprojekt PROFI, so lassen sich Auswirkungen in zwei Richtungen beschreiben: Impulse für die Interessenentwicklung wurden sowohl bei dispositionalen Interessen wie auch bei neuen Interessenthemen gesetzt, die sich durch eine wiederkehrende Auseinandersetzung auszeichnen. Auf andere dispositionale Interessen blieb eine Wirkung der Fortbildungen aus und neue situationale Interessenthemen blieben als „Strohfeuer" ohne weitere Auswirkungen. Für die interessenwirksamen Impulse der Fortbildungen ergeben sich demnach Potenziale für nachhaltige Auswirkungen auf den Unterricht. Sie sind Schwerpunkt gegenwärtiger Analysen.
Betrachtet man die individuelle Verteilung der Entwicklungsverläufe der Interessenthemen, so lassen sich Typisierungen nach dem Charakter der Interessenveränderung vornehmen. Dieser Typisierungsansatz erfolgt vor dem Hintergrund einer bedarfsorientierten schulbezogenen Fortbildungsreihe mit spezifischen Themen. Bei anderen Fortbildungsthemen würde bei den einzelnen Personen möglicherweise ein abweichendes Spektrum an Entwicklungsverläufen auftreten. Aufschluss würden Untersuchungen in anderen Fortbildungskontexten geben.
Eine detaillierte Betrachtung der qualitativen Daten zeigt die den Interessenentwicklungen zugrunde liegenden Faktoren aus subjektiver Sicht der Lehrkräfte auf. Derzeitige erste Analysen lassen Hinweise auf Gestaltungsmöglichkeiten von Lehrkräftefortbildungen bzw. Anhaltspunkte für die Gestaltung eines Nachhaltigkeit fördernden schulischen Umfelds erwarten.

Literatur

Heinrich, A.; Irion, T.; Reinhoffer, B. (2010): Schul- und Unterrichtsentwicklung durch schulbezogene Fortbildungen in der Grundschule. In: Arnold, K.-H.; Hauenschild, K.; Schmidt, B.; Ziegenmeyer, B. (Hrsg.): Zwischen Fachdidaktik und Stufendidaktik: Perspektiven für die Grundschulpädagogik, S. 181-184). Wiesbaden.

Heinrich, A.; Reinhoffer, B. (2013): „Das ist es, was meinen Beruf so interessant macht!" – Ergebnisse einer Teilstudie zu berufsbezogenen Interessen von Grundschullehrkräften. GDSU-Journal, 3, S. 47-56.

Helmke, A. (2009): Unterrichtsqualität und Lehrerprofessionalität. Diagnose, Evaluation und Verbesserung des Unterrichts. (1. Aufl.) Seelze/ Velber.

Hidi, S.; Renninger, K.A. (2006): The four-phase model of interest development. Educational Psychologist, 41, pp. 111-127.

König, E.; Vollmer, G. (2005): Systemisch denken und handeln: Personale Systemtheorie in Erwachsenenbildung und Organisationsberatung. (1. Aufl.) Weinheim, Basel.

Krapp, A., Ryan, R.M. (2002): Selbstwirksamkeit und Lernmotivation: Eine kritische Betrachtung der Theorie von Bandura aus der Sicht der Selbstbestimmungstheorie und der pädagogisch-psychologischen Interessentheorie. In: Jerusalem, M; Hopf, D. (Hrsg.): Selbstwirksamkeit und Motivationsprozesse in Bildungsinstitutionen. Weinheim, Basel, S. 54-82.

Lipowsky, F. (2004): Was macht Fortbildungen für Lehrkräfte erfolgreich? Die Deutsche Schule, 2, S. 462-479.

Lipowsky, F. (2010). Lernen im Beruf. Empirische Befunde zur Wirksamkeit von Lehrerfortbildung. In: Müller, F.H.; Eichenberger, A.; Lüders, M.; Mayr, J. (Hrsg.): Lehrerinnen und Lehrer lernen. Konzepte und Befunde zur Lehrerfortbildung. Münster, S. 51-70.

Mayring, Ph. (2008): Qualitative Inhaltsanalyse. Grundlagen und Techniken. (10., neu ausgestattete Aufl.) Weinheim.

Prenzel, M.; Krapp, A.; Schiefele, U. (1986). Grundzüge einer pädagogischen Interessentheorie. In: Zeitschrift für Pädagogik, 32, S. 163-173.

Reinhoffer, B. (2008): Lehrkräfte geben Auskunft über ihren Unterricht. In: Mayring, P.; Gläser-Zikuda, M. (Hrsg.): Die Praxis der Qualitativen Inhaltsanalyse. (2. Aufl.) Weinheim, S. 123-141.

Steigleder, S.; Mayring, Ph. (2008): Die strukturierende qualitative Inhaltsanalyse im Praxistest. Eine konstruktiv kritische Studie zur Auswertungsmethodik von Philipp Mayring. Marburg.

Wahl, D. (2006): Lernumgebungen erfolgreich gestalten: Vom trägen Wissen zum kompetenten Handeln. (2., erw. Aufl.) Bad Heilbrunn.

Willems, A.S.; Lewalter, D. (2010): Welche Rolle spielt das motivationsrelevante Erleben von Schülern für ihr situationales Interesse im Mathematikunterricht? Befunde aus der SIGMA-Studie. Erziehungswissenschaftliche Forschung – nachhaltige Bildung, 28, S. 288-294.

Zehetmeier, S. (2010) Aktionsforschung in der Lehrerfortbildung. In: Müller, F.H.; Eichenberger, A.; Lüders, M.; Mayr, J. (Hrsg.): Lehrerinnen und Lehrer lernen. Konzepte und Befunde zur Lehrerfortbildung. Münster, S. 197-211.

Stefanie Carell und Markus Peschel

Motivations- und Interessensveränderungen bei der Arbeit mit kidipedia.de

The article focuses on a survey that examined, if the use of kidipedia in the natural science part of general studies (Sachunterricht) can increase motivation and interest of boys and girls in natural science and new medias. The survey presented is part of a research project that will be shortly outlined after a few preliminary conceptual remarks. The data were collected between August and December 2012 in the third and fourth grade of primary schools in the Swiss cantons Solothurn and Aargau.

1. Motivation und Interesse

Die Begriffe „Motivation" und „Interesse" werden in der Literatur unterschiedlich aufgefasst und definiert (vgl. Heckhausen 1989, Krapp 1992, Deci/ Ryan 2005, Winther 2006). Zudem sind unterschiedliche Motivations-Modelle vorhanden (z.B. Maslow'sche Bedürfnispyramide, Selbstbestimmungstheorie von Deci und Ryan u.a.), die die Suche nach den Ursachen für Motivation gemeinsam haben. „Motivation" bezeichnet ein hypothetisches Konstrukt (Heckhausen 1989, Heider 1958, Thomae 1965, Rheinberg 2002), welches sich auf „die aktivierende Ausrichtung des momentanen Lebensvollzuges auf einen positiv bewerteten Zielzustand" (Rheinberg 2002) bezieht. Die Abgrenzung des Motivationskonzeptes vom Konstrukt „Interesse" erfolgt durch den so definierten Inhalts- und Gegenstandsbezug des Interesses (Daniels 2008, Wadou 2007). „In der pädagogisch-psychologischen Interessenforschung ist die Person-Gegenstands-Theorie des Interesses vorherrschend, d.h. die Beziehung einer Person zu und ihre Interaktion mit einem Gegenstand [...]" (Wadou 2007[1], S. 36f.). „Mit dem Begriff ‚Gegenstand'

---

[1] Wadou bezieht sich dabei auf Prenzel et al. 1986, Prenzel 1988, Fink 1991, Krapp/ Prenzel 1992, Renninger et al. 1992 und Krapp 1998.

sind in der Interessentheorie nicht nur konkrete Objekte gemeint. Auch konkrete, wie abstrakte Themen, Ideen oder Aktivitäten können Interessengegenstände sein" (Pawek 2009, S. 31). Das Interesse ergibt sich folglich aus der Interaktion einer Person mit einem Gegenstand – z.b. Naturwissenschaften (vgl. Krapp 1998, Prenzel 1988, Krapp 1992).

2. Das Forschungsprojekt

2.1 Fragestellung
Im Rahmen des vorliegenden Forschungsprojektes zum Kinder- bzw. Schulportal *www.kidipedia.de* soll *nicht* untersucht werden, warum Schülerinnen und Schüler motiviert sind, *sondern ob sie motivierter werden*, sich mit naturwissenschaftlichen Inhalten und/ oder neuen Medien auseinanderzusetzen, wenn sie mit *kidipedia* arbeiten. Vermittelt über den Zuwachs an „Motivation und Interesse" liegt hierbei die Aufmerksamkeit zusätzlich auch auf dem Zuwachs von „Medienkompetenz" und „Naturwissenschaftskompetenz" bei Jungen und Mädchen durch die Nutzung von *kidipedia.*
Die zentrale Fragestellung lautet: *Ist kidipedia – eingesetzt im naturwissenschaftlichen Sachunterricht der Primarstufe – förderlich für Jungen und Mädchen?*
Die Datenerhebung erfolgte im klassischen Prä-Post-Design unter Einbezug von Kontrollklassen, die – im Gegensatz zu den Versuchsklassen – während des Projektverlaufes[2] kein Onlineportal wie *kidipedia* im Unterricht nutzten. Sollten sich Zuwächse in den einzelnen Untersuchungsbereichen (Naturwissenschaften, Medienkompetenz, Motivation und Interesse) gegenüber den Kontrollgruppen nachweisen lassen, lassen sich Rückschlüsse auf das Instrument *kidipedia* ziehen.
Zur Datengewinnung wurden verschiedene Fragebögen und Tests mit unterschiedlichen Antwortformaten (geschlossen, halboffen) sowie ein Beobachtungsbogen mit quantitativen und halbqualitativen Elementen eingesetzt.
Der Bereich „Motivation und Interesse" wurde mit einem adaptierten Fragebogen in Anlehnung an Pawek (2009), Wild et al. (2001) und Wackermann (2008) erhoben (s.u.). Die Abb. 1 zeigt die Verbindungen der einzelnen Forschungsteilbereiche und hebt den hier skizzierten Fokus hervor.

---

[2] Die Projektzeit betrug neun Schulwochen pro Klasse im Zeitraum 08/2012 – 12/2012.

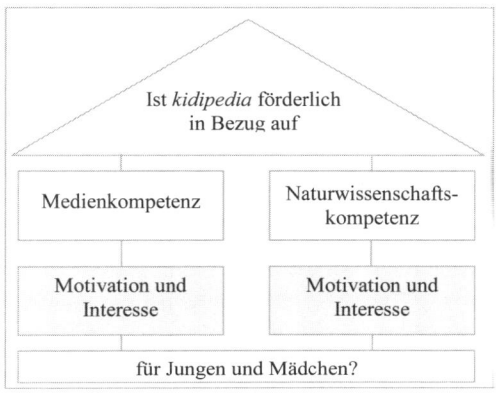

Abbildung 1: Das Forschungsprojekt im Überblick

Die zentrale Fragestellung im Bereich Motivation und Interesse lautet:
„Erhöht die Arbeit mit *kidipedia* das *Interesse* an und/ oder die *Motivation* zur Auseinandersetzung mit *naturwissenschaftlichen Themen* und/ oder *neuen Medien* bei *Jungen* und *Mädchen*?"
Diese komplexe Frage enthält insgesamt vier Teilfragen:
1. Erhöht die Arbeit mit *kidipedia* das Interesse an naturwissenschaftlichen Themen bei Jungen und Mädchen?
2. Erhöht die Arbeit mit *kidipedia* das Interesse an neuen Medien bei Jungen und Mädchen?
3. Erhöht die Arbeit mit *kidipedia* die Motivation zur Auseinandersetzung mit naturwissenschaftlichen Themen bei Jungen und Mädchen?
4. Erhöht die Arbeit mit *kidipedia* die Motivation zur Auseinandersetzung mit neuen Medien bei Jungen und Mädchen?

2.2 Erhebungsinstrument

Zur Erhebung von „Motivation und Interesse" wurden bestehende Fragebögen für die Sekundarstufe aus dem Chemie- und Physikunterricht verwendet. Der Fragebogen ist in zwei Bereiche (Naturwissenschaften und neue Medien – speziell Computer und Internet) geteilt. Beide Teile verfügen über die identischen fünf Skalen zur Erfassung von Motivation und Interesse mit insgesamt 36 Items, deren Formulierung auf die unterschiedlichen Inhalte (Naturwissenschaften, Computer und Internet) angepasst wurde (vgl. Abb. 2). Dabei wurden zur Erhebung des Interesses die Skalen „Sachinteresse", „Abneigung" sowie „Fähigkeitsselbstkonzept" und zur Erhebung der Motivation die Skalen „Intrinsische Motivation" und „Extrinsische Motivation" verwendet.[3] Bei fünf Items (in beiden Fragebögen dieselben) wurden starke sprachliche Vereinfachungen vorgenommen, die restlichen 31 Items wurden nicht verein-

Beispiel-Item (NaWi)

	stimme nicht zu	stimme eher nicht zu	stimme eher zu	stimme voll zu
1. Ich rede nach der Schule gern über naturwissenschaftliche Themen.	○	☉	◉	●

Beispiel-Item (PC)

	stimme nicht zu	stimme eher nicht zu	stimme eher zu	stimme voll zu
1. Ich rede nach der Schule gern über Computer und Internet.	○	☉	◉	●

Abbildung 2: Beispiel-Items aus den Fragebögen

facht. Aufgrund der geringen sprachlichen Anpassungen (5 von 31 Items) wurde bei der Pilotierung davon ausgegangen, dass die Items einer Skala weiterhin das gleiche Konstrukt messen. Daher wurden beide Fragebögen einer Reliabilitätsanalyse[4] unterzogen, um die interne Konsistenz zu prüfen. Die Reliabilitätsprüfung der Pilotierung bestätigte eine akzeptable (.63) bis sehr gute (.91) interne Konsistenz der einzelnen Skalen in beiden Fragebögen. Aufgrund von Rückmeldungen der Schülerinnen und Schüler und unter Berücksichtigung der Trennschärfen der Items wurden weitere Items (7) sprachlich optimiert. Die Items der Skalen der Sekundarstufe konnten folglich aufgrund dieser erheblichen sprachlichen Anpassung (10 von 31 Items) nicht ohne weiteres für die Primarstufe übernommen werden.
Die Fragebögen der Hauptstudie wurden daher mithilfe einer Faktorenanalyse und einer erneuten Reliabilitätsanalyse geprüft. Für die Auswertung mussten auf dieser Grundlage in beiden Fragebogenteilen insgesamt jeweils nur

---

[3] Sachinteresse (Pawek 2009); Abneigung (Wild et al. 2001 – INMO); Fähigkeitsselbstkonzept (Pawek 2009); Intrinsische Motivation (Wackermann 2008); Extrinsische Motivation (Wild et al. 2001 – INMO)

[4] Es wurde aufgrund der Annahme, dass die Skalen weiterhin das gleiche Konstrukt messen, keine Faktorenanalyse durchgeführt.

drei Items entfernt werden, wovon in jedem Bogen nur ein Item bereits in der Pilotstudie aufgefallen ist.[5]
Somit ergeben sich für die Hauptstudie folgende Skalen:

Tabelle 1: Übersicht über die Reliabilität (Cronbachs-α) und die Anzahl der Items für die Skalen in beiden Fragebögen

	Anzahl Items Original	Naturwissenschaften	neue Medien
Sachinteresse	7	$\alpha = .80$	$\alpha = .78$ (6 Items*)
Abneigung	8	$\alpha = .87$ (6 Items*)	$\alpha = .83$ (7 Items*)
Fähigkeitsselbstkonzept	8	$\alpha = .62$ (7 Items*)	$\alpha = .75$ (7 Items*)
Intrinsische Motivation	5	$\alpha = .66$	$\alpha = .72$
Extrinsische Motivation	8	$\alpha = .80$	$\alpha = .87$

* Reduzierung der Itemanzahl aufgrund der Faktorenanalyse

2.3 Stichprobe

Es handelt sich um eine anfallende Stichprobe, die sich aus freiwillig teilnehmenden Primarschulen der Kantone Aargau (AG) und Solothurn (SO) zusammensetzt. Es wurden alle Primarschulen dieser Kantone angeschrieben (AG: 242 Schulen; SO: 107 Schulen; Verhältnis $\approx$ 7:3 = $2,3\overline{3}$) und um Teilnahme am Forschungsprojekt gebeten. Die Anfrage erfolgte ungerichtet an die Klassen und die Zuordnung zu den Versuchs- bzw. Kontrollgruppen fand durch eine Zufallsziehung am Ende der Rücklaufzeit (Juni/ Juli 2012) statt. Bei der Zuordnung der Klassen wurde darauf geachtet, dass das Verhältnis von Kontrollgruppen (KG) zu Versuchsgruppen (VG) zwischen den Kantonen dem Verhältnis der Primarschulen zwischen den Kantonen (7:3) ungefähr entsprach und auch innerhalb beider Kantone in etwa das gleiche Verhältnis vorlag (3:2).
Es ergab sich daher folgende Verteilung:
Aargau: 14 VG   9 KG (= 23)
Solothurn: 6 VG   4 KG (= 10)

---

[5] Die Umformulierung der beiden auffälligen Items brachte keinen Erfolg. Eine spätere Faktorenanalyse der Skalen der Pilotstudie zeigte, dass es richtig war, die auffälligen Items umzuformulieren und nicht zu entfernen, da ansonsten in der Hauptstudie wertvolle Items fehlen würden.

Während des Projektes zogen sich jedoch 5 VG (4 AG, 1 SO) zurück, wodurch sich zum Ende des Projektverlaufes folgende Verteilung ergab:
Aargau: 10 VG 9 KG (= 19)
Solothurn: 5 VG 4 KG (= 9)
Insgesamt nahmen am Projekt 489 Schülerinnen (N♀ = 226) und Schüler (N♂ = 263) teil (N$_{VG}$ = 280, N$_{KG}$ = 208). Für die Auswertung der Motivations- und Interessensfragebögen wurden die Schülerinnen und Schüler einbezogen, die zu beiden Zeitpunkten (T1, T2) die Fragebögen ausgefüllt hatten (N = 461).

2.4 Ergebnisse

Zur Auswertung der Daten wurde ein T-Test für gepaarte Stichproben jeweils für die Mittelwerte der Jungen der VG bzw. KG und die Mittelwerte der Mädchen der VG bzw. KG für beide Fragebögen durchgeführt. In der Tabelle 2 sind die signifikanten Ergebnisse notiert. Auffällig ist, dass für die Kontrollgruppen keine signifikanten Werte vorliegen. Das bedeutet, dass die auftretenden Mittelwertdifferenzen keinen systematischen Effekt aufweisen, sondern zufallsbedingt vorliegen. Es gibt folglich keinen Zuwachs oder keine Reduzierung im Bereich Motivation und Interesse bei den Mädchen und Jungen der Kontrollgruppen (ohne *kidipedia*).

Tabelle 2: signifikante Ergebnisse des T-Tests für gepaarte Stichproben

Neue Medien			M	SD	Differenz	T	df	Sig. (2-seitig)
Jungen *VG*	Selbstkon-zept	T1	2,04	,60	0,021	-2,383	130	0,019
		T2	2,16	,68				
	Sachinteresse	T1	1,83	,70	0,007	-2,081	133	0,039
		T2	1,96	,76				
Naturwissenschaften			M	SD	Differenz	T	df	Sig. (2-seitig)
Mädchen *VG*	Intrinsische Motivation	T1	2,14	,61	-0,231	2,584	127	0,011
		T2	2,01	,67				
	Extrinsische Motivation	T1	1,41	,70	-0,250	2,136	126	0,035
		T2	1,28	,75				

In den Versuchsgruppen (mit *kidipedia*) sind signifikante Effekte sowohl bei den Jungen, als auch bei den Mädchen vorzufinden, wenn auch in unterschiedlichen Bereichen. Die Ergebnisse zeigen einen minimalen, aber signifikanten Zuwachs für Jungen im Bereich neue Medien für die Skalen Selbstkonzept und Sachinteresse. Das bedeutet, dass die Jungen der Versuchsgruppe während der Projektzeit einen Zuwachs erfahren haben. Sie sind interessierter an neuen Medien und weisen sich selbst ein höheres Selbstkonzept zu, als zu Beginn der Projektzeit.

Bei den Mädchen der Versuchsgruppe lässt sich eine Veränderung im Bereich der Naturwissenschaften feststellen. Die Mädchen sind signifikant weniger motiviert (extrinsisch und intrinsisch), sich mit Naturwissenschaften zu beschäftigen, als sie es noch zum Beginn der Projektzeit waren.

Ob sich diese Ergebnisse auf *kidipedia* zurückführen lassen, muss mithilfe weiterer Analysen (z.b. der Häufigkeit der Nutzung von *kidipedia*, behandelte Themen im Sachunterricht) untersucht werden.[6]

3. Zusammenfassung

Ausgehend von der Forschungsfrage, ob *kidipedia* förderlich für Jungen und Mädchen ist, lässt sich für den Bereich Motivation und Interesse, die Aussage treffen, dass in den Versuchsgruppen Veränderungen gemessen wurden. Der genaue Einfluss von *kidipedia* auf diese Veränderungen muss noch näher bestimmt werden. Die ersten Tendenzen zeigen, dass *kidipedia* vor allem förderlich für Jungen im Bereich „Interesse an neuen Medien" ist. „So ist die Entstehung und Veränderung von spezifischen Interessen eng mit der Entwicklung der kognitiven Repräsentationen der eigenen Fähigkeiten auf dem gleichen Gebiet verbunden" (Pawek 2009, S. 31). Es verwundert daher nicht, dass mit dem Sachinteresse auch das Fähigkeitsselbstkonzept (oder umgekehrt) einen Zuwachs erfährt, denn das Interesse und das Fähigkeitsselbstkonzept hängen miteinander zusammen und beeinflussen sich wechselseitig (vgl. Pawek a.a.O.). Für die Mädchen der Versuchsgruppe lässt sich kein Zuwachs nachweisen. Im Gegenteil: Es erfolgte eine Reduzierung der Motivation im Bereich „Naturwissenschaften".

Kidipedia scheint folglich keinen Einfluss auf das Interesse an Naturwissenschaften und auf die Motivation zur Auseinandersetzung mit neuen Medien bei Jungen und Mädchen zu haben. Auch lässt sich kein Einfluss auf das Interesse an neuen Medien bei den Mädchen bzw. auf die Motivation im Bereich „Naturwissenschaften" bei den Jungen feststellen. Die Ergebnisse müssen allerdings bis zum Ende der abschließenden Analysen unter Vorbehalt gestellt werden.

---

[6] Hierzu wurde eine schriftliche Befragung der Lehrkräfte zu den Einsatzformen von *kidipedia* im Versuchszeitraum durchgeführt. Die Auswertung und Gegenprüfung liegt noch nicht vor.

Literatur

Daniels, Z. (2008): Entwicklung schulischer Interessen im Jugendalter. Münster, München u.a.

Deci, E. L.; Ryan, R. M. (2005): Intrinsic Motivation Inventory. URL: www.psych.rochester .edu/SDT/measures/IMI_description.php [3.12.2010]

Heckhausen, H. (21989): Motivation und Handeln. Berlin.

Heider, F. (1958): The Psychology of interpersonal Relations. New York (deutsch: Psychologie der interpersonel Beziehungen. Stuttgart 1977).

Krapp, A. (1992): Das Interessenkonstrukt. Bestimmungsmerkmale der Interessenhandlung und des individuellen Interesses aus der Sicht einer Personen-Gegenstands-Konzeption. In Krapp, A.; Prenzel, M. (Hrsg.): Interesse, Lernen, Leistung. Münster, S. 297-329.

Krapp, A. (1998): Entwicklung und Förderung von Interessen im Unterricht. In: Psychologie in Erziehung, 44. Jg., Basel, S. 185-201. URL: http://www.reinhardt-verlag.de/pdf/peu-krapp. pdf [13.12.2013]

Pawek, C. (2009): Schülerlabore als interessefördernde außerschulische Lernumgebungen für Schülerinnen und Schüler aus der Mittel- und Oberstufe. Dissertation. URL: www.eldiss.uni-kiel.de/macau/servlets/MCRFileNodeServlet/dissertation_derivate_00002763/ diss_cpawek.pdf;jsessionid=2F730986244214DA2811A535E3D6FBBE?host=&o [14.02.2013]

Prenzel, M. (1988): Die Wirkungsweise von Interesse. Ein Erklärungsversuch aus pädagogischer Sicht. Opladen.

Rheinberg, F. (2002): Motivation. Stuttgart.

Thomae, H. (1965): Die Bedeutung des Motivationsbegriffs. In: ders. (Hrsg.): Handbuch der Psychologie, Bd. 2. Göttingen, S. 3-44.

Wackermann, R. (2008): Überprüfung der Wirksamkeit eines Basismodell-Trainings für Physiklehrer. Berlin.

Wild, E.; Gerber, J.; Exeler, J.; Remy, K.; Sumfleth, E.; Rumann, S.; Buttler, N. (2001): Dokumentation der Skalen- und Item- Auswahl für den Kinderfragebogen zur Lernmotivation und zum emotionalen Erleben. Bielefeld, Essen. Unveröffentlichtes Dokument.

Wadouh, J. (2007): Vernetzung und kumulatives Lernen im Biologieunterricht der Gymnasialklasse 9. Dissertation. Uni Duisburg-Essen, Duisburg-Essen. Fachbereich Biologie und Geologie. URL: www.duepublico.uni-duisburg-essen.de/servlets/DerivateServ-let/Derivate-20492/DISSERTATION_komplett_5_BIB_end.pdf [5.2.13]

Winther, E. (2006): Motivation in Lernprozessen. Wiesbaden.

Sabrina Spahr und Ludwig Duncker

Verfremdung als didaktische Kategorie – eine vernachlässigte Kompetenz im Sachunterricht?

While de-familiarization appears to be a key principle of didactics, it does not seem to play an important role in contemporary theories of teaching and learning. Only few authors refer to it, even though the principle can play a considerable part in fulfilling key educational aims. The following text wants to point out the importance of the principle. It will thus critically analyze contemporary school books and show, how the aesthetic dimension underlying the principle can be made visible by using challenging pictures in class.

1. Einführung

Der folgende Beitrag greift ein Thema auf, das in den Forschungszusammenhang der Ästhetischen Alphabetisierung in der Grundschule einzuordnen ist. Diesem Forschungsgebiet liegt die These zugrunde, „dass es möglich ist, die Wahrnehmung zu sensibilisieren und zu trainieren sowie bestimmte Elemente der Bildsprache, wie z.B. Bildgrammatik und Bildsyntax, zu lehren und zu lernen" (Duncker/ Lieber 2013, S. 23). Die Ästhetische Alphabetisierung konkretisiert sich darin, „ein Curriculum für den Elementar- und Primarbereich zu entwickeln, das Kindern die Kompetenz der Bildliteralität vermittelt, verstanden als Schlüsselkompetenz für das Medienzeitalter" (ebd., S. 38).[1]
Herausgegriffen werden soll an dieser Stelle der Aspekt der Verfremdung. Er kann als eine didaktische Kategorie verstanden werden, die quer zu den Fächern und Lernbereichen der Grundschule liegt, sich vielfältig verflechten und verzahnen und besonders auch mit dem Lernbereich Sachunterricht verbinden lässt.
Verfremdung wird hier verstanden als eine Kompetenz, die nach zwei Seiten hin anschlussfähig ist: Sie wird zum Einen begriffen als Kompetenz des Leh-

---

[1] Verwiesen sei hier auch auf die Diskussion um Hubert Sowa (2012)

rens im Zusammenhang der Aufbereitung und Gestaltung didaktischer Materialien, zum Anderen als eine Fähigkeit, die Schüler in die Lage versetzt, sich bildend mit der Wirklichkeit auseinanderzusetzen. Hier verbindet sich Verfremdung mit dem Anspruch einer bildenden Begegnung und der Einnahme unterschiedlicher Perspektiven, die geeignet sind, zu den Themen des Unterrichts Distanz und Nähe herzustellen.

2. Vom Nahen zum Fernen – ein didaktisches Prinzip der Heimatkunde

Zunächst muss an die alte Heimatkunde erinnert werden. Ihre Kritiker, die vor allem gegen Ende der 1960er Jahre die Diskussion bestimmten und damit den Paradigmenwechsel von der Heimatkunde zum Sachunterricht in die Wege leiteten, warfen ihr unter anderem eine starke emotionale Einfärbung der Inhalte vor. Die Artikulation von Stimmungen, Befindlichkeiten und Gefühlen stand im Vordergrund, nicht die Thematisierung von Problemen, die die Welt betreffen. Es ging vorrangig um Einstimmung, um Zustimmung und um die Beschwörung der Harmonie einer ländlichen Idylle. Die fraglose Hinnahme der Lebenswelt, nicht eine Analyse oder Kritik bestimmte den Heimatkundeunterricht. Die Verpflichtung auf Tradition und Überlieferung besaß einen großen Stellenwert. Das Weltbild war eher statisch fundiert, gesellschaftliche Dynamik und Veränderung wurden ausgeklammert und argwöhnisch behandelt.

Der in der Heimatkunde zugrunde gelegte Anschauungsbegriff erwies sich als erkenntnistheoretisch blind und naiv, da er die Welt unmittelbar vor die Augen stellen wollte. Zusammengefasst mündete die Kritik an der Heimatkunde im Vorwurf einer „affirmativen Erziehung" (Müller 1970), die im Widerspruch steht zu einem aufgeklärten Verständnis von Bildung und einer Erziehung zur Mündigkeit.

Mit den Mitteln der Erkenntnistheorie, der Ideologiekritik und dem Anspruch einer Wissenschaftsorientierung des Lernens schien nun eine Plattform gesichert zu sein, auf der der Sachunterricht seinen Modernitätsanspruch entfalten konnte. Schaut man jedoch in aktuelle Schulbücher, so müssen Zweifel aufkommen, ob die alte Heimatkunde wirklich überwunden wurde. Dies kann hier jedoch nur exemplarisch in einer Gegenüberstellung zweier Doppelseiten aus Lehrwerken für den Anschauungsunterricht (1890) und den Sachunterricht (2004) illustriert werden:

Abbildung 1: Das Dorf (1890)   **Abbildung 2:** Unser Heimatort (2004)

Abb. 1 zeigt die Darstellung einer ländlichen Idylle. Es wird ein angeblich typisches Dorf gezeichnet, welches die Botschaft vermittelt, die Welt sei so in Ordnung, alles sei an seinem richtigen Platz. Kennzeichnend ist dabei, dass auch die Kirche als Mittelpunkt des Dorfes in Erscheinung tritt. Auch Abb. 2 zeigt *„unseren Heimatort"*, in dem ebenfalls eine Kirche abgebildet ist, auch wenn sie diesmal keine dominante Stellung im Bild einnimmt. Ein Schulhaus, befestigte Straßen, Lebensmittelläden und eine heute überall sichtbare Architektur zeichnen das Bild einer modernen Welt. Die äußere Veränderung ist offensichtlich, aber ist die didaktische Botschaft nicht ähnlich? Welche Konsequenzen hat man hier aus der massiven Kritik der alten Heimatkunde gezogen? Lebt hier der alte heimatkundliche Ansatz nicht unter einem nur oberflächlich modernisierten Anstrich fort?

Beide Darstellungen können dem heimatkundlichen Prinzip „vom Nahen zum Fernen" zugeordnet werden. Dieses Prinzip verfolgt das didaktische Ziel, beginnend vom Heimatort in konzentrischen Kreisen fortschreitend die Welt zu erschließen und das, was mit bloßen Augen nicht sichtbar ist, mit Hilfe von Anschauungsmaterial vor die Sinne zu stellen. Damit wird jedoch der eigene Wohnort unausgesprochen zum selbstverständlichen Maßstab für die Betrachtung auch der ferneren Welt gewählt. Eine distanzierende Betrachtung kann so nicht entstehen. Übersehen wird, dass auch die gegenteilige Bewegung wichtig ist, nämlich vom Fernen und Fremden wieder zum Nahen und Vertrauten zurückzukehren. Dieser Weg führt jedoch hin zum didaktischen Prinzip der Verfremdung.

3. Zugänge zum Begriff der Verfremdung

Ein Blick in die bildungstheoretische Diskussion zeigt, dass das Prinzip des Verfremdens für didaktische Vorhaben anschlussfähig gemacht werden kann. So kann Bildung nicht nur als Abstandnehmen vom Gewohnten und Vertrauten gelingen, sondern bedeutet auch, von sich selbst absehen zu lernen (vgl. Gadamer 1960) bzw. den eigenen Sinnhorizont zu überschreiten und zu erweitern (Giel 2000). Es geht darum, die Welt mit anderen Augen sehen zu lernen (Plessner 1970), wobei der Perspektivenwechsel als notwendige Methode betont wird, um Bildungsprozesse zu erschließen (Duncker 2005). Daraus lässt sich die These gewinnen, dass neben dem Prinzip vom Nahen zum Fernen auch das Gegenprinzip vom Fremden hin zum Vertrauten seine Berechtigung finden muss, um dann das Vertraute in einem neuen und anderen Licht sehen zu können, also gleichsam mit fremdem Blick zu betrachten. Bildung muss deshalb das Prinzip des Verfremdens einschließen.

Wirft man allerdings einen Blick in die großen allgemeindidaktischen Werke der letzten 25 Jahre (bspw. Adl-Amini/ Künzli 1991, Blankertz 1991, Glöckel 1996, Kron 2004, Terhart 2009, Riedl 2010, Kiel 2012, so muss man feststellen, dass die Verfremdung immer noch zu den wenig beachteten didaktischen Kategorien gezählt werden muss.

Hans-Joachim Fischer (2002) gelingt bereits eine Annäherung an das Thema, indem er sich mit den Gegensätzen „Distanz und Nähe" sowie „das Eigene und das Fremde" auseinandersetzt. Er geht davon aus, dass sich nur dort Distanz gewinnen lasse, wo zunächst Nähe spürbar gewesen sei. Das Eigene und das Fremde in der Begegnung versucht er anhand von Szenarien der Begehung von Klosterräumen mit Kindern zu verdeutlichen. Nicht weil der Raum das erste Mal betreten wurde, sei er fremd, sondern weil er aus einem anderen Leben stamme (vgl. a.a.O., S. 98). „Fremdes Leben hat diese Räume gebaut und gelebt, fremde Empfindungen und Bewegungen, Motive und Absichten, fremde Anschauungen und Vorstellungen, fremde Ordnungen und Bedeutungen" (ebd.). Er stellt fest, dass eine Aneignung des Fremden nur stattfinden kann, wenn es dem Menschen möglich ist, die Welt für sich zu gewinnen und nicht in seinem Eigenen gefangen zu bleiben (a.a.O., S. 111). „Bildung, die darauf aus ist, Welt zu gewinnen, ist – so gesehen – Aneignung und Entfremdung gleichermaßen" (ebd.). So schlägt Fischer vor, in der Alltagswelt der Kinder anzusetzen, die das Fremde in sich einschließt, Fragen aufwirft und somit Bildungsprozesse in Gang setzt. „Die Nähe zum kindlichen Leben ist das Maß, an dem sich der Bildungswert des Fremden, die gewonnene Welt bemisst" (ebd.).

Gunter Otto (1998) setzt den Begriff des Verfremdens ein, wenn es zu überlegen gilt, wie Bilder in einem für die Sinne offenen Unterricht aussehen sollen. In diesem Zusammenhang fordert er die Wahl von Bildern und Texten, die betroffen machen, die anrühren und Distanz schaffen. Bilder sollen dazu anleiten, Vertrautes anders und vor allem neu zu sehen. Verfremdete Bilder sollen beunruhigen, das Fremde soll das Lernen und den Unterricht interessant machen und Kindern Fragen entlocken.

Hans Rauschenberger (1994) hingegen hat den Verfremdungsbegriff etwas ausführlicher charakterisiert und anhand von Unterrichtsarrangements zu verdeutlichen versucht, wie vielfältig Verfremdungen eingesetzt werden können. Er beschreibt das Lernen als ein Hin- und Hergehen zwischen Fremdem und Bekanntem, wobei es ihm sowohl um das Bekanntwerden von Fremdem als auch um das Fremdwerden von Bekanntem geht. Nach Rauschenberger können Verfremdungen auf zwei unterschiedliche Weisen erfolgen. Einerseits sieht er eine Verfremdung darin, wenn etwas Neues in seiner Ungewöhnlichkeit dargestellt wird, andererseits betrachtet er Dinge als verfremdet, wenn Bekanntes auf ungewöhnliche Weise präsentiert wird.

Weitere Zugänge können in Literatur, Philosophie und Kunst entdeckt werden. In seinen „Schriften zum Theater" hat Bertold Brecht den Verfremdungseffekt (auch V-Effekt) zum Kennzeichen seines Epischen Theaters erhoben. Er sieht das Theater nicht mehr als bloße Unterhaltung für den Zuschauer, sondern als Lehrstück, welches zum Nachdenken anregen soll. Das epische Theater besitzt nicht vorrangig die Aufgabe, an das Gefühl des Zuschauers zu appellieren, sondern vor allem an seine Vernunft (vgl. Brecht 1963a, S. 186). An Stelle der Einfühlung gilt es daher nach Brecht, eine Verfremdung herbeizuführen (vgl. Brecht 1963b, S. 101). „Einen Vorgang oder einen Charakter verfremden, heißt zunächst einfach dem Vorgang oder dem Charakter das Selbstverständliche, Bekannte, Einleuchtende zu nehmen und über ihn Staunen und Neugierde zu erzeugen" (ebd.). Dies kann sich unter anderem in der Haltung des Schauspielers äußern, die „als eigentümlich, auffallend, bemerkenswert dargestellt, als gesellschaftliches Phänomen, das nicht selbstverständlich ist" (ebd.) wahrzunehmen ist, mit dem Ziel, „dem Zuschauer eine untersuchende, kritische Haltung gegenüber dem darzustellenden Vorgang zu verleihen" (a.a.O., S. 155).

Bernhard Waldenfels (1997) weist auf philosophische Implikationen hin. Er beschreibt das Fremde als ein Phänomen, von dem eine besondere Wirkung ausgehe. Auch wenn er verschiedene Aspekte des Begriffes „fremd" unterscheidet, sei vor allem dasjenige fremd, was sich außerhalb des eigenen Bereiches befinde. Die Wirkung des Fremden sei ambivalent. Das Fremde könne sowohl eine Bedrohung darstellen als auch verlockend sein, indem es in Konkurrenz zum Eigenen stehe. Es könne neue Möglichkeiten des Erkennens eröffnen. Waldenfels begreift wie Rauschenberger und Otto das Fremde deshalb auch als Beunruhigung, es erzeuge Irritation.

Abbildung 3: Collage   **Abbildung 4:** Montage   **Abbildung 5:** Zitation

Wie die Abb. 3 bis 5 zeigen, macht sich auch die Kunst – oft in Verbindung mit kommerzieller Werbung – das Verfremden zu Eigen. Auch in der Kunst wird die Verfremdung als eine Technik verstanden, bei der mit Widerspruch, Kontrastsetzung und Irritation gearbeitet wird. Die Mittel der Montage, Collage und Zitation werden mit der Intention eingesetzt, die dargestellten Dinge in ein neues Licht zu rücken und durch das Neuartige, Widersprüchliche und Fremde einen Erkenntnisprozess herbeizuführen. Abb. 3 zeigt eine Collage, die darauf hinweist, dass das „Durchleuchten" eines Lebewesens aufgrund des heutigen Technikstandes auf verschiedene Art und Weise möglich ist. Durch das Zusammensetzen verschiedener Teilstücke wird ein neues Ganzes gebildet. Collagen gelten im Unterricht als beliebtes Mittel, um Aussagen über ein Thema anschaulich zusammenzutragen. Auch Abb. 4 irritiert aufgrund einer in der Bildmitte platzierten überdimensionierten, verfremdeten Erdbeere, die auf den Werbeslogan aufmerksam macht. Während hier die Technik des Montierens die Bildaussage jedoch leicht verständlich macht, kann das Bildzitat in Abb. 5 nur verstanden werden, wenn das Bild, auf das hier verwiesen wird, dem Betrachter bereits vertraut ist. Es handelt sich um eine symbolische Verknüpfung von Bildelementen aus verschiedenen Kontexten, die erheiternd oder auch schockierend wirken kann.

Diese Zugänge lassen sich unter dem Begriff der Verfremdung bündeln. Er wird damit zu einem Begriff, der multidisziplinär verortet ist und aktuelle bildwissenschaftliche Diskurse aufgreift. Es geht um Erkenntnis- und Denkprozesse, die es ermöglichen, alltägliche und gewohnte Sichtweisen aufzubrechen. Dabei wird der *Grad der Differenz* zwischen Neuem und Gewohntem entscheidend. Im Hin- und Hergehen zwischen Fremdem und Vertrautem sind die jeweiligen Denkprozesse zu verorten. Bei einer zu geringen Differenz könnte die Herausforderung zum Denken für die Kinder verloren gehen, wohingegen eine zu große Differenz die Kinder daran hindern könnte, neues Wissen mit bereits Bekanntem zu verknüpfen.

Zu erwähnen ist, dass auch das konstruktivistische Prinzip im Begriff der Verfremdung verankert ist. Es wird nicht mehr versucht, die Welt so darzustellen, wie sie ist, sondern so, wie sie im Spiegel unterschiedlicher Konstruktionen erscheint. So ergibt sich die Frage, wie Kinder Verfremdungen durchschauen, dekonstruieren bzw. verstehen können, aber auch, wie sie selbst in die Lage versetzt werden können, Verfremdungen herzustellen. Diese Fähigkeiten schaffen Raum für neue Kreativität. Es geht dann darum, die Welt in verschiedenen Perspektiven auszuleuchten und das Prinzip vom Nahen zum Fernen dialektisch zu ergänzen mit den verschiedenen Verfahren des Verfremdens und den in ihnen angelegten Erkenntniswegen.

4. Affirmative und diskursive Bilder in Schulbüchern

Ein Blick in ausgewählte Schulbücher soll nun zeigen, welches Bildmaterial Kindern im Sachunterricht dargeboten wird und in welchem Umfang dabei auch das Prinzip der Verfremdung beachtet wird.

Tarte Tatin

Abbildung 6: Das Sprach-Lese-Buch 3. Leipzig: Klett 2004*

---

* Die Bilderfolge illustriert einen Text: „Du brauchst 120 g weiche Butter, 270 g Zucker, 1 kg saure Äpfel, 180 g Butterteig. Rolle danach den Teig zu einer runden Platte aus …"

Im Museum

Abbildung 7: Start frei. München: Oldenburg Schulbuchverlag 2003

Dabei wurde die Unterscheidung zwischen affirmativem und diskursivem Bildmaterial getroffen (vgl. auch Duncker/ Hahn 2013). So bestätigen die Bilder in Abb. 6 lediglich den Text, der allein ausreichen würde, um das Rezept befolgen zu können. Die Bilder sind illustrativ, demonstrativ und eindeutig zugeordnet. Eine gleichberechtigte Darstellung von Text und Bild ist nicht gegeben, sodass die Bilder – wie so oft – eine nur untergeordnete Bedeutung erhalten und als *affirmativ* bezeichnet werden können.

Die Schulbuchseite in Abb. 7 mit der Abbildung einer 100fach vergrößerten Ameise lässt sich der Rubrik „diskursives Bildmaterial" zuordnen. Es entstand eine Verfremdung eines Insekts, indem die Größenverhältnisse mittels mikroskopischer Aufnahmen verändert wurden. Die Kinder bekommen die Möglichkeit, die Ameise aus einer anderen und neuen Perspektive wahrzunehmen, die Ameise gar mit anderen Augen zu betrachten. Sie empfinden Verwunderung, erfahren Irritation, wenn sie die für sie „neue Ameise" mit dem gewohnten Abbild einer Ameise vergleichen.

Doch leider bleiben solche Bilder in Schulbüchern eine Seltenheit. Eine Schulbuchanalyse (vgl. Duncker/ Mathis/ Spahr i.V.) zeigt folgendes vorläufige Ergebnis: Bei der Durchsicht von insgesamt 1363 Abbildungen aus 4

Sachunterrichtswerken für das 3. Schuljahr[2] konnten wir feststellen, dass auf diskursives und verfremdetes Bildmaterial fast vollständig verzichtet wird. Die Einseitigkeit des Ergebnisses verblüfft und lässt gleichzeitig Rückschlüsse zu auf den Stand der bilddidaktischen Diskussion: Von 1363 Bildern können 99% als affirmativ und nur 1% als diskursiv bewertet werden! Was auffällt ist, dass Bilder in aktuellen Schulbüchern für den Sachunterricht Dinge nur vereindeutigend abbilden, dass sie den Text nur ausschmücken und zieren wollen, dass sie gute Laune machen und einstimmen möchten, nicht aber Denkprozesse initiieren, Auseinandersetzungen anstoßen, Wahrnehmungen schulen und Themen in ein ungewohntes Licht rücken wollen. Das verwendete Bildmaterial taugt deshalb nicht dafür, eine Bildliteralität auszubilden, die in der heutigen Mediengesellschaft erforderlich wäre. Es müssten sehr viel mehr Bilder einbezogen werden, die Gegensätze zeigen, die Spannungen erzeugen, die sich wechselseitig irritieren oder auch kommentieren. Wenn Schulbücher für den Sachunterricht ein Spiegel sind für die in der Grundschule vorherrschende Kultur der Anschauung, ist die These gerechtfertigt, dass im Hinblick auf die Entfaltung einer ästhetischen Alphabetisierung noch viel zu tun ist.

5. Weiterführende Perspektiven

Doch warum findet in der Schule eine solche Auseinandersetzung mit diskursivem Bildmaterial nicht statt, wenn Kinder außerhalb der Welt der Schule mit ganz anderen Bilderwelten konfrontiert werden? Werden Kinder bewusst von der Welt fern gehalten? Kann die Schule ihren Anspruch, auf eine moderne Wirklichkeit vorzubereiten, überhaupt noch aufrecht halten angesichts der Bilder, die sie Kindern anbietet? Welches Verständnis von Kindheit spiegelt sich in der Auswahl der Bilder, die Kindern gezeigt bzw. vorenthalten werden?
Aus Platzgründen kann hier nur mit zwei Bildbeispielen angedeutet werden, wie groß die Diskrepanz zu Bildern in Journalismus und Werbung ausfällt: Während Journalisten produktiv mit dem Mittel der Übertreibung arbeiten, wie sie zum Beispiel in Karikaturen vorkommen (Abb. 8), gelingt dies leider in deutschen Schulbüchern nur selten. Die Karikatur will nicht die Welt zeigen, wie sie ist, sie will nicht differenzieren, sondern provozieren. Sie kann

---

[2]   Verwendete Schulbücher: Pusteblume. Das Sachbuch 3. Schroedel Verlag, 2000; Sachbuch 3. Klett Verlag, 2004; Jo-Jo Sachunterricht 3. Cornelsen Verlag, 2005; Heimat- und Sachbuch 3. Auer Verlag, 2007.

ein Thema, eine Situation ebenfalls in ein neues Licht rücken, um diese aus einer neuen Perspektive zu betrachten. Sie wirft Fragen auf, regt zu Diskussionen an. Insofern will sie keine wahren Aussagen machen, sondern zum Nachdenken anregen, zum Widerspruch auffordern, zur Überprüfung anstiften. Auch wird humorvoll mit Möglichkeiten gespielt, wie sie in der Wirklichkeit auch vorkommen könnten.

Abbildung 8: Karikatur   **Abbildung 9:** Werbung von Microsoft

Auch Werbefachleute nutzen in kreativer Weise die Mittel der Verfremdung. In einer zunächst harmlos schlichten Farbfotografie, auf der Kinder abgebildet sind, die sich in einer Reihe vor ihrer Lehrerin aufgestellt haben (Abb. 9), wurde hier gleichsam eine zweite Wirklichkeit gezeichnet, eine Art Zukunftsvision, die Berufschancen oder auch Wünsche voraussagt. Der Beruf des Malers, Sportlers, Tauchers, Musikers oder des Astronauten – sind dies wirklich die Traumberufe der Kinder? Oder handelt es sich dabei um Wünsche oder gar Erwartungen der Erwachsenen, die sie auf die Kinder projizieren? Sorgen die Erwachsenen gar dafür, dass sich ihre eigenen Vorstellungen von der Zukunft ihrer Kinder unter allen Umständen erfüllen? Werden die Kinder zu Objekten von Erziehungs- und Ausbildungsmaßnahmen gemacht? Das Bild lässt die Antwort in der Schwebe, sie bleibt offen. Insofern macht dieses Bild ein Spannungsfeld von Gegenwart und Zukunft sichtbar, das mit einem Begriff von Erziehung korrespondiert, der zwischen Behütung und Abrichtung, zwischen Fürsorge und Unterstützung, zwischen programmierter Planung und visionärer Offenheit zeugt.
Aus solchen diskursiven Verwendungszusammenhängen lassen sich neue didaktische Forschungsperspektiven gewinnen. Es mag deutlich werden, dass

auf eine Ästhetische Alphabetisierung im Grundschulalter nicht verzichtet werden darf. „Bilder können nicht mehr länger als nettes, dekoratives Beiwerk und die Beschäftigung mit Bildern nicht mehr länger als exklusive Freizeitbeschäftigung betrachtet werden" (Duncker/ Lieber 2013, S. 24). Sie müssen als dem Text ebenbürtige Konstrukte begriffen werden, die vielfältig das Prinzip des Verfremdens aufgreifen. Gute Bilder sind in diesem Sinne nicht „schöne" Bilder, sondern solche, die Denkprozesse auslösen und zur Auseinandersetzung mit einem strittigen Thema herausfordern. Auf diese Weise können auch auf ästhetischem Wege neue Möglichkeiten für die Ausgestaltung von Bildungsprozessen produktiv genutzt werden.

Literatur

Adl-Amini, B.; Künzli, R. (1991): Didaktische Modelle und Unterrichtsplanung. München.

Blankertz, H. (1991): Theorien und Modelle der Didaktik. München.

Brecht, B. (1963a): Schriften zum Theater. Band 1. Frankfurt.

Brecht, B. (1963b): Schriften zum Theater. Band 3. Frankfurt.

Duncker, L.; Lieber, G. (Hrsg.) (2013): Bildliteralität und Ästhetische Alphabetisierung. Konzepte und Beispiele für das Lernen im Vor- und Grundschulalter. München.

Duncker, L. (2005): Perspektivenvielfalt als Bildungsprinzip. In: Durcker, L.; Sander, W.; Surkamp, C. (Hrsg.): Perspektivenvielfalt im Unterricht. Stuttgart, S. 9-20.

Duncker, L.; Hahn, K. (2013): Die affirmative Verwendung von Bildern in Schulbüchern. Eine kritische Analyse. In: Duncker, L.; Lieber, G. (Hrsg.): Bildliteralität und Ästhetische Alphabetisierung. Konzepte und Beispiele für das Lernen im Vor- und Grundschulalter. München, S. 247-262.

Duncker, L.; Mathis, Ch.; Spahr, S. (2014): Zwischen Affirmation und Diskursivität. Zur Analyse von Lehrwerken für den Sachunterricht der Grundschule. Gießen (i. V.)

Fischer, H.-J. (2002): Grundschule – Vermittlungsschule zwischen Kind und Welt. Bad Heilbrunn.

Gadamer, H.-G. (1960): Wahrheit und Methode. Tübingen.

Giel, K. (2000): Lernen – Erweiterung des Sinnhorizonts. In: Duncker, L.; Hanisch, H. (Hrsg.): Sinnverlust und Sinnorientierung in der Erziehung. Rekonstruktionen aus pädagogischer und theologischer Sicht. Bad Heilbrunn, S. 51-88.

Glöckel, H. (1996): Vom Unterricht. Lehrbuch der Allgemeinen Didaktik. Bad Heilbrunn.

Kiel, E. (Hrsg.) (2012): Unterricht sehen, analysieren, gestalten. Bad Heilbrunn.

Kron, F.W. (2004): Grundwissen Didaktik. München.

Müller, H. (1970): Affirmative Erziehung. Heimat- und Sachkunde. In: Beck, J.; Clemenz, M.; Heinisch, F.; Jouhy, E.; Markert, W.; Müller, H.; Pressel, A. (Hrsg.): Erziehung in der Klassengesellschaft. Einführung in die Soziologie der Erziehung. München, S. 202-223.

Otto, G. (1998): Lehren und Lernen zwischen Didaktik und Ästhetik. Band 1: Ästhetische Erfahrung und Lernen. Seelze.

Plessner, H. (1970): Mit anderen Augen. Eine Einführung in die philosophische Anthropologie. Stuttgart.

Rauschenberger, H. (1994): Über das Fremde beim Lernen und das Verfremden beim Lehren. In: Duncker, L.; Popp, W. (Hrsg.): Kind und Sache. Zur pädagogischen Grundlegung des Sachunterrichts. Weinheim und München, S. 81-91.

Sowa, H. (Hrsg.) (2012): Bildung der Imagination. Bd. 1: Kunstpädagogische Theorie, Praxis und Forschung im Bereich einbildender Wahrnehmung und Darstellung. Oberhausen.

Riedl, A. (2010): Grundlagen der Didaktik. Stuttgart.

Terhart, E. (2009): Didaktik. Eine Einführung. Stuttgart.

Waldenfels, B. (1997): Topographie des Fremden. Studien zur Phänomenologie des Fremden 1. Frankfurt am Main.

Abbildungen

Abb. 1: Das Dorf. Aus: Bilder zum ersten Anschauungsunterricht für die Jugend II, Esslingen 1890.

Abb. 2: Aus: Schlag nach im Sachunterricht. München: Bayrischer Schulbuch Verlag, 2004.

Abb. 3: Titelseite von „Innovate! Magazin für Forschung und Technologie", Ausgabe Juni 2004.

Abb. 4: URL: www.horizont.net/standpunkt/spiesseralfons/pages/protected/pics/artikelVoll-916-org.gif [17.12.2013].

Abb. 5: URL: www.koeln.de/files/images/lego%20Mona%20Lisa.jpg [01.08.2013].

Abb. 6: Aus: Das Sprach-Lese-Buch 3. Prüfexemplar. Leipzig: Klett, 2004.

Abb. 7: Aus: Start frei. München: Oldenburg Schulbuchverlag, 2003.

Abb. 8: Titelseite des SPIEGEL Nr.21/ 2004.

Abb. 9: Aus: Frankfurter Allgemeine Sonntagszeitung vom 8. Mai 2005.

Katharina Kalcsics, Beat Reck und Nadja Zahnd

Sache und Sprache in der aktuellen, erweiterten Aufgabenkultur: Einblick in Entwicklungsarbeiten an der PH-Bern

The article provides insight into the teaching and learning arrangement of a fourth grade class, in which the historical learning is explicitly connected with the development of language competence. The teaching project is scientifically supported by the PH-Bern. First results indicate that scaffolds and in particular learning tasks must be developed from both perspectives the language and the social studies perspectives. This approach allows learners to develop the desired competences systematically over the years. In addition, it applies that the tutoring and reflection of the learner must also be aligned along the specific linguistic and historical learning expectations. Only then can they support learning.

1. Kompetenzorientierung und Bildungssprache

Im Sachunterricht orientieren sich Kompetenzen daran, wie Lernende mit der Sache in typischen Lernsituationen umgehen. Die Formulierung als „can do's" erweist sich denn auch als erfolgreicher Ansatz zur Beschreibung von Kompetenzen. Dabei ist aber weniger das Modalverb „können" wichtig, sondern das Verb, das die fokussierte Handlung bezeichnet. Im Sachunterricht sind dies oft „Texthandlungen" wie Beschreiben, Erklären, Anleiten, Vergleichen, Dokumentieren, Argumentieren, wie der neue Perspektivrahmen Sachunterricht (GDSU 2013) bestätigt. Sie sind untrennbar mit schulsprachlichen Kompetenzen verbunden. Traditionell werden sie zwar implizit gefordert, jedoch nicht gefördert (Feilke 2012). Mit der Ausrichtung des Lernens und Lehrens an Kompetenzen wird nun aber deutlich, dass der Umgang mit Sprache, wie in allen Fächern auch im Sachunterricht, von großer Relevanz ist. Dadurch wird eine transparente fächerverbindende Herangehensweise bedingt, um Sach- und Sprachkompetenzen explizit gemeinsam zu fördern.

99

Die skizzierte Relevanz des Umgangs mit Sprache im Sachunterricht hängt mit wesentlichen Aspekten schulischer Bildung zusammen. Das Beschreiben, Erklären, Argumentieren usw. sind in ihrem Rahmen zentral. Dadurch werden Bildung und Sprache zu einer Einheit, die didaktisch in zweifacher Hinsicht als komplexes Wechselspiel zu modellieren ist: Einerseits ist Sprache in allen Fächern zum Gegenstand des Unterrichts zu machen. Andererseits soll in allen Fächern eine Sprachkultur entwickelt und etabliert werden, die dem Lernen und Lehren förderlich und der Welt der Bildung angemessen ist (umgekehrt konstituiert sich diese Welt maßgeblich durch eine solche Sprachkultur). Die Didaktiken des Sach- und Schulsprachunterrichts sind in beiden Fällen gemeinsam herausgefordert.

Das Wechselspiel „Sprachlernen" und „Mit Sprache lernen" wird in der Schweiz jüngst an prominenter Stelle thematisiert und somit in seiner Bedeutung für das Lernen und Lehren gestärkt. In der Einleitung zu den Grundkompetenzen für die Schulsprache, der 2011 von der EDK (Schweizerische Konferenz der kantonalen Erziehungsdirektoren; vergleichbar der deutschen KMK) veröffentlichten nationalen Bildungsstandards für die Schulsprachen Deutsch, Französisch, Italienisch, Rätoromanisch steht, dass in

> „allen Fächern Sprachförderung nötig [ist], damit die Schulen die Grundkompetenzen ‚Schulsprache‘ erreichen. Zudem ist fast jedes schulische Lernen in hohem Masse an Sprachkompetenzen gebunden: Wer nicht über sprachliche Mindestkompetenzen verfügt, kann dem Unterricht nicht folgen und an ihm teilhaben. Es geht hier also nicht nur um ein „Sprachlernen in allen Fächern", sondern auch um ein „Mit Sprache lernen in allen Fächern". Dieses Wechselspiel ist bei der Formulierung und Gewichtung der Grundkompetenzen für die Schulsprache zu bedenken" (EDK 2011, S. 5).

Dieses Wechselspiel wird mit dem unten dargestellten Unterrichtsarrangement für alle Beteiligten transparent und explizit fokussiert. Es situiert sich im Schnittpunkt der Diskurse der Sachunterrichts- und Deutschdidaktik und der Unterrichtspraxis mit ihren konkreten Anforderungen und Bedingungen.

2. Schreibend lernen

Die Lernenden einer 4. Klasse in der Agglomeration von Bern erkunden im Sachunterricht die Alt- und Jungsteinzeit, indem sie in kleinen Teams Antworten auf für sie bedeutsame Forschungsfragen suchen. Dass dabei der rezeptive und produktive Umgang mit Texten wichtig und somit besonders zu fokussieren ist, wird für sie leicht einsichtig: An sich nur mit Texten können sie sich ein Bild von längst vergangener Zeiten machen und sich das entsprechende Wissen erarbeiten, das schließlich erneut in Textform zu dokumentieren ist, damit es für sie und andere dauerhaft zugänglich wird. Das didaktisch-methodische Grundkonzept ist, dass die Lernenden der 4. Klasse in einem „Spicker-Atelier" „Spickzettel" schreiben und gestalten, um ihre Rechercheergebnisse und Lernerfahrungen festzuhalten. Damit wird eine ihnen bekannte Praxis aufgenommen, aber grundlegend verändert, indem sie nicht heimlich, sondern mit der Unterstützung der Lehrperson durchgeführt wird. In erster Linie wird der bewusste Umgang mit einem vereinbarten Aufbau der „Spickzettel" insgesamt sowie festgelegten Gebrauchstexten wie Glossar, Mapping, Cluster, Sachbuchtext, Grafik, Schaubild etc. relevant. So können die Lernenden, indem sie eigenen, authentischen Fragen nachgehen, die Arbeitsweisen von Historikerinnen und Historikern in Ansätzen kennenlernen (Reeken/ Pleitner 2013). Im Unterrichtssetting Atelier ist das durch die Lehrperson begleitete, freie Arbeiten in kleinen Teams an vielseitigen und umfassenden Lernaufgaben zentral, um sich mit einem Gegenstand auseinanderzusetzen und auf individuellen Lernwegen zu einem vereinbarten Ergebnis zu gelangen (Fischer 2005, Baumann/ Bühler 2008).

2.1 Texte planen

Im Spicker-Atelier geht es zuerst um den Aufbau der Spickzettel. Auf die eigenständige Anordnung der folgenden Elemente wird dabei fokussiert: Titel, Autorin, Autor, Datum, Ziel im Sinn einer zu beantwortenden Forschungsfrage, Plan (= Methode), Ergebnis in der Form des „eigentlichen Texts" – wobei sich die Lernenden für eine oder mehrere Textsorten bewusst entscheiden sollen – und Angabe der Quelle(n). Als Textsorten lernen sie Mindmap, Glossar, Tabelle, Aufzählung, Zeichnung, Bild, Erzählung und „Ergebnis der Bearbeitung einer Lernaufgabe" kennen. Dazu werden vor allem authentische schriftliche Materialien wie Sachbücher und Internetseiten erkundet. Wichtig ist auch das Klären der genauen Bedeutung der einzelnen Elemente des Spickzettels mithilfe möglichst erneut authentischer sowie typischer Beispiele.

In einem zweiten Schritt entwerfen die Lernenden Spickzettel, indem sie die obigen Elemente für die eigene Arbeit konkretisieren (s. Abb. 1). Was oder wer zum Beispiel eine Autorin, ein Autor ist, ist ihnen vor literarischen Texten her nicht ganz unbekannt, aber dass auch sie Autorinnen/ Autoren sein können, ist für sie neu. Es wird auch geklärt, worauf sie sich stützen können, um sich Sachwissen zu erarbeiten. Es handelt sich dabei um Texte in Lern- und Lehrmitteln, Sachbüchern sowie im Rahmen von Internetseiten. Die konkreten Informationsquellen sind auf dem Spickzettel stets festzuhalten.

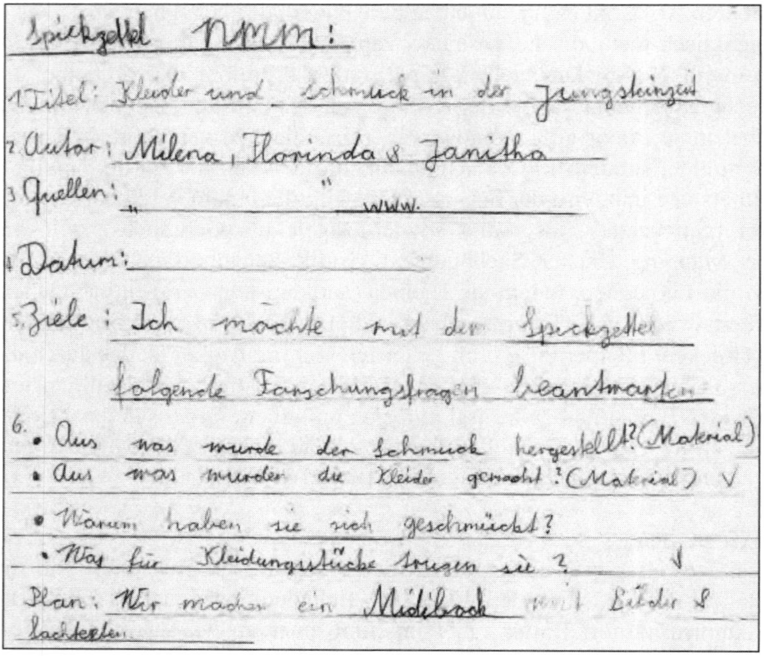
Spickzettel NMM:
1. Titel: Kleider und Schmuck in der Jungsteinzeit
2. Autor: Milena, Florinda & Janitha
3. Quellen: " www.
4. Datum:
5. Ziele: Ich möchte mit der Spickzettel folgende Forschungsfragen beantworten
6. • Aus was wurde der Schmuck hergestellt? (Material)
• Aus was wurden die Kleider gemacht? (Material) √
• Warum haben sie sich geschmückt?
• Was für Kleidungsstücke trugen sie? √
Plan: Wir machen ein Minibook mit Bilder & Sachtexten

Abbildung 1: Entwurf Spickzettel

Das Ziel der Recherche wird als zu beantwortende Forschungsfrage definiert. Ein Schüler will zum Beispiel herausfinden, welche Rolle der Wolf in der Jungsteinzeit spielte, und eine Schülerin will für sich klären, warum sich Menschen in der Jungsteinzeit schmückten (s. Abb. 1). Der Plan gibt im Wesentlichen an, welche Form insgesamt und welche Textsorten für den einzelnen Spickzettel gewählt werden. Der Entwurf dient den Lernenden als Gerüst, Arbeits- und Bauplan, woran sie sich während des Schreibens und Gestaltens des betreffenden Spickzettels immer wieder orientieren.

2.2 Inhaltliche Konzepte und Arbeitsweisen fördern

Parallel zur Planung der Spickzettel erarbeiten sich die Teams mithilfe ausgewählter Lernaufgaben des Lern- und Lehrmittels *RaumZeit* (Adamina/Wyssen 2005) grundlegendes Sachwissen. Dabei dienen ihnen vor allem

Bilder aus dem „Legeset" sowie Erzählungen, aber auch Sachtexte aus *RaumZeit* als Informationsquellen. Die auf die eigene Fragestellung fokussierten Ergebnisse halten sie schriftlich und bildlich fest. Dies führt meistens dazu, dass sich die Lernenden nochmals mit der eigenen Forschungsfrage auseinandersetzen. Sie entwickeln dabei oft eher einfache Kontextfragen nach dem Wann und Wie zu deutlich komplexeren leitenden Erkenntnisfragen nach dem Warum und Wieso (Reeken/ Pleitner 2013, S. 58/59) weiter. Nach dem ersten Eintauchen in die Sache mithilfe des Lern- und Lehrmittels vertiefen die Lernenden ihr Wissen, wobei die Bearbeitung fachlicher Texte zentral ist. Dafür erhalten sie Zugang zu Sachbüchern in der Schulhausbibliothek und zu, von der Lehrperson vorausgewählten, Internetseiten, um die Forschungsfragen kompetent zu beantworten. Die Lehrperson fungiert bei der Recherche der Lernenden als beratender Coach und hilft dabei, die jeweils relevanten Informationen konkret zu finden.

Um die Sachtexte zu lesen, wählen die Teams Lesestrategien aus einem festgelegten Angebot aus: Randnotizen machen, Wichtiges markieren, Fragen zum Text stellen, den Text in eine andere Darstellungsform übertragen (etwa ein Bild mit Beschriftung) usw. Dabei werden die betreffenden Arbeitstechniken des Deutschlern- und -lehrmittels für die 4.-6. Klasse, *Sprachland* (Büchel/ Gloor 2009), benutzt. Trotzdem stellt das Lesen der Sachtexte für die Schülerinnen und Schüler eine große Herausforderung dar. Deshalb wird der Umgang damit sorgfältig aufgebaut und viel geübt. Zudem werden die Teams angeleitet, die Texte wiederholt zu bearbeiten und mehrere Strategien an ein und demselben Text auszuprobieren. Oft bietet die Lehrperson auch Gerüste an, indem sie, „laut denkend", aufzeigt, welche Fragen sie sich zu einzelnen Absätzen stellt usw. Das gemeinsame Lesen hilft den Teams, erworbene Strategien schließlich eigenständig und gewinnbringend zu verwenden.

2.3 Spickzettel verfassen

Nach der Erarbeitung des Sachwissens mithilfe der Lernaufgaben und Sachtexte werden die eigenen Forschungsfragen beantwortet und das Ergebnis als Spickzettel sich und anderen zur Verfügung gestellt (s. Abb. 2). Es entstehen Spickzettel in der Form von Postern oder kleinen Sachbüchern mit Glossaren mit wichtigen Begriffen oder Mindmaps, die von kurzen erklärenden Texten begleitet sind. Auch gibt es Lernende, die die Sachtexte mit von ihnen erfundenen Erzählungen ergänzen. Deutlich zum Ausdruck kommt bei den Ergebnissen der bewusste Umgang mit den Spicker-Bestandteilen „Quelle", „Datum" usw. (s. Abb. 2) durch die entsprechende Gestaltung und Strukturierung der Spickzettel mit unterschiedlichen Farben und Formen.

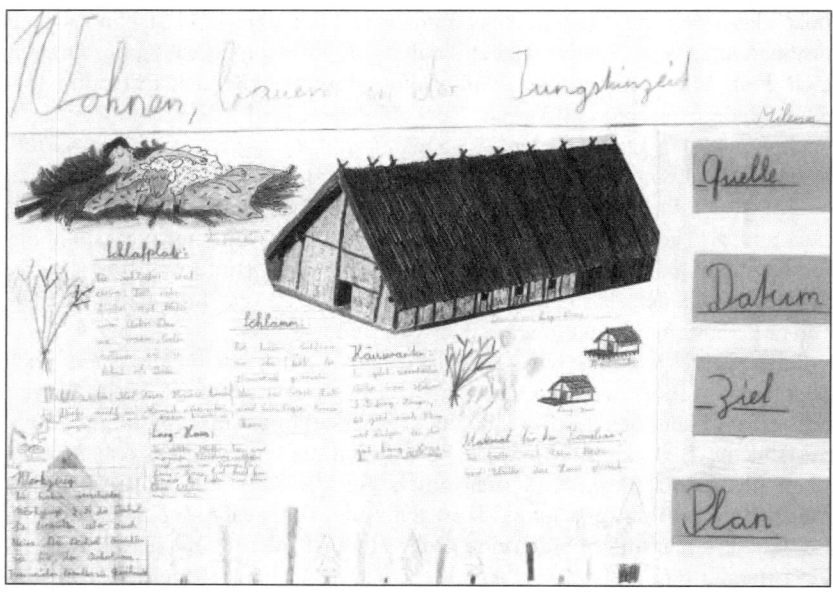

Abbildung 2: Spickzettel. Die Schülerin beschäftigt sich mit dem Thema „Wohnen und Bauen" in der Jungsteinzeit. Sie stellt den Spickzettel als Sachbuchseite dar. Die Elemente „Quelle"; „Datum"; „Ziel"; „Plan" lassen sich aufklappen, um zu den entsprechenden Informationen zu gelangen.

2.4 Arbeitsprozess und Metakommunikation

Eine große Herausforderung für die Lernenden ist neben dem Lesen der Texte die Organisation der Arbeit insgesamt. Im Atelier-Betrieb werden sie zum selbstregulierten Lernen angeregt und darin gefördert, indem sie sich gegenseitig beraten und unterstützen. Auch tauschen sie sich über entstehende Ergebnisse aus, um Anregungen für den eigenen Spickzettel zu erhalten.

Anhand der Spickzettel werden gegen Ende der Unterrichtssequenz die beiden Epochen Jung- und Altsteinzeit miteinander verglichen.

Nach dem Abschluss der Forschungsarbeit denken die Lernenden über ihre Arbeit nach. Die Reflexion wird durch Fragen der Lehrerin angeregt und von den Schülerinnen und Schülern einzeln schriftlich festgehalten. Das folgende Zitat zeigt einen Ausschnitt einer solchen Reflexion.

„Bei meinem Spicker hat mir Spaß gemacht, dass wir an den PC durften, um zu recherchieren. Mein Partner hat ein gutes Buch gefunden. Es hat mir sehr geholfen, dass ich freie Hand hatte. Das Internet und die Quellen haben mir gutes Wissen gegeben. Ich kann nicht so gut zusammen-arbeiten, wenn jemand langsam ist, obwohl ich ihm alles mindestens fünfmal erkläre. Mit meinen drei Spickern habe ich gute Erfahrungen gemacht, und jeder ist immer besser. Es hat mir auch noch geholfen, dass ich viele Texte hatte und dass sie gut verständlich waren, ich habe sie auch noch mit einer Lesestrategie bearbeitet. Die beste Lesestrategie fand ich die Randnotizen."

Der Schüler hält Fortschritte fest, die auf das Schreiben der Spickzettel bezogen sind. In seiner Reflexion beschäftigt ihn auch das Lesen, wobei er auf Vorlieben im Umgang mit Texten und Medien sowie Lesestrategien fokussiert. Das kooperative Arbeiten im Team dagegen ist für ihn schwierig. Interessant ist, dass er in diesem Zusammenhang die für den Sachunterricht und die schulische Bildung insgesamt wichtige Sprachhandlung „Erklären" nennt. Sein Text zeigt, dass es ihm noch nicht gelingt, sie im „Spicker-Atelier" gewinnbringend einzusetzen. Hier liegt ein Anknüpfungs- und Ausgangspunkt für eine mögliche Weiterarbeit vor.

3. Diskussion und Ausblick

In der wissenschaftlichen Begleitung des Unterrichtsarrangements zeigt sich, wie die Förderung sprachlicher Kompetenzen im Sachunterricht einen wesentlichen Beitrag zum Beherrschen und zur Bewusstheit von in seinem Rahmen wichtigen Handlungsweisen leisten kann: Sie muss, ausgehend von einem möglichst expliziten, auf die konkrete Unterrichtssequenz bezogenen Referenzrahmen, auf das konkrete Lern- und Lehrgeschehen unmittelbar „abfärben" und es somit prägen. Dies kann über die Entwicklung dieses Rahmens aus einer gemeinsamen Sach- und Sprachperspektive sowie von Lerngerüsten, -aufgaben, der entsprechenden Lernbegleitung und Leitung der Reflexion der Lernenden geschehen. Der eigentliche Dreh- und Angelpunkt wird dabei von den Lernaufgaben gebildet, die auf das systematische Erarbeiten sowohl thematischer Konzepte (etwa „Dauer und Wandel") als auch sprachbasierter Denk-, Arbeits- und Handlungsweisen („Fragen", „Erklären" usw.) fokussiert sind.

Für die Konzeption und Entwicklung von Lernaufgaben entwickelte Adamina (2010) eine nützliche Bezugsfolie. Demnach sind solche Aufgaben an den fünf Dimensionen auszurichten, durch die sich für ihn letztlich im Sinn eines didaktischen Wertesystems die „neue, erweiterte Aufgabenkultur" konstituiert: Kompetenzorientierung, Vielfalt, Förderung von Eigenständigkeit und Zusammenarbeit, Situierung und Kontext und Aufgaben in verschiedenen Lern- und Unterrichtsphasen. Als zentrales erstes Ergebnis der wissenschaftlichen Begleitung des vorgestellten Unterrichtsarrangements erweist sich, dass diese Dimensionen wohl mit einer sechsten ergänzt werden müssten: Sie kann als „Bildungssprache" bezeichnet werden, um das in der Welt der Bildung relevante Wechselspiel von „Sprachlernen" und „Mit Sprache lernen" bei konkreten Lernaufgaben zu akzentuieren. Dies hätte insbesondere Auswirkungen auf die jeweilige unterrichtspraktische Umsetzung der Dimensionen von Adaminas „Kompetenzförderung" im Sinn von Sprachlernen sowie „Situierung und Kontext", indem die Welt der Bildung als nicht zuletzt spezifisch sprachliche Welt gekennzeichnet wird: mit Sprache lernen.

Weitere Forschungsarbeiten sollten sich mit Lernaufgaben, der damit verbundenen Lernbegleitung und den Lerngerüsten sowie mit der Reflexion der Bearbeitungen durch die Lernenden als tatsächliches Lern- und Lehrgeschehen in konkreten Lernsituationen beschäftigen. Damit könnte systematisch untersucht werden, was im Unterricht passiert, wenn Sachlichkeit und Sprachlichkeit konsequent miteinander verbunden werden, um zur gemeinsamen Grundlage des entsprechenden Lernens und Lehrens zu werden.

Literatur

Adamina, M. (2010): Mit Lernaufgaben grundlegende Kompetenzen fördern. In: Labudde, P. (Hrsg.): Fachdidaktik Naturwissenschaft. 1.-9. Schuljahr. Bern; Stuttgart; Wien, S. 117-132.

Adamina, M.; Wyssen, H.P. (2005): RaumZeit. Raumreise und Zeitreise. Bern.

Baumann, S.; Bühler, G. (2008): Die Buchstabenreise. Lesen und Schreiben im Anfangsunterricht. Zug.

Büchel, E.; Gloor, U. (2009): Sprachland. Sprachlehrmittel für die Mittelstufe. Arbeitstechniken. Zürich; Bern.

EDK (2011): Grundkompetenzen für die Schulsprache. Nationale Bildungsstandards. Freigegeben von der Schweizerische Konferenz der kantonalen Erziehungsdirektoren.

Feilke, H. (2012): Bildungssprachliche Kompetenzen – fördern und entwickeln. In: Praxis Deutsch, 39, 233, S. 4-13.

Fischer, C. (2005): Lesen, Schreiben und Gestalten mit aktuellen Kinderbüchern. Ein Sprachatelier für die ersten Schuljahre. In: Die Grundschulzeitschrift, 19, 183, S. 16-21.

Gesellschaft für Didaktik des Sachunterrichts (GDSU) (Hrsg.) (2013): Perspektivrahmen Sachunterricht. Bad Heilbrunn.

Reeken, D.v.; Pleitner, B. (2013): Zur historischen Perspektive: Zeit – Wandel. In: GDSU (Hrsg.) (2013): Perspektivrahmen Sachunterricht. Bad Heilbrunn, S. 56-72.

Eva Gläser

Kinderzeichnungen in Forschung und Unterricht – Möglichkeiten und Grenzen ihrer Interpretation

With the help of drawings students can visualize their imaginations. The method of drawing has not only its importance for the promotion of learning processes in classroom resp. for the design of assignments. In the didactics of Social and Science Studies as well as others subjects, children's drawings are more and more connected with the research of students' imaginations resp. preconceptions because they visualize a subjective point of view resp. individual students' view of a matter. In this text the opportunities and limitations of the interpretation of children's drawings in research and classroom are discussed.

1. Zeichnen – eine sachunterrichtsdidaktische Methode

Durch das zeichnerische Darstellen sollen die Betrachtungsweise, die Vorstellungen „aktiviert, selektiert und verändert" werden, betonte aus sachunterrichtsdidaktischer Sicht bereits vor über 20 Jahren Biester (1991, S. 90). Nicht nur die Bedeutung des Zeichnens unterstrich Biester nachdrücklich für den Sachunterricht, er kritisierte zudem, dass das Zeichnen im Sachunterricht für das Lernen bislang immer noch „kaum genutzt" würde (ebd.). Und dies, obwohl das Zeichnen in unterschiedlicher Form in den Unterricht integriert werden könnte. Über die tatsächliche Einbindung dieser Methode in den Sachunterricht gibt es bislang noch keine empirische Studie. Deutlich wird aber, wenn man didaktische Materialien wie Schulbücher, Ausführungen in den Bildungsplänen einzelner Bundesländer bzw. die Erläuterungen im Perspektivrahmen der Gesellschaft für Didaktik des Sachunterrichts (2013) hierzu überprüft, dass das Zeichnen als Methode für den Sachunterricht grundsätzlich bedeutsam ist. Zu Beginn einer Unterrichtseinheit können erste Zeichnungen ein Anlass sein, verschiedene Vorstellungen miteinander zu vergleichen, erste Fragen zu stellen oder Widersprüche aufzudecken. Die

Methode kann auch die dialogische Auseinandersetzung über ein Phänomen bzw. eine Sache unterstützen (vgl. Biester 1991). Denn sie ermöglicht Zusammenhänge oder Details zu visualisieren, die teilweise sprachlich nur schwer zu formulieren wären, beispielsweise die Funktion von Zahnrädern (vgl. Möller 2000). Drei grundlegende didaktische Ziele können nach Möller für Zeichnungen im Unterricht definiert werden: 1. Zeichnen als Mittel zum Entwurf technisch-konstruktiver Problemlösungen, 2. Zeichnen als Mittel der Bestandaufnahme und 3. Möglichkeiten der sprachbegleitenden Geste (vgl. Möller 1991, S. 288ff.). Dies kann für alle fünf Perspektiven des Sachunterrichts aufgezeigt werden. Für das technische Lernen erläutert Möller an unterschiedlichen Situationen, beispielsweise bei der Problematisierung des Fahrradantriebs oder des Handbohrers, wie die „Förderung technikbezogenen Denkens im Sachunterricht" durch das Zeichnen gezielt unterstützt wird (2000): „Neue Vermutungen werden anhand von Zeichnungen erörtert und auf ihre Tauglichkeit hin überprüft" (S. 329). Auch für die geografische Perspektive kann verdeutlicht werden, dass das Zeichnen eine förderliche Methode für den Wissenserwerb sein kann, beispielsweise wenn das Zeichnen in eine Aufgabe integriert wird, in der überprüft wird, welche Kompetenzen Schülerinnen und Schüler bereits erworben haben. Beispielsweise, wenn mit Hilfe der Zeichnungen der Lernenden festgestellt werden soll, ob sie nach einer Unterrichtseinheit „… von begangenen Wegen und wahrgenommenen Objekten eigene Planskizzen (Netze) zeichnen" können (vgl. Adamina 2013, S. 181). Grundsätzlich kennzeichnet auch Kaiser das „Zeichnen und Malen" von Kindern „als produktive Zugänge zur Sache" (2004).

2. Kinderzeichnungen und fachdidaktische Forschung

Zeichnungen von Schülerinnen und Schülern werden im Rahmen des Unterrichts zur Feststellung bzw. Überprüfung von Vorstellungen bzw. Präkonzepten, einbezogen. Diese Funktionen des Zeichnens, die in Lernaufgaben, aber auch in Aufgaben zur Diagnose des individuellen Lernstandes enthalten sind, gilt es zu hinterfragen. Des Weiteren verwenden Fachdidaktikerinnen und Fachdidaktiker Kinderzeichnungen auch in empirischen Studien als eine Methode zur Erhebung bzw. zur Interpretation von Schülervorstellungen (vgl. u.a. Adamina 2009; Möller 1991; Kaiser 1997; Kaiser 2003). Nach Hartinger (2007) und Einsiedler (2002) können für die empirische Forschung der Sachunterrichtsdidaktik drei Stränge aufgezeigt werden. Die „Untersuchungen zu Schülervorstellungen" sind ein Strang hiervon. Die beiden weiteren sind die „Untersuchungen zu Unterrichtsmethoden" und die „Untersuchungen zu Inhalten und Themen des Sachunterrichts'. Hartinger unterstreicht die Bedeutung der Erforschung der Vorstellungen von Schülerinnen und Schülern folgendermaßen: „Zum einen gelten die Vorerfahrungen der Kinder als Basis jeglichen Unterrichts" und „zum anderen bilden Untersuchungen zu Schülervorstellungen eine wichtige Grundlage für die Studien zur Effektivität von Unterricht" (S. 55). Bei der Erhebung subjektiver Theorien kann eine „deutliche Präferierung qualitativer Methoden" (König 1995, S. 14) festgestellt werden. Dies trifft auch für die Erhebungen in fachdidaktischen Studien zu, wobei hier vor allem das problemzentrierte Interview zum Einsatz kommt, da dieses subjektive Äußerungen von Schülerinnen und Schülern ermöglicht (vgl. Gläser 2005). Die Erhebungen sind häufig Pilotstudien, die als Grundlage von Interventionsstudien in erweiterte Forschungsdesigns eingebunden sind.

In den empirischen Studien zu Schülervorstellungen zum Sachunterricht zeigt sich nach Hartinger „eine große Fülle unterschiedlicher Zugangsweisen" (2007, S. 55). Inzwischen wird forschungsmethodisch nicht mehr bezweifelt, dass alle empirischen Forschungsmethoden auch mit Kindern durchgeführt werden können. So bieten außer unterschiedlichen Interviewformen, beispielsweise auch Gruppendiskussionen ebenso wie die teilnehmende Beobachtung empirische Zugänge zur kindlichen Perspektive. Hempel betont explizit auch den Zugang durch Zeichnungen: „Ausgangspunkt für ein Gespräch mit jedem Kind könnte z.B. ein selbstgemaltes Bild zu einem ganz bestimmten Thema sein" (2004, S. 43). Sie selbst ließ Schülerinnen und Schüler in ihrer Studie zu deren Zukunftsvorstellungen Zeichnungen erstellen, ergänzt durch Aufsätze, in denen sie über ihr Leben in der Zukunft erzählen. Die Analyse dieser Dokumente zeigt deutlich auf, welche Vorstellungen Schülerinnen und Schüler zu ihrem zukünftigen Leben besitzen.

3. Zur Interpretation von Kinderzeichnungen

Einerseits kann auf eine „lange, interdisziplinär geprägte Tradition" bei der „Befassung speziell mit Kinderzeichnungen" verwiesen werden (Billmann-Mahecha 2010, S. 703). Diese hatte bislang ihren Schwerpunkt in der kinderpsychologischen Praxis. Zeichnungen dienten vornehmlich als „diagnostische Hilfsmittel" (ebd.). Wenn sie allerdings im Rahmen von wissenschaftlichen Studien analog zu anderen „visuellen Daten" erhoben werden, so gilt es, diese ebenso methodisch differenziert zu kategorisieren, wie dies z.B. bei Interviews der Fall ist. Denn eine Zeichnung ist „nicht gleich Zeichnung" (a.a.O. S. 704). Vielmehr gilt es meines Erachtens, den Grad der Strukturierung bzw. Offenheit bei der Analyse zu berücksichtigen, wie dies auch bei den verschiedenen Interviewtypen der Fall ist. Ein narratives Interview wird in der Literatur nicht einfach mit einem teilstrukturierten bzw. strukturierten Interview gleichgesetzt, es werden unterschiedliche Interviewtypen kategorisiert (vgl. Frieberthäuser; Langer 2010). Eine „freie Zeichnung" sollte demnach anders methodisch ausgewertet und interpretiert werden als eine vorstrukturierte Zeichnung. Eine spezifisch sachunterrichtsdidaktisch methodologische Auseinandersetzung ist dazu bislang nur bedingt geführt worden, dies zeigt sich vor allem bei der Datenauswertung. In empirischen Studien, die der Fachdidaktik Sachunterricht zugeordnet werden können, lassen sich m.E. vor allem zwei unterschiedliche Typen von Zeichnungen feststellen: Den ersten Typ bezeichne ich als „*thematische Erzählbilder*", da für diese Zeichnungen kennzeichnend ist, dass sie durch eine relativ offene Fragestellung bzw. einen offenen Impuls angeregt werden. Eine subjektive Schwerpunktsetzung des Gegenstandes ist durch das Kind in der Zeichnung möglich, es kann daher eine breite Varianz der Darstellungsmöglichkeiten geben. Beispielsweise lautete ein „wörtlicher Impuls" in der Studie von Astrid Kaiser, die diesem Typus entspricht: „*Ich in 30 Jahren*" (Kaiser 2004, S. 7). Im Gegensatz hierzu unterscheide ich einen zweiten Typ von Kinderzeichnungen in fachdidaktischen Studien. Ich bezeichne diesen als „*Funktionszeichnungen*" (Sachzeichnungen). Diese haben in der Regel eine eng fokussierte Fragestellung, geben eine „grafische Vorstrukturierung" für die (Kinder)Zeichnung vor und sind thematisch enger eingegrenzt (vgl. z.B. Möller 1991; Gläser 2013). Neben dem Typ der Zeichnung ist bei der Interpretation der Zeichnungen zudem auch der jeweilige kulturelle Kontext der Kinder zu berücksichtigen, wobei hierbei der Kulturbegriff in einem weiten Sinn verstanden werden sollte, damit es zu keinen eindimensionalen Zuschreibungen kommt. Auch das Geschlecht der Kinder sollte Beachtung finden, wenn eine Bildanalyse vorgenommen wird (vgl. Billmann-Mahecha 2010; Kaiser 2004).

4. Möglichkeiten und Grenzen der Interpretation

Kinderzeichnungen wurden auch in der im Folgenden vorgestellten eigenen Studie, in der Schülervorstellungen zum menschlichen Skelett rekonstruiert wurden, erhoben. Welche Potentiale, aber auch Begrenzungen, diese Erhebungsmethode für die fachdidaktische Forschung mit Kindern haben kann, wird an Beispielen dargestellt. Zu der Frage, was Grundschulkinder über das Skelett wissen, liegen bislang nur begrenzt sachunterrichtsdidaktische Forschungsergebnisse vor (vgl. Gläser 2013). Welche Vorstellungen bzw. Konzepte Kindern insbesondere im Anfangsunterricht und am Ende ihrer Grundschulzeit zu dieser Thematik besitzen, wurde hierbei untersucht. Zunächst fiel die große Diskrepanz der bildlichen Darstellungen bei den erhobenen Zeichnungen auf. Während die Erstklässlerin Marie nur wenige vereinzelte Knochen in die vorstrukturierte Zeichenvorlage hinein malte (vgl. Abb. 1), versah der gleichaltrige Tim alle Körperteile der Figur mit Knochen (vgl. Abb. 2).

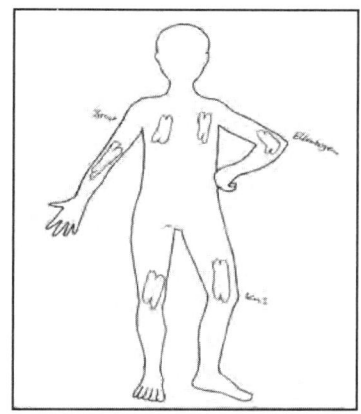 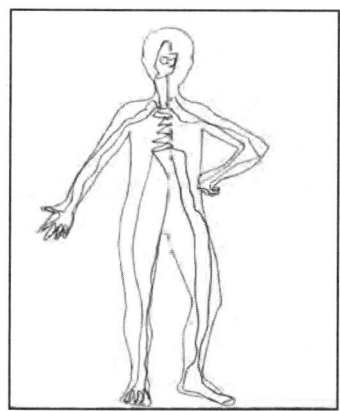

Abbildung 1: Zeichnung von Marie (1. Klasse)[1] **Abbildung 2:** Zeichnung von Tim (1. Klasse)

Diese beiden Zeichnungen sind typisch für Kinder im Anfangsunterricht. Zwei unterschiedliche Konzepte zum menschlichen Skelett bzw. zu den Knochen, die neben anderen im Grundschulalter vorzufinden sind, werden hier durch die Zeichnungen deutlich: Zum einen das Konzept, dass der Körper *„unverbundene, vereinzelte Knochen"* enthält. Zum anderen wird das zweite Konzept in der Zeichnung von Tim deutlich, das Konzept der *„Stabknochen"*. In der Zeichnung von Tim ist zudem gut sichtbar, dass hierbei oft keine Gelenkverbindungen in den Beinen und Armen gezeichnet werden. Allerdings bindet Tim eine Wirbelsäule in seine Zeichnung mit ein, ein Aspekt, den viele Kinder in diesem Alter noch nicht berücksichtigen. Würde die Zeichnung ohne die dazugehörige Interviewsituation erhoben und anschließend interpretiert, käme es, wie im Folgenden aufgezeigt werden kann, zu Fehldeutungen. Denn das Interview ergab, dass Tim zur Wirbelsäule keine Vor-

---

[1] Die Zeichnungen wurden von Leonie Engelfried im Rahmen ihrer Masterarbeit erhoben (2013).

stellungen äußern kann, er verwendet zudem den Begriff Skelett noch unspezifisch („*Skelettkörper*" bzw. „*Armskelett*") (vgl. Engelfried 2013).
Die Strukturierung der Kinderzeichnungen durch die gezielte Vorgabe eines Körperumrisses hatte Auswirkungen auf die zeichnerischen Umsetzungen. Die bewusste Vorgabe der Armbeugung ließ beispielsweise erkennen, ob und inwieweit diese in den Zeichnungen der Kinder eine Berücksichtigung fand. Andererseits wirkte die Vorgabe einer eindeutigen zeichnerischen Perspektive, hier die Vorderansicht eines menschlichen Körpers, für einige Kinder auch einschränkend (vgl. Gläser 2013). Leonie Engelfried (2013, S. 96)fügte daher eine weitere Interviewfrage mit ein: „*Wie sähe das Bild aus, wenn man von hinten schauen würde?*" Am Beispiel des Interviews, das sie mit dem Viertklässler Jonas führte, kann deutlich aufgezeigt werden, wie bedeutsam diese Ergänzung sein kann. Auf ihre Nachfrage, wie das Bild von der anderen Seite aus aussehen würde, erklärt Jonas: „*Hier ist da, sieht man auch Knochen, aber diese hier sind dann zusammen hier hinten. Und hier hinten sind auch noch mal, ja, auch noch mal so eine Sehne, glaube ich, (...) auf jeden Fall, hier ist so ein langer Knochen, wo ganz viele Knochen dran sind*". Diese verengte Perspektive der zeichnerischen Vorlage kann einschränkend sein, dies kann aber, wie aufgezeigt wurde, durch eine Veränderung bzw. eine Erweiterung von Leitfragen ausgeglichen werden.

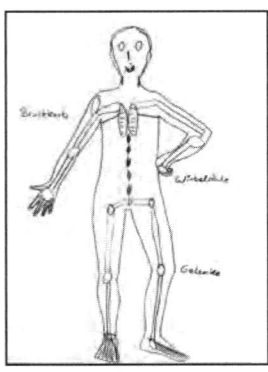

Abbildung 3: Zeichnung von Anton (4. Klasse)

Mit einem weiteren Beispiel können die Potentiale von Zeichnungen, die in einem Interview integriert erhoben werden, für fachdidaktische Studien belegt werden (vgl. Abb. 3). Während der Entstehung seiner Zeichnung verbalisiert der Viertklässler Anton sein Wissen: „*Mache ich erst mal diese Finger wieder.* [zeichnet] *(--) Habe ich schon mal in einem Buch gesehen, gibt es hier von der Bücherei.* [...] [zeichnet] *...hier kommt die Wirbelsäule... (--) Wie kann man das denn zeichnen? (-) Rippen. (--) Komisch, aber auch egal. Die schützen die Organe! ...dann geht es hier runter... (--) ...die ganzen Wirbelknochen... (---) Ich weiß ja jetzt ungefähr, wie das aussieht, weil ich da ein Buch drüber hab. Hier muss auch irgendwas hin. (-) Ich glaub, nee. Da ist nichts. (-) Hier muss doch auch ein Gelenk sein!* [Zeichnet Gelenke an die oberen Enden der Oberschenkelknochen ein.] *Damit man das da bewegen kann. (---) hier* [schiebt die Zeichnung zur Interviewerin]" (Engelfried 2013, S. 93).

4. Fazit und Ausblick

Kinderzeichnungen werden zunehmend als ein Erhebungsinstrument in der Lehr-Lernforschung verwendet. Auch innerhalb der Sachunterrichtsdidaktik werden in empirischen Studien Präkonzepte von Grundschulkindern mit Zeichnungen systematisch erforscht. Im Widerspruch hierzu steht, dass bislang noch keine genuine forschungsmethodische Reflektion von Kinderzeichnungen aus fachdidaktischer Sicht erfolgt ist. Eine einfache Adaption von psychologischen bzw. soziologischen Auswertungsmodi ist, wie aufgezeigt wurde, grundsätzlich kritisch zu sehen. Auch die Grenzen der Rekonstruktion subjektiven Sinns, insbesondere im Hinblick auf Kinderzeichnungen, sollten prinzipiell in den empirischen Studien reflektiert werden. Denn die Frage der Validität von Kinderzeichnungen wurde innerhalb des sachunterrichtsdidaktischen Forschungsstranges zu Schülervorstellungen noch nicht gestellt. Die in diesem Beitrag angeregte forschungsmethodologische Auseinandersetzung gilt es weiterzuentwickeln.

Literatur

Adamina, M. (2009): Vorstellungen von Schülerinnen und Schülern zu raum-, zeit- und geschichtsbezogenen Themen in der Primarstufe. In: Zeitschrift für Grundschulforschung, 2, 1, S. 77–90.

Adamina, M. (2013): Kompetenzorientierung im Sachunterricht am Beispiel der geographischen Perspektive. In: Gläser, E.; Schönknecht, G. (Hrsg.): Sachunterricht in der Grundschule entwickeln – gestalten – reflektieren. Frankfurt a.M., S.171-183.

Biester, W. (1991): Zeichnen als Hilfe zum Verstehen im Sachunterricht der Grundschule. In: Lauterbach, R. u.a. (Hrsg.): Wie Kinder erkennen, S. 82-97.

Billmann-Mahecha, E. (2010). Auswertung von Zeichnungen. In: Mey, G; Mruck, K. (Hrsg.): Handbuch Qualitative Forschung in der Psychologie. Wiesbaden, S. 703-718.

Einsiedler, W. (2002): Empirische Forschung zum Sachunterricht – ein Überblick. In: Spreckelsen, K.; Möller, K.; Hartinger, A. (Hrsg.): Ansätze und Methoden empirischer Forschung zum Sachunterricht. Bad Heilbrunn, S. 17-38.

Engelfried, L. (2013): Qualitative Forschung zu Schülervorstellungen im Sachunterricht. Zur Datenerhebung und -analyse am Beispiel von Interviews zum menschlichen Skelett. Osnabrück (unveröffentlicht).

Friebertshäuser, B.; Langer, A. (2010): Interviewverfahren und Interviewpraxis. In: Friebertshäuser, B.; Langer, A.; Prengel, A. (Hrsg.): Handbuch Qualitative Forschungsmethoden in der Erziehungswissenschaft. 3. vollständig überarbeitete Aufl. Weinheim und München, S. 437-455.

GDSU (Hrsg.) (2013): Perspektivrahmen Sachunterricht. Vollständig überarbeitete und erweiterte Ausgabe. Bad Heilbrunn.

Gläser, E. (2005): Perspektivität als eine Leitlinie didaktischen Denkens und Handelns. Eine Studie zum ökonomischen Wissen und Verstehen von Grundschulkindern. In: Hartinger, A.; Kahlert, J. (Hrsg.): Förderung des wissenschaftlichen Nachwuchses im Sachunterricht. Bad Heilbrunn, S. 69-83.

Gläser, E. (2013): „Und die Knochen machen, dass du dich bewegen kannst." Schülervorstellungen zum menschlichen Stütz- und Bewegungsapparat und ihre Bedeutung für Lernprozesse im Sachunterricht. In: Wittkowske, S.; von Maltzahn, K. (Hrsg.): Lebenswirklichkeit und Sachunterricht Erfahrungen – Ergebnisse – Entwicklungen. Bad Heilbrunn, S. 112-125.

Hartinger, A. (2007): Empirische Zugänge. In: Kahlert, J. et al. (Hrsg.): Handbuch Didaktik des Sachunterrichts. Bad Heilbrunn, S. 53-58.

Hempel, M. (2004): Zur Bedeutung des Vorwissens der Mädchen und Jungen im Anfangsunterricht des sozialwissenschaftlichen Sachunterrichts. In: Kaiser, A.; Pech, D. (Hrsg.): Basiswissen Sachunterricht. Band 4. Baltmannsweiler, S. 38-44.

Kaiser, A. (2003): Zukunftsbilder von Kindern der Welt. Baltmannsweiler.

Kaiser, A. (1997): Forschung über Lernvoraussetzungen zu didaktischen Schlüsselproblemen im Sachunterricht. In: Marquardt-Mau, B.; Köhnlein, W.; Lauterbach, R. (Hrsg.): Forschung zum Sachunterricht. Bad Heilbrunn, S. 190-207.

Kaiser, A. (2004): Zeichnen und Malen als produktive Zugänge zur Sache. In: Kaiser, A.; Pech, D. (Hrsg.): Basiswissen Sachunterricht, Bd. 4, S. 96-102.

König, E. (1995): Qualitative Forschung subjektiver Theorien. In: König, E.; Zedler, P. (Hrsg.): Bilanz qualitativer Forschung, Band 2 Methoden. Weinheim, S. 11-29.

Möller, K. (1991). Handeln, Denken und Verstehen. Untersuchungen zum naturwissenschaftlich-technischen Sachunterricht in der Grundschule. Essen.

Möller, K. (2000): Kinder auf dem Wege zum Verstehen von Technik – Zur Förderung technikbezogenen Denkens im Sachunterricht. In: Hinrichs, W.; Bauer, H.F. (Hrsg.): Zur Konzeption des Sachunterrichts. Donauwörth, S. 328-334.

114

Miriam Leuchter, Britta Naber, Ina Plöger und
Julia Stipp

Gestaltung von naturwissenschaftlich-technischen Lernsituationen im Übergang vom Kindergarten zur Grundschule

Preschool children possess deeply rooted every day concepts concerning scientific phenomena, which may not correspond with correct scientific explanations. Thus, teaching science and technics should refer to children's preconceptions and stimulate conceptual change. The development of learning environments requires sound knowledge of the scientific background, the learners' preconceptions and their preconditions for learning. Furthermore, scaffolding learning by structured material, pictures or verbal instructions may be beneficial. This paper illustrates the necessary steps when designing learning environments in science and technics and presents the methodological design of a study which will help analyzing scaffolding techniques in order to enhance children's learning.

1. Physikalisch-technische Phänomene in der Schuleingangsphase

Physikalisch-technische Phänomene sind Kindern aus dem Alltag vertraut und über den Umgang mit konkreten Materialien zumeist direkt erlebbar. Kinder entwickeln daher schon früh intuitive Vorstellungen zu einer Vielzahl von Phänomenen. Diese Auffassungen stimmen jedoch häufig nicht mit den korrekten, wissenschaftlichen Vorstellungen überein (Carey 2000). Um an die Konzepte der Kinder anzuknüpfen, ist es sinnvoll, physikalisch-technische Phänomene bereits frühzeitig in den Sachunterricht zu integrieren. Der Umgang mit Phänomenen bildet daher einen zentralen Bestandteil des Lehrplans sowie seiner Umsetzung im Unterricht.

Die Gestaltung von entsprechenden Lernsituationen setzt ein fundiertes Wissen sowohl zum Inhaltsbereich selbst als auch zum bestehenden Vorwissen der Kinder voraus. In der hier vorgestellten Studie wird das Lernen junger Kinder im Übergang von Kindergarten zur Grundschule zu den drei physikalisch-technischen Phänomenen Hebel (am Beispiel der Schubkarre), Statik (am Beispiel von Bauklötzen) und potenzielle Energie (am Beispiel von Kugelbahnen) untersucht. Einblicke in die methodische Umsetzung der Studie zeigen, wie das Wissen von Lehrkräften über den fachlichen Hintergrund in die Gestaltung von Aufgaben einfließt, mithilfe derer Einsichten in das Vorwissen und die Wissensentwicklung von Kindern gewonnen werden.

2. Fachlicher Hintergrund zu Hebel, Statik und potenzieller Energie

Für die Gestaltung von Aufgaben ist das Wissen über den fachlichen Hintergrund des Lerninhaltes zentral. Ausgehend davon kann die Lehrkraft relevante Inhalte fokussieren und didaktisch aufbereiten. Im Folgenden wird ein Einblick in die physikalischen Grundlagen der drei untersuchten Phänomene gegeben:
Hebel bestehen aus zwei Hebelarmen (Last- und Kraftarm) und einem Drehpunkt. Auf einen idealisierten Hebel wirken zwei Kräfte (Last und Kraft). Das Hebelgesetz lautet: Last x Lastarm = Kraft x Kraftarm (Tipler 1994).
Statik wird als Lehre vom Gleichgewicht bezeichnet. Liegt ein Bauklotz auf einem anderen und ragt seitlich über diesen hinaus, bleibt der obere Bauklotz in seiner Lage, solange sich sein Schwerpunkt innerhalb der Auflagefläche des unteren Steins befindet. Befindet sich sein Schwerpunkt außerhalb der Auflagefläche, kippt der obere Bauklotz vom unteren und fällt herunter (a.a.O.).
Potenzielle Energie ist das Produkt aus Masse, Erdbeschleunigung und Höhe. Wird eine Kugel auf einen Punkt auf einer schiefen Ebene angehoben, so wird ihr in diesem Bezugssystem Energie zugeführt. Rollt eine Kugel eine schiefe Ebene hinunter, wird potenzielle Energie in kinetische Energie umgewandelt (Stroppe 1999).
In allen drei Lernbereichen lässt sich elementares physikalisches Wissen (z.B. Hebelgesetz, Gewichtskraft und Energie) identifizieren. Die technische Komponente wird durch den zielorientierten Aspekt der einzelnen Umsetzungen (Hebel als einfache Maschine, Stabilität von Bauwerken sowie Nutzung der Energieumwandlung) deutlich.

3. Lernvoraussetzungen von Kindern im Übergang vom Kindergarten zur Grundschule

Über den fachlichen Hintergrund hinaus muss für die Gestaltung von Lernsituationen ein Wissen über die Eingangsvoraussetzungen der Schüler/innen vorliegen. Dieses betrifft sowohl allgemeine entwicklungspsychologische Besonderheiten der Altersgruppe als auch spezifische Vorkenntnisse der Kinder zu den Inhaltsbereichen.

3.1 Allgemeine Lernvoraussetzungen
Erfolgreiches Lernen ist u.a. abhängig von kognitiven und motivationalen Entwicklungsvoraussetzungen. Hinsichtlich der motivationalen Komponenten ist bspw. der frühkindliche Überoptimismus zu nennen, der vorliegt, bis die Kinder ab etwa 6 Jahren durch die ersten sozialen Vergleiche bereichsspezifische Fähigkeitsselbstkonzepte entwickeln. Besonderheiten in der Kognition in diesem Alter liegen z.b. in der noch nicht ausgebildeten selektiven Informationsaufnahme und der geringeren Kapazität des Arbeitsgedächtnisses (Hasselhorn/ Grube 2008). Dennoch haben sich Kinder im Übergang vom Kindergarten zur Grundschule bereits ein umfangreiches Vorwissen zu einer Vielzahl an Themen angeeignet. Nachfolgend wird ein Einblick dazu gegeben, welches spezifische Vorwissen bei jungen Kindern bezüglich der drei Phänomene bisher identifiziert werden konnte.

3.2 Vorwissen zu Hebel, Statik und potenzieller Energie
In den klassischen Balkenwaagen-Studien von Siegler (1976, 1978) schätzen Kinder und Jugendliche die Drehmomente auf beiden Seiten einer Balkenwaage ein. Siegler zeigt, dass die Berücksichtigung der Dimensionen Abstand und Gewicht stark vom Alter abhängt: 3-jährige Kinder raten, mit fünf Jahren berücksichtigen Kinder ausschließlich das Gewicht in ihrem Urteil. Mit 8 Jahren bezieht etwa die Hälfte der Kinder den Abstand in ihr Urteil ein, aber nur, wenn das Gewicht gleich ist. Eine Berücksichtigung beider Dimensionen – Abstand und Gewicht – gelingt den meisten Kindern mit 13 Jahren. Die physikalisch korrekte Regel wenden nur wenige Jugendliche und Erwachsene an. Bezüglich einseitiger Hebel zeigen Andrews/ Halford/ Murphy/ Knox (2009), dass bereits bei 5-Jährigen ein intuitives Verständnis vorhanden ist.
Die Erfassung intuitiver Vorstellungen von Kindern zu statischen Gesetzmäßigkeiten basiert auf zwei Methoden: a) Kinder balancieren Bauklötze auf

einer Plattform selbst aus oder b) Kinder beurteilen Bauklötze, die auf einer Plattform liegen und unterschiedlich weit überstehen, dahingehend, ob diese stehen bleiben/ nicht herunterfallen. Auf Basis beider Methoden zeigt sich ein kontinuierlicher, altersabhängiger Leistungszuwachs bei Kindern zwischen 4 und 8 Jahren (Krist 2010). Bonawitz/ van Schijndel/ Tessa/ Friel/ Schulz (2012) fassen diese Befunde zum Gleichgewicht in drei Teilkonzepte zusammen: Bezüglich der Beurteilung des Gleichgewichts wenden Kinder mit 5 Jahren keine Theorie an, Kinder mit 7 Jahren richten die Klötze an der geometrischen Mitte aus und Kinder mit 7,5 Jahren berücksichtigen den Massenmittelpunkt (Schwerpunkt).

Potenzielle Energie ist ein übergeordnetes Konzept, das die Subkonzepte Masse, Erdbeschleunigung und Höhe beinhaltet. Blickzeitstudien zeigen, dass bereits Säuglinge ein erstes Verständnis relevanter Subkonzepte aufweisen. So legt die Arbeitsgruppe um Baillargeon dar, dass schon 3,5-Monate alte Säuglinge die Höhe eines Objektes kognitiv repräsentieren (Baillargeon/ DeVos 1991). Mit 7 Monaten erwarten Säuglinge, dass eine Kugel einen Berg hinunter-, und nicht hinaufrollt, was auf ein erstes Verständnis der Gewichtskraft hindeutet (Kim/ Spelke 1992). Mit 2,5 Monaten erwartet ein Säugling, dass eine Kugel losrollt, wenn sie von einer anderen Kugel getroffen wird. Mit 5,5 bis 6,5 Monaten wird die Größe der losrollenden Kugel berücksichtigt und mit 9 Monaten auch die Größe der angestoßenen Kugel, was Kotovsky/ Baillargeon (2000) als intuitives Verständnis der Masse der Kugeln interpretieren.

4. Lernen ausgehend vom Vorwissen

Aufgaben sollen bei Kindern einen Lernprozess anregen, der ausgehend vom Vorwissen zu einer Veränderung der kindlichen Vorstellung und zum Verstehen führt. Während des Lernens werden die spezifischen Vorstellungen der Kinder umstrukturiert. Dieser Prozess ist langwierig und graduell, indem Schüler/innen ausgehend von möglicherweise falschen Vorstellungen (Präkonzepte) über teilrichtige Ideen (Zwischenkonzepte) zu angemessenen, wissenschaftlich korrekten Vorstellungen (Postkonzepte) gelangen (Vosniadou/ Vamvakoussi/ Skopeliti 2008). Einen Sachverhalt zu verstehen, bedeutet, dass dieser enaktiv, ikonisch und symbolisch repräsentiert werden kann; diese Repräsentationen existieren im besten Fall nebeneinander, sodass flexibel zwischen den verschiedenen Systemen gewechselt werden kann (Stern 2003). Diese Vorstellung des Verstehens spiegelt sich auch bei Bruner/ Olver/ Greenfield (1971) wider, die drei untereinander verknüpfte Repräsentationsarten von Wissen unterscheiden: enaktiv, ikonisch und symbolisch. Ziel des Unterrichts ist es, den Kindern zu ermöglichen, einen Gegenstand ausgehend von handelndem Umgang auch bildhaft und symbolisch zu erschließen (Möller 2004).

5. Begleiten und Unterstützen in Lernsituationen

Der Lernprozess erfordert eine angemessene Begleitung und Unterstützung durch die Lehrperson. Erfahrungen an konkretem Material ermöglichen eine Überprüfung und letztlich auch eine Korrektur von Präkonzepten (Möller 2004). Unter Erzieher/innen und Lehrpersonen herrscht die weit verbreitete Vorstellung, dass materialgestützte Aktivitäten alleine genügen, um ein adäquates naturwissenschaftliches Verständnis aufzubauen (Appleton 2008). Handlung am Material („hands-on") bildet zwar die Grundlage des Denkens, doch das alleinige Handeln bleibt häufig gebunden an die konkrete Situation. Deshalb ist es wichtig, dass Handlung nicht um ihrer selbst Willen eingesetzt wird, sondern so, dass Denk- und Verstehensprozesse („minds-on") begünstigt werden (Möller 2004). Dies wird insbesondere durch Scaffolding erreicht (vgl. Möller/ Sunder in diesem Band).

Scaffolding bezeichnet einen Prozess, bei dem die Lernenden durch die Unterstützung einer kompetenteren Person dazu befähigt werden, eine Aufgabe zu lösen, die sie ohne solche Unterstützung nicht hätten lösen können (Wood/ Bruner/ Ross 1976). Durch Scaffolding wird z.B. die Lernsituation strukturiert und vereinfacht, sodass Lernen zielbezogen stattfinden kann (Van de Pol/ Volman/ Beishuizen 2010). Damit wird das Kind dazu befähigt, gleiche und ähnliche Probleme in Zukunft ohne Hilfe zu lösen.

Um Lernende angemessen anzuregen, ist es sinnvoll, die Unterstützung in verschiedenen Repräsentationsformen des Wissens anzubieten: Die Unterstützung durch Handlung (enaktiv) sollte durch eine Unterstützung durch Bilder (ikonisch) sowie durch Sprache (symbolisch) ergänzt werden. Diese Unterstützungsmaßnahmen können sowohl nacheinander als auch gleichzeitig angewendet werden.

Bilder haben im Unterricht die wichtige Funktion, den Wissensaufbau zu unterstützen, da sie externe Modelle darstellen können, die wiederum den Aufbau mentaler Modelle erlauben (Martschinke 1996). Unter Bildern wird eine breite Vielfalt verstanden, die von realistischen Fotos und Zeichnungen bis hin zu Tabellen, Diagrammen und Schemazeichnungen reicht. Es ist wichtig, dass das jeweilige Bild mit der intendierten Lernfunktion abgestimmt wird und die Hinweisreize sinnvoll ausgewählt werden (Issing 1985).

Hogan/ Pressley (1997) konnten zeigen, dass im Unterricht am häufigsten verbale Scaffolding-Maßnahmen Verwendung finden. Dabei kommt dem Klassengespräch eine besondere Rolle zu. Die Lehrkraft fördert das selbständige Denken der Schüler/innen, indem sie Fragen stellt, zum Austausch von Ideen anregt und Erklärungen einfordert. Da Bilder und Sprache lernunterstützend wirken können, liegt es nahe, beide Unterstützungsmaßnahmen zu kombinieren. Forschung in diesem Bereich liefert zur Kombination von Text und Bild kontroverse Befunde: In einigen Studien zeigen Probanden bei der kombinierten Darbietung von Text und Bild bessere Leistungen (Fletcher/ Tobias 2005), in anderen zeigt sich dieser Effekt nicht (De Westelinck/ Valcke/ De Craene/ Kirschner 2005). Es bietet sich an, den kombinierten Einsatz von Sprache und Bild in der spezifischen Lernsituation zu prüfen.

6. Studie zur Erfassung des Vorwissens und der Wissensentwicklung im physikalisch-technischen Bereich

Die Untersuchung der Vorstellungen der Kinder zu den drei Inhaltsbereichen Hebel, Statik und potenzielle Energie erfolgt im Rahmen einer Interventionsstudie mit Prä-, Post- und Follow-up-Test sowie einer Kontrollgruppe. Insgesamt werden 442 Erstklässler (Alter: M=6.66, SD=.37) aus 18 ersten Klassen befragt.

Die Erfassung der Vorstellungen zu den drei Inhaltsbereichen findet bildbasiert statt. Bei der Erfassung der Präkonzepte zum einseitigen Hebel geben die Kinder jeweils an, bei welcher von drei Schubkarren es ihnen am leichtesten fällt, diese anzuheben. Die Kinder bearbeiten Aufgaben zur Last, zum Lastarm und zum Kraftarm. Zur Erfassung der Präkonzepte zur Stabilität von Bauklotz-Gebäuden sehen die Kinder Fotos mit je einer Bauklotz-Anordnung, die die Kinder dahingehend einschätzen müssen, ob die Situation stabil bleibt, wenn ein schwarzer Bauklotz entfernt wird. Die Präkonzepte der Kinder zur potenziellen Energie werden erfasst, indem die Kinder angeben, wie weit ein Gegenstand von einer Kugel geschoben wird, die von unterschiedlich hohen Ausgangspunkten hinunterrollt und von welcher Höhe eine fallengelassene Kugel die größte Kuhle im Sandboden verursacht.

Die Untersuchung, mit welcher Maßnahme oder Kombination aus Maßnahmen die Kinder im Unterricht wirkungsvoll beim Lernen unterstützt werden, erfolgt in einem 2x2-Kontrollgruppendesign mit unterschiedlichen Unterrichtssequenzen. Die Basis ist der Umgang mit dem Material, ¼ der Kinder wird nur damit unterstützt. Darüber hinaus werden ¼ der Kinder mit bestimmten verbalen Scaffolds, ¼ durch den Einbezug von Bildern und ¼ der Kinder durch beide Unterstützungsmaßnahmen (verbale Scaffolds und Bilder) zum Lernen angeregt. Die Kontrollgruppe arbeitet während der Intervention in einem anderen physikalisch-technischen Inhaltsbereich.

Die erhaltenen Daten fließen in die Entwicklung von Materialien für den Unterricht in Kindergarten und Schuleingangsphase ein. Damit können für den weiterführenden Sachunterricht wichtige Grundlagen gelegt werden, die an das kindliche Interesse und Vorwissen anknüpfen, um dadurch späteres Lernen im Bereich technisch-naturwissenschaftlicher Phänomene sinnvoll vorzubereiten.

Literatur

Andrews, G.; Halford, G.S.; Murphy, K.; Knox, K. (2009): Integration of Weight and Distance Information in young Children: The Role of relational Complexity. In: Cognitive Development, 24, 1, pp. 49-60.

Appleton, K. (2008): Developing Science Pedagogical Content Knowledge through Mentoring Elementary Teachers. In: Journal of Science Teacher Education, 19, 6, pp. 523-545.

Baillargeon, R.; DeVos, J. (1991): Object Permanence in young Infants: Further Evidence. In: Child Development, 62, 6, pp. 1227-1246.

Bonawitz, E.B.; van Schijndel, T.J.P.; Friel, D.; Schulz, L. (2012): Children balance Theories and Evidence in Exploration, Explanation, and Learning. In: Cognitive Psychology, 64, 4, pp. 215-234.

Bruner, J.S.; Olver, R.R.; Greenfield, P.M. (1971): Über kognitive Entwicklung. Eine kooperative Untersuchung am „Center for Cognitve Studies" der Harvard-Universität. Stuttgart.

Carey, S. (2000): Science Education as Conceptual Change. In: Journal of Applied Developmental Psychology, 21, 1, pp. 13-19.

De Westelinck, K.; Valcke, M.; De Craene, B.; Kirschner, P. (2005): Multimedia Learning in Social Sciences: Limitations of external graphical Representations. In: Computers in Human Behavior, 21, pp. 555-573.

Fletcher, J.D.; Tobias, S. (2005): The Multimedia Principle. In: Mayer, R.E. (Ed.): The Cambridge Handbook of Multimedia Learning. New York, pp. 117-133.

Hasselhorn, M.; Grube, D. (2008): Individuelle Voraussetzungen und Entwicklungsbesonderheiten des Lernens im Vorschul- und frühen Schulalter. In: Empirische Pädagogik, 22, 2, S. 113-126.

Hogan, K.; Pressley, M. (1997): Scaffolding Science Competencies within Classroom Communities of Inquiry. In: Hogan, K.; Pressley, M. (Eds.): Scaffolding Student Learning: Instructional Approaches and Issues. Cambridge, pp. 76-107.

Issing, L.J. (1985): Veranschaulichen mit dem Bildschirm. In: Friedrich Jahresheft „Bildschirm", S. 16-19.

Kim, I.K.; Spelke, E.S. (1992): Infants' Sensitivity to effects of Gravity on visible Object Motion. In: Journal of Experimental Psychology: Human Perception and Performance, 18, 2, pp. 385-393.

Kotovsky, L.; Baillargeon, R. (2000): Reasoning about Collisions involving inert Objects in 7.5-month-old Infants. In: Developmental Science, 3, 3, pp. 344-359.

Krist, H. (2010): Development of Intuitions about Support beyond Infancy. In: Developmental Psychology, 46, 1, pp. 266-278.

Martschinke, S. (1996): Der Aufbau mentaler Modelle durch bildliche Darstellungen. Eine experimentelle Studie über die Bedeutung der Merkmalsdimensionen Elaboriertheit und Strukturiertheit im Sachunterricht der Grundschule. In: Zeitschrift für Pädagogik, 42, 2, S. 215-232.

Möller, K. (2004): Verstehen und Handeln beim Lernen naturwissenschaftlicher und technikbezogener Sachverhalte. In: Lauterbach, R.; Köhnlein, W. (Hrsg.): Verstehen und begründetes Handeln. Bad Heilbrunn, S. 147-165.

Siegler, R.S. (1976): Three Aspects of cognitive Development. In: Cognitive Psychology, 8, 4, pp. 481-520.

Siegler, R.S. (1978): The Origins of scientific Reasoning. In: Siegler, R.S. (Ed.): Children´s Thinking: What develops? Hillsdale, pp. 109-149.

Stern, E. (2003): Kompetenzerwerb in anspruchsvollen Inhaltsgebieten bei Grundschulkindern. In: Cech, D.; Schwier, H. (Hrsg.): Lernwege und Aneignungsformen im Sachunterricht. Bad Heilbrunn, S. 37-58.

Stroppe, H. (1999): Arbeit und Energie. In: Stroppe, H. (Hrsg.): Physik für Studenten der Natur- und Technikwissenschaften. München, Wien, S. 65-72.

Tipler, P.A. (1994): Physik. Heidelberg, Berlin, Oxford.

Van de Pol, J.; Volman, M.; Beishuizen, J. (2010): Scaffolding in Teacher-Student Interaction: A Decade of Research. In: Educational Psychology Review, 22, 3, pp. 271-296.

Vosniadou, S.; Vamvakoussi, X.; Skopeliti, I. (2008): The Framework Theory Approach to the Problem of Conceptual Change. In: Vosniadou, S. (Ed.): International Handbook of Research on Conceptual Change. New York, pp. 3-34.

Wood, D.; Bruner, J.S.; Ross, G. (1976): The Rule of Tutoring in Problem Solving. In: Journal of Child Psychology and Psychiatry, 17, 2, pp. 89-100.

122

Katharina Pollmeier, Kim Lange, Thilo Kleickmann und Kornelia Möller

Verstehensfördernde Unterrichtsmerkmale im physikbezogenen (Sach-)Unterricht – nehmen Lernende eine Veränderung vom vierten bis zum siebten Schuljahr wahr?

The paper reports on students' perspective of their physics-related instruction in the German primary-secondary interface. Therefore 348 students were questioned once a year in a longitudinal design from fourth to seventh grade. With regard to the development of students' perception of physics instruction, the results showed a significant decline with high effect sizes in defined aspects of teaching for understanding. They also indicate that students clearly perceive a rupture between their physics instruction in primary and secondary school. Without having any gender effects, there are significant differences between physics instruction in the extreme groups "Hauptschule" and "Gymnasium" from students' perspective.

1. Die Wahrnehmung von Unterricht aus Schülersicht

In Forschungen der 1980er Jahre zeigte sich, dass Unterricht keinen direkten Einfluss auf die Lernergebnisse bei den Lernenden hat (vgl. Gruehn 2000). Die Wirksamkeit von Unterricht – und dies gilt nicht nur für den wissensbezogenen Lernerfolg, sondern auch für die motivationalen und emotionalen Zielkriterien – ist vielmehr das Ergebnis eines durch den Unterricht initiierten und auf Schülerseite vermittelten Prozesses. Zu den vermittelnden Prozessen auf Schülerseite gehören die subjektive Wahrnehmung und Interpretation der von der Lehrkraft angebotenen unterrichtlichen Maßnahmen und Erwartungen sowie die individuellen Verarbeitungsprozesse auf Schülerseite (vgl. Helmke 2009). Aufgrund des bedeutsamen Einflusses für den Aufbau kognitiver, motivationaler und sozialer Kompetenzen wird der *Schülerwahrneh-*

mung eine besondere Bedeutung für die Weiterentwicklung von Unterricht zugeschrieben (vgl. Gates Foundation MET Project 2010, Helmke 2003, Gruehn 2000). Mittlerweile konnte die Gültigkeit der Schülerperspektive für die Beurteilung des erlebten Unterrichts in wissenschaftlichen Studien bestätigt werden (vgl. Kämpfe 2009). So gibt es bedeutsame Zusammenhänge zwischen den Einschätzungen der Lernenden und ihren eigenen Lernergebnissen (vgl. Clausen 2002, Ditton 2002). Für die Beurteilung von Unterricht und Unterrichtsmerkmalen werden die Schüler vielfach als eigene Experten bezeichnet, da sie im Laufe ihrer Schulzeit vielfältige Erfahrungen mit Unterricht in verschiedenen Fächern und bei unterschiedlichen Lehrkräften sammeln (vgl. Clausen 2002, Kämpfe 2009). Bei der Wahrnehmung und Beurteilung von Unterricht durch die Schüler spielen insbesondere die Unterrichtsmethoden eine „prominente" Rolle (vgl. Fichten 1993).

2. Verstehensfördernder Unterricht

Obwohl der Erwerb eines konzeptuellen naturwissenschaftlichen Verständnisses national wie international als wichtiges Ziel schulischen Lernens angesehen wird (vgl. Bybee/ Ben-Zvi 1998, Kunter et al. 2005), bescheinigen internationale Vergleichsstudien deutschen Sekundarstufenschülern ein eher schlechtes Abschneiden im konzeptuellen Verständnis und im Anwenden des Gelernten (vgl. Prenzel et al. 2003, Prenzel et al. 2007). Deutsche Grundschüler zeigen im Rahmen ihrer Möglichkeiten hingegen sowohl im naturwissenschaftlichen Wissen als auch im Anwenden des Gelernten positivere Leistungen und sind diesbezüglich im oberen Drittel der internationalen Rangreihe platziert (vgl. Wittwer et al. 2008, Kleickmann et al. 2012). In diesem Bereich steht somit ein positiverer Befund in der Grundschule einer problematischeren Situation in der Sekundarstufe gegenüber.

Um den Aufbau eines naturwissenschaftlichen Verständnisses zu fördern, sollte Unterricht einen aktiven Wissensaufbau auf Seiten der Lernenden unterstützen. Dies erfordert im Sinne moderat-konstruktivistischer Lerntheorien (Theorien zur situierten Kognition, sozial-konstruktivistische Ansätze und sog. Conceptual-Change-Theorien) neben Möglichkeiten zum Umstrukturieren vorhandenen Wissens (vgl. Treagust/ Duit 2008) ebenso den Erwerb und das Anwenden von Konzepten in lebensnahen und für die Schüler bedeutungsvollen Kontexten (vgl. Stark 2003). Darüber hinaus werden der gemeinsame Austausch und das gemeinsame Überprüfen von Vermutungen und

Erklärungen (vgl. Mietzel 2007) sowie eine klare und verständliche Sprache (vgl. Wagenschein 1992) als wichtig erachtet.

Mit Blick auf das unterschiedliche Abschneiden in internationalen Schulleistungsstudien und die Bedeutung der Schülerwahrnehmung für den Aufbau kognitiver Kompetenzen stellt sich die Frage, ob und inwieweit Schülerinnen und Schüler Veränderungen in der unterrichtlichen Gestaltung bezüglich moderat-konstruktivistischer Unterrichtsmerkmale über den Schulstufenübergang hinweg wahrnehmen.

Zum naturwissenschaftlichen Unterricht in Deutschland liegen bislang nur wenige Studien vor, die den Unterricht aus Sicht der Lernenden erfassen; Studien im Bereich des (naturwissenschaftlichen) Sachunterrichts und des daran anschließenden Schulstufenübergangs fehlen gänzlich. Erste Hinweise zur Gestaltung des Primarstufenunterrichts aus Sicht der Lernenden geben Befunde einer australischen Interviewstudie. Hier beschreiben Schülerinnen und Schüler ihren Primarstufenunterricht als einen schüler- und erfahrungsorientierten Unterricht mit Experimenten und „Hands-on"-Aktivitäten (vgl. Rennie et al. 2001, Logan/ Skamp 2008). Dagegen nehmen Lernende der Sekundarstufe in ihrem naturwissenschaftlichen Unterricht verstärkt Demonstrationsexperimente und das Äußern der eigenen Meinung wahr, wogegen die Wahrnehmung des Alltags- bzw. Anwendungsbezugs und des Klassengesprächs fast vollständig fehlen (vgl. Seidel et al. 2007). Bezüglich des Alltagsbezugs zeigen sich in einer Studie von Labudde/ Pfluger (1999) signifikante Geschlechtsunterschiede, wobei die Jungen mehr Bezüge zu ihrem Alltag wahrnehmen als die Mädchen. Ein gleiches Bild zeigt sich auch bei der Wahrnehmung der „Verständnisorientierung" des Unterrichts (vgl. Reyer et al. 2004).

Neben den Unterschieden in der Leistung sind also auch Veränderungen in den unterrichtlichen Bedingungen von der Primar- zur Sekundarstufe aus Schülersicht anzunehmen. Da trotz der Bedeutung der Schülerwahrnehmung für den Kompetenzaufbau in Deutschland bisher noch keine Studien vorliegen, die den naturwissenschaftlichen bzw. physikbezogenen Sachunterricht und speziell die Veränderungen im Übergang von der Primar- zur Sekundarstufe aus Sicht der Lernenden in den Blick nehmen, geht der vorliegende Beitrag der folgenden Forschungsfrage nach:

Wie verändert sich die Wahrnehmung von Merkmalen des physikbezogenen (Sach-)Unterrichts aus Sicht der Lernenden von der vierten bis zur siebten Klasse?

3. Design, Stichproben, Instrumente und Analyseverfahren

Zur Beantwortung der Fragestellung wurden Daten aus dem DFG-geförderten Projekt „Längsschnitt PLUS" herangezogen. Um die Schülerwahrnehmung des physikbezogenen (Sach-)Unterrichts im Schulstufenübergang zu erfassen, wurden 348 Schülerinnen und Schüler in einem Längsschnittdesign von der vierten bis zur siebten Klasse zu ihrem Unterricht befragt. Der Schwerpunkt der Untersuchung in der Sekundarstufe lag auf den beiden Schulformen Gymnasium und Hauptschule (Extremgruppen). Alle Fragebogenerhebungen zum physikbezogenen Unterricht fanden im gesamten Klassenverbund jeweils am Ende eines Schuljahres, in dem Physik unterrichtet wurde, statt. Aufgrund der unterschiedlichen Beschulung im Fach Physik in der Sekundarstufe ergaben sich verschiedene Beschulungsmuster (z.B. durchgängig Physikunterricht in allen Jahrgangsstufen; Physik in den Klassen 4, 5 und 7 oder in den Klassen 4, 6 und 7, o.ä.), die bei den Analysen zu berücksichtigen waren.

Um die Schülerwahrnehmung von Unterricht längsschnittlich erfassen zu können, war ein Fragebogen zu konstruieren, der den spezifischen Bedürfnissen der Zielgruppe entspricht (federführend an der Entwicklung des Fragebogens beteiligt waren A. Ewerhardy und T. Kleickmann). Der Schülerfragebogen wurde auf Basis der beschriebenen moderat-konstruktivistischen Lerntheorien operationalisiert und umfasst die folgenden fünf Skalen: *kognitiv aktivierende Schülerversuche, praktische Aktivität, schülergenerierte Erklärungen, Alltagsbezug und fehlende Klarheit*. In der ersten Skala geht es um die Möglichkeit der Umstrukturierung vorhandenen Wissens. Die Items der Skala sollen erfassen, inwieweit die Schülerinnen und Schüler durch die im Unterricht durchgeführten Versuche kognitiv angeregt wurden und inwieweit es zu einer Veränderung in den bestehenden Konzepten auf Schülerseite gekommen ist. Die Skala *praktische Aktivität* bezieht sich allgemein auf Handlungen im Unterricht und befragt die Schülerinnen und Schüler dazu, ob sie im Unterricht Möglichkeiten hatten, eigenständig Versuche durchzuführen und etwas selbst herzustellen. Mit der Skala *schülergenerierte Erklärungen* soll erfasst werden, inwieweit die Lehrkraft eigenen Erklärungen der Schülerinnen und Schüler im Unterricht Raum gibt und dabei auch unzulängliche Erklärungen mit berücksichtigt. Ob die Lehrkraft den Alltag der Schülerinnen und Schüler mit einbezieht und die Lernenden dazu auffordert, die Unterrichtsinhalte auf ihnen bekannte Alltagsphänomene zu übertragen, wird in der Skala *Alltagsbezug* erfasst. Die Items der Skala *fehlende Klarheit* beziehen sich auf die Verständlichkeit und Klarheit der Kommunikation zwischen Lehrkraft und Lernenden. Mit Ausnahme der Skala praktische Aktivität (drei Items) besteht jede Skala aus jeweils fünf Aussagen, denen die Lernenden auf einer vierstufigen Likert-Skala (*stimmt gar nicht* bis *stimmt genau*) zustimmen können. Auf Basis von konfirmatorischen Faktoranalysen konnte die fünf-Faktor-Struktur des Fragebogens für alle Messzeitpunkte bestätigt werden. Die Skalen weisen zu jedem Messzeitpunkt eine zufriedenstellende Reliabilität auf.

Die individuell wahrgenommenen Veränderungen von der vierten bis zur siebten Klasse wurden auf Basis von Varianzanalysen (*repeated measurement ANOVAS*) berechnet. Schülerinnen und Schüler mit fehlenden Daten wurden durch einen listenweisen Fallausschluss in den Berechnungen ausgeschlossen. Zudem wurde für jedes Beschulungsmuster eine minimale Stichprobengröße von 40 Schülerinnen und Schülern vorausgesetzt.

4. Ergebnisse

Die Ergebnisse der Befragung zeigen, dass alle Schülerinnen und Schüler, die durchgängig von der vierten bis einschließlich der siebten Klasse im Fach Physik unterrichtet wurden, im Mittel einen deutlichen Rückgang verstehensfördernder Merkmale in ihrem Unterricht wahrnehmen. Statistisch handelt es sich um einen signifikanten Rückgang mit sehr großen Effekten. Einen ebenso bedeutsamen Rückgang beschreiben die Schülerinnen und Schüler, die in Klasse vier und sieben und zudem entweder in Klasse fünf oder in Klasse sechs Physikunterricht erfahren haben (ausgenommen ist die Skala Alltagsbezug). Bei diesen Beschulungsmustern zeigt sich der bedeutsamste Rückgang in allen fünf Konstrukten beim Wechsel von der vierten zur fünften Klasse, das heißt in der Phase des Schulstufenübergangs. Keine bedeutsamen Veränderungen bestehen dagegen zwischen Klasse fünf und sechs.

Neben der Untersuchung des generellen Verlaufs der Unterrichtswahrnehmung von Klasse vier bis sieben wurde der Verlauf separat bei Schülerinnen und Schülern untersucht, die nach der Grundschule auf die Hauptschule bzw. auf das Gymnasium wechselten. Aufgrund des unterschiedlichen Beschulungsdesigns und einer Konfundierung der Schulform mit den Beschulungsmustern lassen sich Schulformunterschiede nur für eine spezielle Gruppe von Lernenden berichten, die aus einer Zusammenfassung von Schülerinnen und Schülern verschiedener Beschulungsmuster besteht: In diese Gruppe gehen alle Schülerinnen und Schüler ein, die in Klasse vier und sieben sowie in mindestens einem weiteren Messzeitpunkt (Klasse fünf und/ oder sechs) im Fach Physik unterrichtet wurden. Da sich die Unterrichtswahrnehmung der

Schülerinnen und Schüler beim Physikunterricht in Klasse fünf und sechs in diesem Zeitraum nicht signifikant unterschied, wurden die Daten dieser beiden Messzeitpunkte durch Mittelwertbildung zu einem Messzeitpunkt zusammengefügt. Auch für diese Gruppe zeigt sich von der vierten bis zur siebten Klasse ein signifikanter Rückgang in den verstehensfördernden Unterrichtsmerkmalen mit großen Effekten. Unterschiede auf Ebene der Schulformen bestehen lediglich für die Skala „fehlende Klarheit". Dabei zeigt sich, dass die Schülerinnen und Schüler des Gymnasiums ihren Unterricht zu allen drei Messzeitpunkten deutlich klarer einschätzen als die Hauptschülerinnen und -schüler. Ein Blick auf die drei Skalen „Alltagsbezug", „schülergenerierte Erklärungen" und „fehlende Klarheit" zeigt weiterhin, dass der Unterricht in der Grundschule und in den ersten Jahren des Gymnasiums sich in diesen drei Aspekten noch eher wenig unterscheidet und erst zur siebten Klasse deutliche Differenzen zwischen Hauptschul- und Gymnasialunterricht zugunsten des Gymnasiums auftreten. In keiner der Stichproben konnten bedeutsame Geschlechtsunterschiede festgestellt werden. Für eine detailliertere Darstellung der statistischen Befunde siehe Pollmeier (in Vorb.).

5. Zusammenfassung und Ausblick

Die dargestellten quantitativen Ergebnisse zeigen in der Wahrnehmung der Lernenden im Mittel eine statistisch signifikante Abnahme verstehensfördernder Unterrichtsmerkmale von der vierten bis zur siebten Klasse. Damit lassen sich die wenigen bisher vorliegenden Ergebnisse zum naturwissenschaftlichen Unterricht für beide Schulstufen aus Sicht der Lernenden bestätigen. Der deutliche Rückgang nach der vierten Klasse zeigt, dass die Lernenden einen Bruch zwischen ihrem Unterricht in der Primar- und der Sekundarstufe erleben. Die nur geringen Unterschiede zwischen Klasse fünf und sechs deuten auf eine stabile Unterrichtsgestaltung nach dem Schulwechsel in den ersten beiden Klassen der weiterführenden Schule hin (Orientierungsstufe). Von der sechsten zur siebten Klasse folgt wiederum ein signifikanter Rückgang mit mittleren bis großen Effekten. Bezüglich der drei Skalen „schülergenerierte Erklärungen", „Alltagsbezug" und „fehlende Klarheit" bestehen die deutlichsten Unterschiede zwischen Hauptschul- und Gymnasialunterricht aus Sicht der Schülerinnen und Schüler in Klasse sieben zugunsten des Gymnasiums.

Entgegen der auf Grundlage des Forschungsstandes zu vermutenden Geschlechtsunterschiede im Bereich der Sekundarstufe zeigen die Daten der vorliegenden Längsschnittuntersuchung keine bedeutsamen Unterschiede in der Unterrichtswahrnehmung zwischen Mädchen und Jungen. Diese Befundlage deutet auf eine einheitliche Unterrichtseinschätzung zwischen den beiden Geschlechtern hin.

Insgesamt geben die Ergebnisse Aufschluss über die von den Schülern individuell wahrgenommenen Veränderungen im physikbezogenen Unterricht über den Schulstufenübergang hinweg. Dabei zeichnen sich mit dem Wechsel auf die weiterführende Schule hinsichtlich der verstehensfördernden Merkmale deutliche Veränderungen in den wahrgenommenen unterrichtlichen Bedingungen ab. Zu diskutieren bleibt, wie eine Abmilderung des wahrgenommenen Bruchs zwischen Primar- und Sekundarstufe erreicht werden kann. Das aus der Untersuchung gewonnene Wissen kann genutzt werden, um Ansatzpunkte für einen allmählicheren Übergang vom Sachunterricht zum Physikunterricht der Sekundarstufe zu identifizieren.

Offen bleibt noch, inwieweit die Schülerinnen und Schüler einen Zusammenhang zwischen wahrgenommenen Unterrichtsmerkmalen und deren Einfluss auf ihren eigenen Verstehensprozess herstellen. Um diesen Forschungsbedarf zu decken, wurde in Ergänzung zur quantitativen Fragebogenstudie zusätzlich eine qualitative Interviewstudie durchgeführt. Im Sinne einer multiplen Zielerreichung wird im Rahmen des PLUS-Projekts weiterhin untersucht, ob und inwieweit die Unterrichtsgestaltung einen Einfluss auf die Entwicklung physikbezogener Interessen und selbstbezogener Kognitionen von Lernenden hat.

Literatur

Bybee, R.W.; Ben-Zvi, N. (1998): Science curriculum: Transforming goals to practices. In: Fraser, B.J.; Tobin K.G. (Eds.): International handbook of science education. Part one. Dordrecht, pp. 487-498.

Clausen, M. (2002): Unterrichtsqualität. Eine Frage der Perspektive? Münster.

Ditton, H. (2002): Unterrichtsqualität – Konzeptionen, methodische Überlegungen und Perspektiven. In: Unterrichtswissenschaft, S. 197-212.

Fichten, W. (1993): Unterricht aus Schülersicht. Frankfurt.

Gates Foundation MET Project Research Paper (2010): Learning about Teaching. Initial Findings form the Measures of effective Teaching Project. URL: www.metproject.org/downloads/Preliminary_Findings-Research_Paper.pdf [29.09.2013].

Gruehn, S. (2000): Unterricht und schulisches Lernen. Münster.

Helmke, A. (2009): Unterrichtsqualität und Lehrer Professionalität. Diagnose, Evaluation und Verbesserung des Unterrichts. Seelze.

Helmke, A. (2003): Unterrichtsqualität: erfassen, bewerten, verbessern. Seelze.

Kämpfe, N. (2009): Schülerinnen und Schüler als Experten für Unterricht. In: Die Deutsche Schule, 101, 2, S. 149-163.

Kleickmann, T.; Brehl, T.; Saß, S.; Prenzel, M. (2012): Naturwissenschaftliche Kompetenzen im internationalen Vergleich: Testkonzeption und Ergebnisse. In: Bos, W.; Wendt, H.; Köller, O.; Selter, C. (Hrsg.): Mathematische und naturwissenschaftliche Kompetenzen von Grundschulkindern in Deutschland im internationalen Vergleich. Münster, S. 123-169.

Kunter, M.; Brunner, M.; Baumert, J.;Klusmann, U.; Krauss, S.; Blum, W.; Jordan, A.; Neubrand, M. (2005): Der Mathematikunterricht der PISA-Schülerinnen und -Schüler. Schulformunterschiede in der Unterrichtsqualität. In: Zeitschrift für Erziehungswissenschaft, 8, 4, S. 502-520.

Labudde, P.; Pfluger, D. (1999): Physikunterricht in der Sekundarstufe II: eine empirische Analyse der Lern-Lehr-Kultur aus konstruktivistischer Perspektive. In: Zeitschrift für Didaktik der Naturwissenschaften, 2, S. 33-50.

Logan, M.; Skamp, K. (2008): Engaging Students in Science across the Primary Secondary Interface: Listening to the Students' Voice. In: Research in Science Education, 38, pp. 501-527.

Mietzel, G. (2007): Pädagogische Psychologie des Lernens und Lehrens. Göttingen.

Pollmeier, K. (in Vorb.): Die Wahrnehmung verstehensfördernder Merkmale durch die Lernenden im physikbezogenen Unterricht der Primar- und Sekundarstufe. Eine Längsschnittanalyse von der vierten bis zur siebten Klasse.

Prenzel, M.; Geiser, H.; Langeheine, R.; Lobemeier, K. (2003): Das naturwissenschaftliche Verständnis am Ende der Grundschule. In: Bos, W.; Lankes, E.-M.; Prenzel, M.; Schwippert, K.; Walther, G.; Valtin, R. (Hrsg.): Erste Ergebnisse aus IGLU. Schülerleistungen am Ende der vierten Jahrgangsstufe im internationalen Vergleich. Münster, S. 143-187.

Prenzel, M.; Schöps, K.; Rönnebeck, S.; Senkbeil, M.; Walter, O.; Carstensen, C.H.; Hammann, M. (2007): Naturwissenschaftliche Kompetenz im internationalen Vergleich. In: Prenzel, M.; Artelt, C.; Baumert, J.; Blum, W.; Hammann, M.; Klieme, E.; Pekrun, R. (Hrsg.): PISA 2006. Die Ergebnisse der dritten internationalen Vergleichsstudie. Münster, S. 63-105.

Rennie, L.; Goodrum, D.; Hackling, M. (2001): Science Teaching and Learning in Australian Schools: Results of a National Study. In: Research in Science Education, 31, pp. 455-498.

Reyer, T.; Trendel, G.; Fischer, H.E. (2004): Was kommt beim Schüler an? – Lehrerintentionen und Schülerlernen im Physikunterricht. In: Doll, J.; Prenzel, M. (Hrsg.): Bildungsqualität von Schule. Lehrerprofessionalisierung, Unterrichtsentwicklung und Schülerförderung als Strategien der Qualitätsverbesserung. Münster, S. 195-211.

Seidel, T.; Prenzel, M.; Wittwer, J.; Schwindt, K. (2007): Unterricht in den Naturwissenschaften. In: PISA-Konsortium Deutschland (Hrsg.): PISA 2006. Die Ergebnisse der dritten internationalen Vergleichsstudie. Münster, S. 147-179.

Stark, R. (2003): Conceptual Change: kognitiv oder situiert? In: Zeitschrift für Pädagogische Psychologie, 17, 2, S. 133-144.

Treagust, D.; Duit, R. (2008): Conceptual Change: a Discussion of theoretical, methodological and practical Challenges for Science Education. In: Cultural Studies in Science Education, 3, pp. 297-328.

Wagenschein, M. (1992): Verstehen lehren. Genetisch – sokratisch – exemplarisch. 10. Ausg. Weinheim.

Wittwer, J.; Saß, S.; Prenzel, M. (2008): Naturwissenschaftliche Kompetenz im internationalen Vergleich: Testkonzeption und Ergebnisse. In: Bos, W.; Bonsen, M.; Baumert, J.; Prenzel, M.; Selter, C.; Walther, W. (Hrsg.): Mathematische und naturwissenschaftliche Kompetenzen von Grundschulkindern in Deutschland im internationalen Vergleich. Münster, S. 87-123.

Kornelia Möller und Cornelia Sunder

Naturwissenschaftlichen Unterricht im Hinblick auf Lernunterstützung analysieren lernen – eine Aufgabe für die universitäre Sachunterrichtsausbildung[1]

Professional vision is considered to be an important indicator of teaching expertise and it affects students' learning indirectly through instruction. Current studies show that professional vision could be improved using videos of teaching in professional development programs and student courses. This article addresses a video-based training course for primary pre-service teachers in order to foster their professional vision in science classes. We introduce the training concept and report first results from a pretest study. On that basis we deduce implications for the training concept and its implementation in a further study.

1. Lernunterstützung im naturwissenschaftlichen Sachunterricht

1.1 Lernen als Conceptual Change

Im Sinne der Conceptual Change-Theorien kann Lernen als eine Veränderung bzw. Erweiterung vorhandener Vorstellungen der Lernenden hin zu wissenschaftlich angemesseneren Vorstellungen verstanden werden (Carey 2000, Duit/ Treagust 2003, Vosniadou/ Baltas/ Vamvakoussi 2007). Für ein konstruktivistisch ausgelegtes Verständnis von Lernen bedeutet dies, dass die Lernenden ihr Wissen aktiv konstruieren müssen (Mietzel 2007). Diese Wis-

---

[1] Die Untersuchungen sowie das Videoportal werden unter dem Kennzeichen „01JH1202A" vom Bundesministerium für Bildung und Forschung im Rahmen des Schwerpunktprogramms „Entwicklung von Professionalität des pädagogischen Personals in Bildungseinrichtungen" gefördert.

senskonstruktion erfordert seitens der Lernenden eine intensive Auseinandersetzung mit dem Lerngegenstand. Damit die für einen Lernprozess erforderlichen kognitiven Anforderungen bewältigt werden können sowie die zusätzlich nötige hohe Anstrengungsbereitschaft erbracht wird, ist eine Unterstützung bei der Umstrukturierung bzw. Erweiterung vorhandener Vorstellung durch die Lehrkraft nötig (Lipowsky 2002, Mayer 2004).

1.2 Maßnahmen der Lernunterstützung im naturwissenschaftlichen Sachunterricht

Zentral ist folglich die Frage, welche Unterstützungsmaßnahmen die Lehrkraft einsetzen muss, um diese aktiven Konstruktionsprozesse optimal zu fördern. Wichtig ist, dass die Hilfestellungen angemessen sind, um den Wissenserwerb bzw. die Wissenserweiterung hervorzubringen: „With adequate guidance in the form of cognitive scaffolds scientific discovery learning can be an effective learning approach in which ‚intuitive' or ‚deep' conceptual knowledge can be acquired" (de Jong 2006, p. 107). Angemessen sind Unterstützungsmaßnahmen genau dann, wenn sie an die Fähigkeiten der entsprechenden Lerngruppe angepasst sind; dazu muss die Lehrkraft die Lernenden in der Zone der nächsten Entwicklung (Vygotsky 1978) unterstützen. Diese Zone bildet den Abstand zwischen der aktuellen Entwicklung eines Kindes, in der es in der Lage ist, Probleme selbstständig zu lösen, und der potentiellen Entwicklung, in der es Aufgaben nur mit entsprechender Unterstützung lösen kann. Das Konzept des Scaffolding (engl. für Gerüst – vgl. de Jong 2006, Hogan/ Pressley 1997, Reiser 2004, Wood/ Bruner/ Ross 1976) umfasst diese Hilfestellungen der Lehrkraft. Die Lehrkraft baut ein Gerüst auf, um den Lernenden das Lösen (bisher) zu schwieriger Aufgaben zu ermöglichen; je selbstständiger die Lernenden die Aufgabe lösen können, desto mehr kann das Gerüst von der Lehrkraft wieder abgebaut werden. Diese schrittweise Zurücknahme der Hilfestellung wird als *fading* (van de Pol/ Volman/ Beishuizen 2010) bezeichnet. Der Scaffolding-Prozess erfordert ein sorgfältiges Ausbalancieren zwischen nötigen und überflüssigen Hilfestellungen; die Lernenden müssen so viel Unterstützung wie nötig erhalten und zugleich kognitiv herausgefordert werden (Reiser 2004).

In diesem Kontext unterteilt Reiser Unterstützungsmaßnahmen in die beiden Bereiche *problematizing* und *structuring* (a.a.O.). Maßnahmen, die der kognitiven Aktivierung (nach Reiser: problematizing) dienen, beinhalten gezielt herbeigeführte kognitiv herausfordernde Situationen, in denen die Lernenden zum Aufbau bzw. zur Veränderungen ihrer Vorstellungen angeregt werden.

Im Gegensatz zu Maßnahmen der kognitiven Aktivierung soll der Einsatz von Maßnahmen der inhaltlichen Strukturierung (nach Reiser: structuring) dazu dienen, die Komplexität der Lernsituation so zu reduzieren, dass möglichst viele Lernende dem Unterrichtsgeschehen folgen können. In Tabelle 1 sind mögliche Maßnahmen zu diesen beiden Bereichen dargestellt.

Tabelle 1: Maßnahmen der Lernunterstützung im naturwissenschaftlichen Unterricht der Grundschule (Wolters et al. eing.)

Maßnahmen mit dem Ziel der kognitiven Aktivierung	Maßnahmen mit dem Ziel der inhaltlichen Strukturierung
Schülervorstellungen und zugrundeliegende Denkprozesse explorieren	eine Zielklarheit schaffen
das Erkennen von Unzulänglichkeiten in den Vorstellungen der Lernenden herbeiführen	eine Klarheit von Lehrer- und Schüleräußerungen sicherstellen
den Aufbau des neuen Konzepts anbahnen	das Gespräch durch Maßnahmen des Hervorhebens strukturieren
aus dem konkreten Lerninhalt Verallgemeinerungen ableiten	das Gespräch durch Maßnahmen des Zusammenfassens strukturieren
die Anwendung des erarbeiteten Konzepts anregen	mündliche Gesprächsbeiträge durch geeignete Veranschaulichungen unterstützen
Kommunikation und Aushandeln von Bedeutungen anregen	

Was bedeutet das nun für die Lehrerbildung? Damit Lehrkräfte kognitiv aktivierende und inhaltlich strukturierende Maßnahmen selbst im Unterricht einsetzen können, müssen sie zunächst Möglichkeiten der Lernunterstützung kennenlernen und lernunterstützende Maßnahmen in konkreten Unterrichtssituationen analysieren sowie im Hinblick auf ihre Angemessenheit bewerten können. Folglich müssen die Maßnahmen sowie ihre Relevanz in der (Lehrer-)Ausbildung thematisiert werden.

2. ViU: Early Science

2.1 Projektphase 1
Im Rahmen des ViU-Projekts wurde in einer ersten Projektphase ein reliables und valides Videoinstrument entwickelt, mit dem die professionelle Unterrichtswahrnehmung hinsichtlich der Lernunterstützung mit den Dimensionen kognitive Aktivierung und inhaltliche Strukturierung für den naturwissenschaftlichen Grundschulunterricht gemessen werden kann (Wolters et al.

eing.). Dieses videobasierte Instrument besteht aus sechs kurzen Videoszenen, in denen Ausschnitte aus dem naturwissenschaftlichen Grundschulunterricht beispielhaft zu den Themen *Schwimmen und Sinken* und *Aggregatzustände* gezeigt werden. Insgesamt wird die professionelle Unterrichtswahrnehmung anhand von 71 Items gemessen. Dazu schätzen die Testpersonen zu jeder Szene je Item eine Aussage auf einer vierstufigen Ratingskala ein. Bei der Auswertung wird die Übereinstimmung der Antwort mit einem Master-Rating geprüft.

Einhergehend mit bisherigen Forschungsergebnissen (Berliner 1994, Sabers et al. 1991, Seidel/ Prenzel 2007, Oser et al. 2010), in denen gezeigt wurde, dass Experten lernrelevante Situationen im Vergleich zu Novizen besser erkennen, zielgerichteter analysieren und vermehrt schlussfolgern, konnten ähnliche gruppenspezifische Unterschiede auch im ViU-Projekt aufgezeigt werden. Wolters et al. (eing.) konnten in Multigruppenanalysen sowohl in der Pilotierung des Videoinstruments als auch in der Kreuzvalidierung zeigen, dass es signifikante Unterschiede in der professionellen Wahrnehmung von Videoszenen zwischen Lehrkräften (Experten) bzw. Master-Studierenden im Vergleich zu Bachelor-Studierenden (Novizen) gibt. Während sich in der Pilotierung noch keine signifikanten Unterschiede zwischen Master-Studierenden und Lehrkräften zeigten, übertrafen die Lehrkräfte in der Kreuzvalidierung die Master-Studierenden signifikant in ihrer professionellen Wahrnehmung. Die Ergebnisse legen nahe, dass sowohl im Studium erworbenes Wissen als auch in der Schule erworbene Erfahrung die professionelle Unterrichtswahrnehmung positiv beeinflussen können (zu den Auswertungen und Ergebnissen vgl. Wolters et al. eing.).

2.2 Projektphase 2

In der zweiten Phase des ViU-Projekts wird das videobasierte Instrument genutzt, um die längsschnittliche Entwicklung der professionellen Unterrichtswahrnehmung von Studienbeginn an zu untersuchen. Zudem wird geprüft, inwiefern die professionelle Unterrichtswahrnehmung im Rahmen einer Lehrveranstaltung in der universitären Sachunterrichtsausbildung gezielt gefördert werden kann.

3. Pilotierung einer Lehrveranstaltung zur Förderung der professionellen Wahrnehmung lernunterstützender Maßnahmen

3.1 Die Intervention

Um die Förderung der professionellen Unterrichtswahrnehmung zu untersuchen, wurde im Wintersemester 2012/13 eine Lehrveranstaltung pilotiert und evaluiert. In der Veranstaltung wurde die Analyse lernrelevanter Situationen anhand von Videoausschnitten aus realem naturwissenschaftlichen Grundschulunterricht erarbeitet. Der Umfang des Seminars betrug zwei Semesterwochenstunden; die Studierenden erwarben zwei Leistungspunkte. Evaluiert wurde die Lehrveranstaltung mit Hilfe des oben beschriebenen Instruments zur Messung der professionellen Unterrichtswahrnehmung vor Beginn und nach Abschluss der Veranstaltung sowie durch qualitative Einzelberichte der Studierenden und eine gemeinsame mündliche Diskussion am Ende der Veranstaltung.

Das Seminar war in drei Blöcke gegliedert. Im ersten Block lernten die Studierenden die theoretischen Hintergründe zu lernunterstützenden Maßnahmen kennen. Es wurden konstruktivistische Sichtweisen zum Lernen, Conceptual Change-Theorien und Theorien zum Scaffolding erarbeitet. Detailliert beschäftigten sich die Studierenden mit den Maßnahmen der kognitiven Aktivierung und inhaltlichen Strukturierung, welche im folgenden Verlauf der Veranstaltung fokussiert wurden (vgl. Tabelle 1). Im zweiten Seminarblock stand das Analysieren lernunterstützender Maßnahmen in aufgezeichneten Videos von erfahrenen Lehrpersonen im Zentrum. Den fachlichen und fachdidaktischen Hintergrund des in den Videoausschnitten behandelten Unterrichtsthemas (Schwimmen und Sinken) lernten die Studierenden ebenfalls kennen. Zudem beobachteten die Studierenden die Durchführung eines Unterrichtsauschnittes beispielhaft an einer Klasse in einem Demonstrationsunterricht. Der Demonstrationsunterricht wurde von einer erfahrenen Lehrkraft durchgeführt. Auf der Grundlage des erworbenen fachlichen sowie fachdidaktischen Wissens über das Unterrichtsthema führten die Studierenden erste Analysen von kurzen Unterrichtsclips durch, in denen sie unter Berücksichtigung des Kategoriensystems zunächst lernunterstützende Maßnahmen identifizierten und diese anschließend interpretierten und bewerteten. In gemeinsamen Aushandlungsprozessen wurden zudem Handlungsalternativen für lernunterstützende Maßnahmen diskutiert. Im dritten Block des Seminars führten die Studierenden den beobachteten Unterricht in Micro-Teaching-

Situationen selbst durch und übten dabei gezielt den eigenen Einsatz von Scaffolding-Maßnahmen. Für die darauf folgende Analyse des eigenen Unterrichts wurden diese Micro-Teachings auf Video aufgenommen. Die so entstandenen Videos des eigenen Unterrichts wurden ebenfalls auf das Vorkommen und die Adäquatheit lernunterstützender Maßnahmen hin analysiert. Auch Handlungsalternativen wurden in Gruppen diskutiert. Das Seminar endete mit einer Präsentation der Erkenntnisse aus der Analyse der Videos des eigenen Unterrichts.

3.2 Die Evaluationsergebnisse
Der eingesetzte Test zur Messung der professionellen Wahrnehmung mit sechs Videoszenen bezog sich – wie oben berichtet – inhaltlich auf die Themen *Schwimmen und Sinken* sowie *Aggregatzustände*. Das letztere Thema war fachlich und fachdidaktisch in der Veranstaltung nicht bearbeitet worden. Die Ergebnisse der Messung der professionellen Wahrnehmung werden getrennt nach den Szenen zu *Schwimmen und Sinken* und *Aggregatzuständen* berichtet. Zur Erfassung der Fähigkeit einer Person wurden über alle Items Summenscores gebildet, die aus der Übereinstimmung mit dem Masterrating hervorgehen. Aus diesen Summenscores wurden die prozentualen Gruppenmittelwerte vor bzw. nach dem Seminar berechnet, welche mit dem T-Test für verbundene Stichproben verglichen wurden. In Bezug auf die zu beurteilenden Videoclips zum Thema „Schwimmen und Sinken" zeigte sich, dass sich die professionelle Wahrnehmung der Studierenden signifikant ($t(10) = -3.074$, $p_{einseitig} < .01$) verbesserte. Dagegen blieb die professionelle Wahrnehmung der Szenen in Bezug auf den nicht im Seminar thematisierten Inhalt *Aggregatzustände* unverändert.
Dieses Ergebnis lässt vermuten, dass die Fähigkeit, lernwirksame Elemente im naturwissenschaftlichen Sachunterricht wahrzunehmen, mit dem Wissen über das zugrundeliegende Unterrichtsthema zusammenhängt. Es liegt daher der Schluss nahe, dass für eine Förderung der professionellen Wahrnehmung zugleich der Unterrichtsinhalt, auf den sich die Wahrnehmung bezieht, fachlich und fachdidaktisch behandelt werden sollte.
In der qualitativen Seminarevaluation sowie in der schriftlichen Evaluation diskutierten die Studierenden die Frage, ob das Ziel – die Förderung der Kompetenz der Studierenden, naturwissenschaftlichen Sachunterricht auf seine lernunterstützende Wirkung hin zu analysieren – erreicht wurde.
Beispielhaft dienen an dieser Stelle zwei Zitate von Studierenden aus der Diskussion, die ihre Aussagen zum empfundenen Kompetenzzuwachs gut widerspiegeln: „Das war zusammenfassend der entscheidende Punkt: Einfach

das bewusstere Wahrnehmen der Scaffolding-Maßnahmen und das bewusstere Einsetzen der Maßnahmen." Und: „Ich denke, dass diese Analyse hinterher einfach nochmal nicht nur eine Wahrnehmung, sondern eine professionelle Wahrnehmung geschult hat." Zudem betonten die Studierenden, dass die Schulung in der Wahrnehmung lernunterstützender Situationen ihnen helfen könne, entsprechende Maßnahmen im Unterricht adäquater und bewusster als bisher einzusetzen.

Die Ergebnisse der Pilotierung zeigen, dass die bereichsspezifische Analysefähigkeit der Studierenden durch die konzipierte Lehrveranstaltung gefördert werden konnte. Die Studierenden selbst schätzten die Veranstaltung als hilfreich für ihr (späteres) Lehrerhandeln ein. Sie regten an, in Folgeseminaren noch stärker auf die Bewertung von Unterstützungshandlungen einzugehen. Dieser verbesserungswürdige Aspekt, die Diskussionen stärker und zielgerichteter auf die Wirkung der durch die Lehrkraft eingesetzten Maßnahmen zu fokussieren, wird in der Konzeption der Hauptstudie, die im Wintersemester 2013/14 und 2014/15 mit je ca. 80 Studierenden durchgeführt wird, berücksichtigt. In dieser wird eine zusätzlich eingerichtete Kontrollgruppe die erzielten Ergebnisse zudem gegen Testwiederholungseffekte absichern.

3.3 Videoportal für die Lehrerbildung

Die in der Lehrveranstaltung für die Analyse benutzten Videoszenen sind auf einem Videoportal der Universität Münster zugänglich. Dieses wurde im Rahmen der ersten Phase des ViU-Projekts aufgebaut. Das Portal kann für Veranstaltungen in der Aus- und Fortbildung von Studierenden, Lehrkräften und sonstigem pädagogischen Personal genutzt werden Es enthält ausgewählte Unterrichtseinheiten mit je drei bis vier Doppelstunden je Einheit. Insgesamt stehen Unterrichtsvideos von 20 Doppelstunden zu den Themen „Schwimmen und Sinken" und „Aggregatzustände" sowie je 20 Videoclips im Portal zur Verfügung. Die Clips bieten sich zum Analysieren relevanter Aspekte der Lernunterstützung und der Klassenführung an. Zu den Videos gibt es im Portal weitere Materialien, wie z.B. Verlaufsprotokolle der Stunde, Schülerarbeitsblätter, Unterrichtsplanungen usw. Um die Videos sowie die zusätzlichen Materialien nutzen zu können, ist vorab eine Registrierung unter https://www.uni-muenster.de/Koviu/registrierung.shtml nötig.

Aktuell wird das Videoportal im Rahmen der zweiten Phase des ViU-Projekts um weitere Unterrichtseinheiten zu den Themen „Luft", „Brücken", „Schall" und „Magnetismus" erweitert.

Der Link zum Videoportal: http://www.uni-muenster.de/Koviu/

Literatur

Berliner, D.C. (1994): Expertise: The Wonder of exemplary Performances. In: Mangieri, J.N.; Collins Block, C. (Eds.): Creating powerful Thinking in Teachers and Students diverse Perspectives. Ft. Worth, TX, pp. 141-186.

Carey, S. (2000): Science Education as Conceptual Change. In: Journal of Applied Developmental Psychology, 21, 1, pp. 13-19.

de Jong, T. (2006): Scaffolds for Scientific Discovery Learning. In: Elen, J.; Clark, R.E. (Rds.): Handling Complexity in Learning Environments. Theory and Research. Amsterdam, pp. 107-128.

Duit, R.; Treagust, D.F. (2003): Conceptual Change: a powerful Framework for Improving Science Teaching and Learning. In: International Journal of Science Education, 25, 6, pp. 671-688.

Hogan, K.; Pressley, M. (Eds.). (1997): Scaffolding Student Learning: Instructional Approaches & Issues. Advances in Teaching and Learning Series. Cambridge, MA.

Lipowsky, F. (2002): Zur Qualität offener Lernsituationen im Spiegel empirischer Forschung – Auf die Mikroebene kommt es an. In: Drews, U.; Wallrabenstein, W. (Hrsg.): Freiarbeit in der Grundschule. Offener Unterricht in Theorie, Forschung und Praxis. Frankfurt, S. 126-159.

Mayer, R.E. (2004): Should there be a Three-Strikes Rule against pure Discovery Learning? In: American Psychologist, 59, 1, pp. 14-19.

Mietzel, G. (2007): Pädagogische Psychologie des Lernens und Lehrens. [Lehrbuch]. 8., überarb. und erw. Aufl. Göttingen u.a.

Oser, F.; Heinzer, S.; Salzmann, P. (2010): Die Messung der Qualität von professionellen Kompetenzprofilen von Lehrperson mit Hilfe der Einschätzung von Filmvignetten. In: Unterrichtswissenschaft, 38, 1, S. 5-28.

Reiser, B.J. (2004): Scaffolding complex Learning: The Mechanisms of Structuring and Problematizing Student Work. In: Journal of the Learning Sciences, 13, 3, pp. 273-304.

Sabers, D.S.; Cushing, K.S.; Berliner, D.C. (1991): Differences among Teachers in a Task characterized by Simultaneity, Multidimensionality and Immediacy. In: American Educational Research Journal, 28, 1, pp. 63-88.

Seidel, T.; Prenzel, M. (2007): Wie Lehrpersonen Unterricht wahrnehmen und einschätzen – Erfassung pädagogisch-psychologischer Kompetenzen bei Lehrpersonen mit Hilfe von Videosequenzen. In: Zeitschrift für Erziehungswissenschaft, Sonderheft, 8, S. 201-216.

van de Pol, J.; Volman, M.; Beishuizen, J. (2010): Scaffolding in Teacher-Student Interaction: A Decade of Research. In: Educational Psychology Review, 22, 3, pp. 271-297.

Vosniadou, St.; Baltas, A.; Vamvakoussi, X. (2007): Reframing the Conceptual Change Approach in Learning and Instruction. Amsterdam.

Vygotsky, L. (1978): Mind in Society. The Development of Higher Psychological Processes. Cambridge, MA.

Wolters, M.; Meschede, N.; Steffensky, M.; Möller, K. (eing.): Professionelle Wahrnehmung der Lernunterstützung im naturwissenschaftlichen Grundschulunterricht – Theoretische Beschreibung und empirische Erfassung.

Wood, D.; Bruner, J.S.; Ross, G. (1976): The Role of Tutoring in Problem Solving. In: Journal of Child Psychology and Psychiatry, 17, pp. 89-100.

Anke Schürmann und Claus Bolte

Elemente des Dialogischen Lernens in den Naturwissenschaften – Erfahrungen aus der Umsetzung des Konzepts mit Grundschulkindern

In our contribution we discuss the question how the concept "Dialogic Learning" (German: "Dialogisches Lernen") can support students in developing their competence to act based on scientific reasoning and inquiry as well as their social and motivational competencies. For this purpose, we present central characteristics of this concept and our methodological considerations, followed by selected findings from our longitudinal case study.

1. Einleitung

Der naturwissenschaftliche Unterricht der Grundschule zielt darauf ab, die Schüler/innen in der Entwicklung zahlreicher inhaltlicher und prozessbezogener Standards zu unterstützen und schließt auch die Förderung sozialer und motivationaler Kompetenzen ein. Daraus ergibt sich die Frage, welche Unterrichtskonzepte geeignet sind, um einen kompetenzorientierten naturwissenschaftlichen Unterricht umzusetzen?

Das Konzept des „Dialogischen Lernens" wurde von Ruf/ Gallin (2011) zur Förderung einer fachbezogenen Handlungskompetenz der Lernenden entwickelt. Es eröffnet Einblicke in Vorstellungen, Konzepte, Ideen und Lernprozesse von Schüler/innen und bietet daher vielfältige Anknüpfungspunkte für einen kompetenzorientierten Unterricht.

In diesem Beitrag stellen wir unser Forschungsprojekt zur Umsetzung Dialogischen Lernens in naturwissenschaftlichen Lernumgebungen mit Grundschulkindern vor und berichten über erste Erfahrungen und Ergebnisse.

2. Das Konzept des Dialogischen Lernens

Ruf (2008a), Ruf/ Gallin (2008a, 2011) haben das Konzept des Dialogischen Lernens mit dem Ziel entwickelt, das Zusammenwirken von Lernangeboten und deren Nutzung im Unterricht zu optimieren und so die Entwicklung von Handlungskompetenz von Schüler/innen zu fördern (Ruf 2008a, S. 243ff.). Der Begriff der Handlungskompetenz folgt dabei dem Kompetenzmodell von Weinert (2001) und umfasst sowohl „personale", „fachliche" und „soziale Aspekte" (s.u.) als auch „die notwendigen und entwicklungsfähigen Voraussetzungen, die es einer Person ermöglichen, in einem spezifischen Handlungsfeld (Fachgebiet, Beruf) erfolgreich zu agieren" (Ruf 2008a, S. 246). Im Mittelpunkt des Dialogischen Lernens stehen Dialoge zwischen Lernenden wie auch zwischen Lernenden und Lehrenden, die auf „Verstehen und Verständigung" (Ruf 2008b, S. 19) über fachliche Inhalte abzielen. Das Konzept zeichnet sich durch die Abfolge der folgenden vier Elemente aus: „Kernidee", „Offener Auftrag", „Lernjournal" und „Rückmeldung" (Ruf/ Gallin 2011).

Ausgehend von einer *Kernidee,* in der das Besondere eines ausgewählten Unterrichtsgegenstands umrissen wird, erfolgt ein *Offener Auftrag* an die Schüler/innen. Dieser wird von jedem Kind zunächst einzeln bearbeitet und schriftlich im *Lernjournal* dokumentiert. Gute „Offene Aufträge" greifen ein fachlich und persönlich relevantes Thema auf, sind herausfordernd für die Lernenden, lassen mehrere Lösungswege zu und sollten von allen Kindern mindestens in Teilen erfüllt werden können (Ruf/ Gallin 2011, Band 2, S. 49).

Die im *Lernjournal* dokumentierte schriftliche Einzelarbeit ist anschließend Ausgangspunkt für Dialoge, in denen die Lernenden schriftliche *Rückmeldungen* zu ihren Beiträgen erhalten. Wichtige Ziele der Rückmeldungen sind die Erweiterung des „Horizont[s] der Bearbeitungsmöglichkeiten eines Auftrags" (Gallin 2008, S. 100) und das Üben eines „respektvollen Umgangs" (ebd.) innerhalb der Lerngruppe.

Auch die Lehrperson kann eine kurze *schriftliche Rückmeldung* geben, nachdem sie die Lernjournale eingesammelt hat. Ein wichtiges Merkmal solcher Rückmeldungen ist, dass sie nicht defizitorientiert ausfallen, sondern Entwicklungsmöglichkeiten aufzeigen (Ruf/ Gallin 2011, Band 2, S. 147). Indem die Lehrperson darüber hinaus bedeutsame Textstellen aus den Lernjournalen als „Autographen" in die Lerngruppe zurückmeldet, können diese entweder als Impulse zur weiteren Bearbeitung der fachlichen Aufgabe genutzt werden oder auf neue Kernideen fokussieren (a.a.O., S. 244ff.). In diesem Sinne werden die Beiträge in den Lernjournalen der Schüler/innen als neue Angebote für den Unterricht aufgefasst (ebd.).

Das Dialogische Lernen wurde ursprünglich aus dem gymnasialen Deutsch- und Mathematikunterricht heraus entwickelt (Ruf/ Gallin 2011). Inzwischen wurde es sowohl in weiteren Unterrichtsfächern als auch in anderen Schulformen erprobt (Ruf/ Keller/ Winter 2008). Bisher sind uns allerdings nur wenige dokumentierte Erfahrungen bzgl. der Umsetzung dieses Konzepts aus dem Bereich naturwissenschaftlichen Lernens bekannt (vgl. etwa Freitag-Amtmann 2013).

3. Forschungsleitende Frage

Ausgangspunkt unseres Forschungsprojekts ist daher die Frage, inwieweit das „Dialogische Lernen" nach Ruf/ Gallin (2011) ein geeignetes Unterrichtskonzept zur Entwicklung naturwissenschaftsbezogener (Handlungs-) Kompetenzen ist. Die Beantwortung dieser Frage setzt voraus, dass bei der Umsetzung des Dialogischen Lernens überhaupt wesentliche Aspekte naturwissenschaftsbezogener Handlungskompetenz verfolgt werden. Unsere forschungsleitende Frage lautet: *Inwieweit lassen sich personale, fachliche und soziale Aspekte fachbezogener Handlungskompetenz im Zuge systematischer Rekonstruktion von Handlungsprozessen bei Grundschulkindern zur Lösung von Forschungsfragen im Kontext des Dialogischen Lernens identifizieren?*

4. Methode

4.1 Konzeptionelle Umsetzung

Den konzeptionellen Rahmen zur Umsetzung des Dialogischen Lernens bildet das außerschulische Lernangebot „KieWi & Co." (Streller 2009a). Mit dem Ziel, naturwissenschaftliche Interessen von Kindern zu fördern, erhalten Grundschulkinder der Jahrgangsstufen 4-6 im Rahmen von „KieWi & Co." die Gelegenheit, über einen Zeitraum von zwei Jahren wöchentlich für 90 Minuten an einem außerschulischen Experimentierkurs teilzunehmen (a.a.O.). Zur Untersuchung unserer Forschungsfrage werden mehrere naturwissenschaftsbezogene Lernsequenzen entwickelt, die dann in der „KieWi & Co."-Kursen erprobt werden. Dabei werden die Aspekte des Dialogischen Lernens nach Ruf/ Gallin (2011) mit zentralen Elementen des Forschenden Lernens nach Schmidkunz/ Lindemann (2003) verknüpft.

Die Lernsequenzen weisen folgende Struktur auf: In einem *Offenen Auftrag* (Bsp. siehe Tab. 1) werden die Kinder aufgefordert, eigene *schriftliche Versuchsplanungen* zu einer Forschungsfrage in ihrem *Lernjournal* zu dokumentieren. Es folgt eine Phase, in der die Kinder untereinander schriftliche Rückmeldungen geben. Das anschließende Einsammeln und Sichten der Ideen (Versuchsplanungen) und der Rückmeldungen ermöglicht der Kursleitung zum einen, individuelle Impulse zur Unterstützung der Kinder zu planen, zum anderen, während des anschließenden Experimentierens, Kinder mit unterschiedlichen Ideen oder Lösungsansätzen gezielt in Gruppen zusammenzubringen, um diese in einen gegenseitigen Austausch über die (vermeintlich) bestmöglichen Lösungsstrategien zu bringen. Nach Rückgabe der Lernjournale legen die Kinder in Partner- oder Gruppenarbeit eine gemeinsame Vorgehensweise zur Lösung der Forschungsfrage fest. Dabei können sie neben den selbst geplanten Experimenten auch die Versuchsplanungen anderer Kinder in ihre Planungen einbeziehen. Die durchgeführten Experimente werden von den Kindern protokolliert. Im Zuge der gemeinsamen Auswertung erfolgen der Austausch und die Beurteilung der zur Beantwortung der Forschungsfrage am besten geeigneten Lösungswege.

4.2 Datenerhebung und Datenanalyse

Im Verlauf der dialogischen Lernsequenzen werden jeweils mehrere Untersuchungsmethoden zur Datenerhebung genutzt, um die Planungs- und Handlungsprozesse der Kinder nachzeichnen zu können: Analyse der Lernjournale, Analyse von Video- und Audioaufzeichnungen sowie die Analyse von Protokollen teilnehmender Beobachtung. Die Datenanalyse erfolgt in erster Linie mit Hilfe qualitativ-inhaltsanalytischer Methoden (z.B. nach Kuckartz 2012). Darüber hinaus wird kursbegleitend ein Fragebogen eingesetzt, um Effekte der Intervention auf die Wahrnehmung des motivationalen Lernklimas in den „KieWi & Co."-Kursen auf Seiten der Kinder und auf die Beurteilung ihrer naturwissenschaftsbezogenen Fähigkeitsselbstkonzepte zu untersuchen (Bolte 2004, Streller 2009a). Im Verlauf der Untersuchung, die sich über zwei Jahre erstreckt, ist der Einsatz dieses Fragebogens an fünf Erhebungszeitpunkten – also im Längsschnitt – geplant.

5. Erfahrungen mit der Umsetzung des Konzepts

Im Folgenden berichten wir über erste Erfahrungen und Ergebnisse aus der Erprobung der Lernsequenz „Stofftrennung am Beispiel von Aschenputtel". Die Sequenz wurde im Schuljahr 2012/13 in zwei KieWi & Co.-Kursen erprobt. Die an diesem Programm teilnehmenden (max. 30) Kinder besuchten zum Zeitpunkt der Durchführung überwiegend die 4. Klasse. Für sie war dies die erste (von insgesamt fünf) Lernsequenz(en) zum Dialogischen Lernen. Die *Kernidee* dieser Sequenz lautet *„Verschiedene Wege führen zum Ziel"*. Der Impuls zielt darauf ab, die Planung und Durchführung von Experimenten zur Stofftrennung im Anschluss an die Forschungsfrage als kreativen und individuellen Prozess zu ermöglichen und zu unterstützen.

In dem von uns gewählten Einstieg wurde den Kindern ein Auszug aus dem Märchen „Aschenputtel" vorgelesen. Anschließend sollten die Kinder die Frage beantworten: „Wie hätte Aschenputtel auch ohne Hilfe der Tauben das Gemisch aus Linsen und Asche trennen können?" Nachdem die Kinder erfolgversprechende Ideen (z.B. Sieben, Auslesen, Asche wegpusten...) genannt hatten, wurde ihnen eine schwierigere (komplexere) Aufgabe gestellt: Vor ihren Augen wurden vier Stoffe (blaue Plastikkügelchen, Eisenspäne, Sand, Salz) vermischt. Nun folgte der offene Auftrag, dieses Stoffgemisch möglichst effektiv („mit so wenig Aufwand, wie möglich") zu trennen (Tab. 1).

Tabelle 1: Auszüge aus ausgewählten Lernjournalen (nicht korrigiert) mit schriftlich formulierten Schüleräußerungen im Zuge der Bearbeitung des Offenen Auftrages

Offener Auftrag: „Forschungsfrage der Woche: Wie kann es dir gelingen, ein Stoffgemisch aus Sand, Salz, Eisenspänen und Plastikkügelchen in seine einzelnen Bestandteile aufzutrennen? Schreibe bitte genau auf oder zeichne, wie du vorgehen möchtest."

a) Ronja, 4. Klasse: „1) Ich nehme Sieb und siebe die Plastgkügelchen ´aus, und die lege ich auf einen kleinen haufen an dies Seite. 2) Ich probiere einen, klein, samften Windzug. Dann sollten alle Salz u. Sand Teile wegwehen. 3) Problem: Sand und Salz sind fast gleich groß."

b) Anton, 5. Klasse: „ Die Eisenspänen kann man anziehen mit einem Magneten man kann auch Plastikkügelchen mit ein Siep rausnehmen."

c) Jan, 4. Klasse: Ich würde einen Magneten nehmen und damit die Eisenspäne entfernen. Dann würde ich den Rest in Wasser schütten und die schwimmenden Plastikteile von der Wasseroberfläche fischen. Danach würde ich umrühren und das Salz auflösen und der Sand würde am Boden liegen bleiben. Jetzt würde ich das Wasser abschütten in dem das Salz gelöst wurde. Dann würde ich das Wasser verdunsten lassen und das Salz läge auf dem Boden dem Gefäß in dem ich das Wasser verdunsten lassen habe."

5.1 Einblick in Lernjournale: Lösungsplanungen und Rückmeldungen

Eine erste Analyse der Lernjournale zeigte, dass alle teilnehmenden Kinder ihre Versuchsplanungen schriftlich dokumentiert hatten. Dies werten wir als Beleg dafür, dass die Umsetzung des Konzepts, das mit einem hohen Grad an

Schriftlichkeit einhergeht, in dieser Altersgruppe und selbst im Rahmen eines Freizeitangebotes grundsätzlich realisierbar ist. Insgesamt dokumentieren die uns vorliegenden Lernjournale eine beeindruckende Vielfalt an Versuchsplanungen (Tab. 1). Diese Vielfalt erwies sich für den weiteren Kursverlauf als äußerst fruchtbar. Zum einen konnten die Kinder die unterschiedlichen Versuchsplanungen und Rückmeldungen, die sie während des *Sesseltanzes* (Gallin a.a.O.) gelesen hatten, als weiteren Ideen-Pool für die anschließende Experimentierphase zur Trennung des Stoffgemischs nutzen, zum anderen erhielt die Kursleitung Hinweise auf Stärken und mögliche Schwierigkeiten von einzelnen Kindern im Hinblick auf die Lösung des vorgestellten Problems. Während die Kinder verschiedene Verfahren zur Abtrennung von Plastikkügelchen und Eisenspänen formulierten, stellte die Trennung des verbleibenden Gemischs aus Sand und Salz die größte Herausforderung für die Kinder dar. Ein Kind hatte einen geeigneten Versuchsablauf für die Trennung des gesamten Stoffgemischs aufgeschrieben (Tab. 1/c). Andere Kinder formulierten zwar unvollständige bzw. mit Unsicherheiten verbundene Vorschläge zur Trennung des Sand-Salz-Gemisches. Doch auch diese Lösungsvorschläge bildeten einen reichhaltigen Pool für Gesprächsanlässe, die letztendlich zu durch die Kinder selbst entwickelten Problemlösungen führten.

5.2 Einblick in Dialoge zu Beginn des Experimentierens

Der Transskriptauszug in Tab. 2 gibt einen Dialog zwischen Jan und Anton wieder, der zu Beginn des zweiten Kurstermins stattfand. Ein Blick in die Lernjournale gibt zunächst Aufschluss über die unterschiedlichen Versuchsplanungen dieser Kinder (Tab. 1/b, 1/c). Während beide Kinder einen Magneten zur Abtrennung des Eisens wählten, unterscheiden sich die Planungen bzgl. der Abtrennung der Plastikkügelchen (Sieben bzw. Schwimmen in Wasser). Ein Vorschlag zur Trennung der verbliebenen Stoffe Salz und Sand ist nur in Jans Beitrag enthalten. Der Dialog beginnt, nachdem die Kursleitung die Lernjournale zurückgegeben und die Kinder aufgefordert hatte, eine gemeinsame Vorgehensweise in ihrem Team festzulegen.

In diesem Dialog lassen sich sowohl fachliche als auch soziale Aspekte identifizieren, die bedeutsam für den Handlungsprozess zur Lösung der Forschungsfrage sind. Jan und Anton verwenden ihre schriftlichen Lernjournale tatsächlich als Gesprächsgrundlage. Somit wird die Bedeutung der individuellen Bearbeitung des *Offenen Auftrags* als wichtiges Element des Dialogischen Lernens in dieser Gruppe deutlich. Der Dialog ist zielgerichtet und enthält sowohl einen Austausch als auch ein Abwägen geeigneter Vorgehensweisen zur Trennung des Stoffgemischs. Es ist bemerkenswert, dass beide Kinder, deren Lösungsplanungen auf Unterschiede bzgl. fachlicher und sprachlicher Kompetenzen hinweisen, einen Konsens finden. So legen Jan und Anton am Ende ihres Dialogs eine gemeinsame Vorgehensweise zur Trennung des Stoffgemischs fest, in der Anteile beider Lösungsplanungen enthalten sind.

Tabelle 2: Dialog zwischen Jan und Anton zu Beginn des Experimentierens

1.	Jan: Ok, was hastn du geschrieben auf deinem Blatt?
2.	Anton: Als/ also ich hab geschrieben, dass ähm, man kann durch einen Magneten diese Magnetenspäne/
3.	Jan: Ja, das würde ich auch so machen.
4.	Anton: Und mit ein Sieb, diese (…) hier Plastikkugeln.
5.	Jan: Ja, also ich hatte die Idee, dass ich (…) also die Plastikteile, dass ich da in den Rest Wasser reinschütte/
6.	Anton: Mhm (zustimmend).
7.	Jan:Und dann schwimmen die Plastikteile oben.
8.	Anton: Ja, geht. (…) Man kann auch mit ein Sieb machen.
9.	Jan:Mhm.
10.	Anton:Ist irgendwie logischer dann. Ähm, is ja Matsch. Muss man, kann (unv.)
11.	Jan: NEE, eigentlich nicht.
12.	Anton: Doch, Sand ist das Problem dann.
13.	Jan: Nee, wenns sehr feinkörniger/ naja, wenns guter Sand ist, gehts.
14.	Anton: Ja, wenn das guter Sand ist, dann geht es.
15.	Jan: Na.
16.	Anton: Was ist mit den Salz? Das schmilzt (…)
17.	Jan: Das lös ich auf.
18.	Anton: Ja, es löst sich auf.
19.	Jan: Und ähm dann (…) lass ich das Wasser ver / schütt ich das Wasser ab und dann lass ich das Wasser verdunsten und dann bleibt das Salz am Boden des Gefäßes liegen.(…)
20.	Anton: Ja. (…) Mhm (zustimmend), geht einf/ eigentlich.
21.	Jan: Na (…)
22.	Anton: Können wir versuchen. …

6. Fazit und Ausblick

Unsere Erfahrungen belegen, dass das Konzept des Dialogischen Lernens in einem außerschulischen Lernangebot mit Grundschulkindern der Jahrgangsstufen 4-6 erfolgreich umzusetzen ist. Durch die Analyse der Lernjournale und Kommunikationssequenzen sind bedeutsame personale, fachliche und soziale Aspekte naturwissenschaftsbezogenen Lernens rekonstruierbar. Die beteiligten Kinder haben sich mit großem Engagement der Lösung der ange-

145

botenen Forschungsfragen gewidmet und große Bereitschaft gezeigt, die „Offenen Aufträge" schriftlich zu bearbeiten. Die Lernjournale der Kinder geben Einblick in eine große Vielfalt unterschiedlicher Lösungsansätze zur jeweiligen Forschungsfrage. Sie dokumentieren eine intensive und kreative Auseinandersetzung mit der (offen formulierten) Forschungsfrage und geben Hinweise auf individuelle Stärken und Schwierigkeiten der Kinder bzgl. ihrer fachbezogenen Kompetenzen und Potentiale.

Im Folgenden werden wir das umfangreiche Datenmaterial aus den dialogischen Lernsequenzen systematisch auf Entwicklungen bzgl. naturwissenschaftsbezogener Handlungskompetenz der Kinder untersuchen. Außerdem soll in Kooperation mit einer Grundschule die Umsetzung der entwickelten Lernsequenzen im naturwissenschaftlichen Unterricht der Jahrgangsstufen 4 bis 6 untersucht werden.

Literatur

Bolte, C. (2004): Motivation und Lernerfolg im Chemieunterricht der Sek. I. In: PdN-ChiS, 2, 53, S. 2-5.

Freitag-Amtmann, I. (2013): „Wer braucht hier Kraft?". In: Die Grundschulzeitschrift, 2013, 264, S. 49-53.

Gallin, P. (2008): Den Unterricht dialogisch gestalten-neun Arbeitsweisen und einige Tipps. In: Ruf, U., Keller, S., Winter, F. (Hrsg.): Besser lernen im Dialog. Dialogisches Lernen in der Unterrichtspraxis. Seelze-Velber, S. 96-108.

Kuckartz, U. (2012). Qualitative Inhaltsanalyse. Methoden, Praxis, Computerunterstützung. Weinheim.

Ruf, U. (2008a): Das Dialogische Lernmodell vor dem Hintergrund wissenschaftlicher Theorien und Befunde. In: Ruf, U., Keller, S., Winter, F. (Hrsg.): Besser lernen im Dialog. Seelze-Velber, S.233-270.

Ruf, U. (2008b): Das Dialogische Lernmodell. In: Ruf, U., Keller, S., Winter, F. (Hrsg.): Besser lernen im Dialog. Dialogisches Lernen in der Unterrichtspraxis. Seelze-Velber, S.13-23.

Ruf, U.; Gallin, P. (2011): Dialogisches Lernen in Sprache und Mathematik. Band 1. Austausch unter Ungleichen. Grundzüge einer interaktiven und fächerübergreifenden Didaktik. Band 2. Spuren legen-Spuren lesen. Unterricht mit Kernideen und Reisetagebüchern. Seelze-Velber.

Ruf, U., Keller, S., Winter, F. (Hrsg.) (2008): Besser lernen im Dialog. Seelze-Velber.

Schmidkunz, H.; Lindemann, H. (2003): Das forschend-entwickelnde Unterrichtsverfahren. Problemlösen im naturwissenschaftlichen Unterricht. Hohenwarsleben.

Streller, S. (2009a). Förderung von Interesse an Naturwissenschaften. Eine empirische Untersuchung zur Entwicklung naturwissenschaftlicher Interessen von Grundschulkindern im Rahmen eines außerschulischen Lernangebots. Frankfurt.

Weinert, F. E. (2001): Concept of competence: A conceptual Clarification. In: Rychen, D. S. E.; Salganik, L. H. E. (Hrsg.): Defining and selecting key competencies. Göttingen, pp. 45-65.

Karen Rieck, Inger Marie Dalehefte und Olaf Köller

SINUS-Schülerinnen und Schüler lösen naturwissenschaftliche Aufgaben häufiger – Ergebnisse am Beispiel der freigegebenen Aufgaben aus TIMSS 2011

SINUS for Elementary Schools is a teacher professional development program carried out in Germany. This article describes a study which compares science competencies of fourth-grade SINUS-students with students in regular schools. Basis of this study are the TIMSS 2011 released items. Investigating how the SINUS-students solve these items in comparison to German students who participate in TIMSS 2011 provides important indices about teacher professional development program's effects on student competencies.

1. Einleitung

Die Professionalität von Lehrkräften und die Qualität von Unterricht zählen zu den wirkungsvollsten Voraussetzungen für das erfolgreiche Lernen von Kindern im Verlauf der Schulzeit (Lipowsky 2011). Für die Lehrerprofessionalisierung und die Weiterentwicklung des naturwissenschaftlichen Sachunterrichts ist das Programm *SINUS an Grundschulen* angetreten – auch mit dem Ziel, die schulischen Leistungen der Schülerinnen und Schüler zu verbessern.

In diesem Beitrag wird eine Studie vorgestellt, die die naturwissenschaftlichen Kompetenzen von Schülerinnen und Schülern aus SINUS-Klassen mit denen von Kindern anderer vierter Klassen vergleicht. Es wird dargestellt, wie SINUS-Schülerinnen und Schüler die freigegebenen TIMSS-Aufgaben (Foy et al. 2013b) aus den verschiedenen Anforderungs- und Inhaltsbereichen im Vergleich zur deutschen TIMSS 2011-Stichprobe (Bos et al. 2012) lösen. Da *SINUS an Grundschulen* gezielt auf förderliche Lernsituationen eingeht und eine kompetenzorientierte Aufgabenkultur unterstützt, wäre ein positives

Ergebnis ein wichtiger Hinweis auf die Wirksamkeit des Programms im Bereich des naturwissenschaftlichen Lernens im Sachunterricht.

2. Wirksamkeit von Lehrerfortbildung

Das Wissen, das Können und die Einstellungen einer Lehrperson und die daraus resultierende Unterrichtsgestaltung sind bedeutsam für den Lernerfolg von Schülerinnen und Schülern (Hattie 2009, 2012; Köller/ Möller 2013, Lipowsky 2007, 2011). Besonders das fachdidaktische Wissen der Lehrkräfte wird als wichtig für erfolgreiches Lernen eingeschätzt (Kunter et al. 2011). Das stellt hohe Anforderungen an die Lehreraus- und -fortbildung. Zwischen Lehrerfortbildungsmaßnahmen, der dadurch erreichten Unterrichtsentwicklung und dem Lernen der Schülerinnen und Schüler sollten sich Zusammenhänge zeigen (Desimone 2009) (Abb. 1).

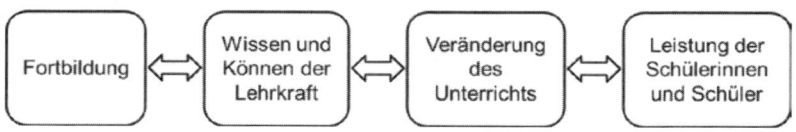

Abbildung 1: Zusammenhang zwischen Lehrerfortbildung und Schülerleistung

Bestimmte Charakteristika von Fortbildungen haben sich als wirksam herausgestellt. Vielversprechend ist demnach eine Maßnahme, wenn sie folgende Merkmale aufweist (Desimone 2009):
- der inhaltliche Schwerpunkt liegt auf empirisch gesicherten Entwicklungsbereichen des Unterrichts,
- Lehrkräfte lernen aktiv, d.h. sie entwickeln eigene Lösungen für tatsächlich existierende Probleme,
- mehrere Lehrkräfte arbeiten in ihrer Schule und schulbergreifend kollegial zusammen,
- die Maßnahme wird koordiniert und hat eine inhaltliche und organisatorische Struktur,
- die Maßnahme wird über einen längeren Zeitraum durchgeführt.
All dies sind Merkmale des SINUS-Programms, das im Folgenden ausführlicher dargestellt wird.

3. Das Programm *SINUS an Grundschulen*

Seit 2004 arbeiten Grundschullehrkräfte in länderübergreifenden SINUS-Programmen an der Weiterentwicklung des Mathematik- und naturwissenschaftlichen Sachunterrichts. Das letzte SINUS-Programm *SINUS an Grundschulen* (Fischer et al. 2009) endete im Juli 2013 unter Beteiligung von zehn Bundesländern mit über 850 Grundschulen und etwa 5000 Lehrkräften. Die zentrale Koordination und wissenschaftliche Begleitung wurde vom Kieler Leibniz-Institut für die Pädagogik der Naturwissenschaften und Mathematik (IPN) durchgeführt.

Kennzeichen aller SINUS-Programme war, dass Lehrkräfte einer Schule als SINUS-Schulgruppe zusammenarbeiteten und mit Lehrpersonen aus benachbarten Schulen schulübergreifend in einem sogenannten „Set" kooperierten. Im Prozess der Unterrichtsentwicklung stellten Lehrkräfte einer SINUS-Schule zunächst fest, welche Entwicklungsaufgaben sie vor Ort im Mathematik- oder Sachunterricht bearbeiten wollten. Diese ordneten sie den sogenannten SINUS-Modulen bzw. einem SINUS-Schwerpunkt zu (Abb. 2).

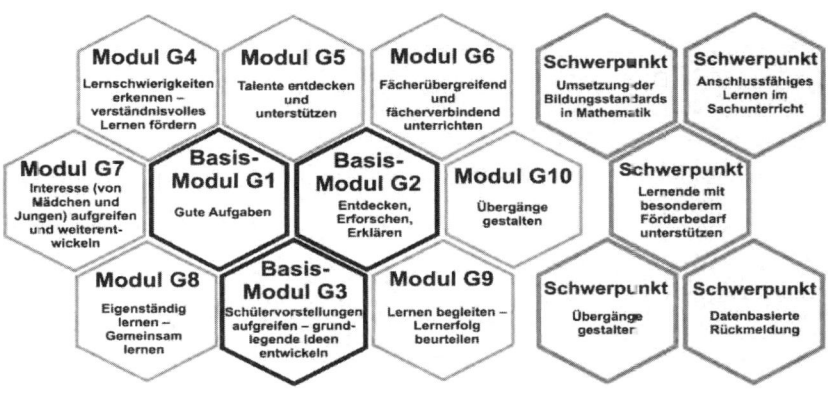

Abbildung 2: SINUS-Module und Schwerpunkte als Impulse für die Unterrichtsentwicklung

Die Module und Schwerpunkte beziehen sich auf typische fachdidaktische, z.T. empirisch ermittelte, Herausforderungen des Mathematikunterrichts bzw. des naturwissenschaftlichen Sachunterrichts in der Grundschule. Zu jedem dieser Arbeitsschwerpunkte wurden Erläuterungen von Expertinnen und Experten für Grundschul- bzw. Fachdidaktik erstellt. Die Handreichungen

stellen den jeweiligen theoretischen Hintergrund des Themas, dessen Forschungsstand und Praxisbezug dar (Demuth et al. 2011). Bisherige Befunde
zeigen, dass das Modul G 1 „Gute Aufgaben" und das Modul G 2 „Entdecken, Erforschen, Erklären" am häufigsten gewählt wurden. Einerseits ist
dies darauf zurückzuführen, dass den Schulen zu Beginn des Programms
nahe gelegt wurde, mit den Basismodulen G 1, G 2 und G 3 zu beginnen,
weil diese die Grundlage für die Arbeit mit den anderen Modulen darstellten.
Andererseits lässt sich daraus schließen, dass SINUS-Lehrkräfte besonders in
den Bereichen Aufgabenkultur und naturwissenschaftliche Arbeitsweisen
Entwicklungsbedarf für ihren Unterricht festgestellt haben.

4. Wissenschaftliche Begleitforschung

Die verschiedenen Studien, die im Programm *SINUS an Grundschulen*
durchgeführt werden, untersuchen Wirkungen dieser Unterrichtsentwick-
lungs- und Lehrerprofessionalisierungsmaßnahme auf Unterricht, Lehrpersonen und Schülerinnen und Schüler. Die Fragestellungen der wissenschaftlichen Begleitforschung richten sich an den fachspezifischen Interventionen
aus. Das Design und die Konzeption der einzelnen Studien sind ausführlich
an anderer Stelle beschrieben (Fischer et al. 2012). In diesem Beitrag wird
der Frage nachgegangen, inwieweit sich Hinweise über die Wirkung von
SINUS an Grundschulen auf die naturwissenschaftlichen Kompetenzen der
Lernenden im Bereich des naturwissenschaftlichen Sachunterrichts finden
lassen. Dazu wird untersucht, wie gut SINUS-Schülerinnen und Schüler die
naturwissenschaftlichen Aufgaben in TIMSS 2011 lösen konnten.

4.1 Fragestellungen
Folgende Forschungsfragen ergeben sich, um erste Hinweise auf Auswirkungen der Programmmaßnahmen auf die Kompetenzen der Schülerinnen und
Schüler im naturwissenschaftlichen Sachunterricht abzuleiten:
Wie gut lösen Schülerinnen und Schüler aus SINUS-Klassen die freigegebenen TIMSS-Aufgaben im Vergleich zu deutschen Schülerinnen und Schülern
aus der TIMSS 2011-Stichprobe …
- in den Inhaltsbereichen Biologie, Physik/ Chemie und Geographie sowie
- in den kognitiven Anforderungsbereichen Reproduzieren, Anwenden und
  Problemlösen?

4.2 Methode und Durchführung der Erhebung

Die hier dargestellte Untersuchung zog die Ergebnisse aus der Naturwissenschaftsstudie von TIMSS 2011 (Foy et al. 2013a) heran, um eine normorientierte Interpretation der Daten durchführen und die Ergebnisse in Beziehung zu einer Referenzpopulation setzen zu können. Dabei wurden die TIMSS 2011-Befunde von Schülerinnen und Schülern der 4. Jahrgangsstufe als Referenzwerte genutzt. In der Datenerhebung mit selegierten SINUS-Schulen wurden die Erhebungsinstrumente aus TIMSS 2011 verwendet. Die Testung wurde analog zur TIMSS-Testung mit verschiedenen Testheften in einem Rotationsdesign durchgeführt. Zusätzlich wurden Eltern, Lernende, Lehrpersonen, Schulleitungen zu Bedingungen der Schule, des Unterrichts sowie zu sozialen Merkmalen befragt.

Um für die Teilnahme zugelassen zu werden, mussten die Schulen bestimmte Kriterien erfüllen: Sie sollten bereits am Vorgängerprogramm SINUS-Transfer Grundschule teilgenommen haben und nach dem SINUS-Konzept unterrichten. Zudem musste in den untersuchten vierten Klassen mindestens ein Jahr lang eine SINUS-Lehrkraft (Sach-)Unterricht erteilt haben. Insgesamt 80 Schulklassen aus 78 Schulen in 10 Bundesländern erfüllten diese Bedingungen. Die Datenerhebung wurde vom IEA Data Processing and Research Center (DPC) in Hamburg durchgeführt und fand an zwei aufeinanderfolgenden Tagen im Juni 2011 statt.

4.3 Stichprobe und Auswertungsverfahren

Die Gesamtstichprobe bestand aus 1581 Schülerinnen und Schülern, 78 Schulleitungen sowie 105 Lehrpersonen. Pro Schule wurde je eine vierte Klasse getestet, mit Ausnahme von zwei Schulen, in denen jeweils zwei Klassen getestet wurden. Im Hinblick auf die Geschlechterverteilung der Schülerinnen und Schüler, die Ergebnisse im kognitiven Fähigkeitstest (Heller/ Perleth 2000) oder die Anzahl der Bücher zu Hause als Indikator für soziale Disparitäten, wurden keine Unterschiede zwischen der SINUS- und der TIMSS-Stichprobe festgestellt. Die Schüler-Stichproben sind demnach in ihrer Zusammensetzung vergleichbar.

Für die Studie wurde die Lösungshäufigkeit der veröffentlichten Aufgaben (released items) aus der internationalen TIMSS 2011 Leistungsstudie (Foy et al. 2013b) untersucht. Verglichen wurden dabei die Ergebnisse von Schülerinnen und Schülern aus SINUS-Klassen mit denen der deutschen TIMSS-Stichprobe. Von insgesamt 77 veröffentlichten Aufgaben beziehen sich 32 Aufgaben auf den Inhaltsbereich Biologie, 19 Aufgaben auf Physik/ Chemie und 16 Aufgaben auf den Inhaltsbereich Geographie. Jede Aufgabe kann zusätzlich einem Anforderungsbereich zugeordnet werden, wobei 11 Aufgaben die Problemlösefähigkeit erheben, 34 Aufgaben den Bereich Anwenden testen und 32 Aufgaben die Fähigkeit des Reproduzierens überprüfen. Die Aufgaben decken demnach sowohl einen Inhalts- als auch einen Anforderungsbereich ab. Um einen Eindruck zu bekommen, ob Unterschiede bei den Inhalts- bzw. Anforderungsbereichen vorliegen, wurde die Lösungshäufigkeit für jede Aufgabe zwischen den beiden Schülerstichproben verglichen.

5. Ergebnisse

Die Auswertung zeigt, dass die Lernenden aus SINUS-Klassen in allen Inhaltsbereichen die veröffentlichten TIMSS 2011 Aufgaben häufiger erfolgreich lösten als die Schülerinnen und Schüler der deutschen TIMSS-Stichprobe. Ein ähnliches Bild zeigt sich bei der Lösungshäufigkeit der Aufgaben zu den Anforderungsbereichen Problemlösen, Anwenden und Reproduzieren. SINUS-Schülerinnen und Schüler lösen auch in diesem Bereich die Aufgaben häufiger erfolgreich als die Lernenden der Vergleichsgruppe (Abb. 3).

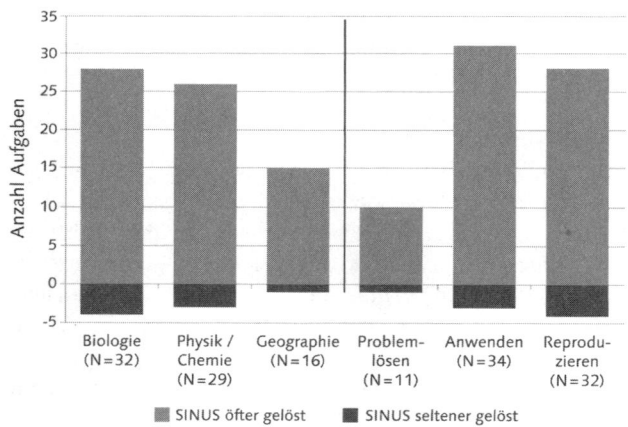

Abbildung 3: Anzahl der gelösten Aufgaben (released items) in TIMSS 2011

Tabelle 1 zeigt die Lösungshäufigkeiten der SINUS-Schülerinnen und Schüler in Bezug auf die verschiedenen Inhalts- und Anforderungsbereiche. Daraus wird ersichtlich, dass SINUS-Schülerinnen und Schüler über alle Bereiche hinweg besondere Stärken zeigten.

152

Tabelle 1: Lösungshäufigkeiten der einzelnen veröffentlichten Aufgaben aus TIMSS 2011

	Problemlösen	*Reproduzieren*	*Anwenden*
Biologie	N = 3, öfter gelöst: 3/ SINUS = 100%	N = 9, öfter gelöst: 7/ SINUS = 78%	N = 20, öfter gelöst: 18/ SINUS = 90%
Physik/ Chemie	N = 7, öfter gelöst: 6/ SINUS = 86%	N = 11, öfter gelöst: 10/ SINUS = 91%	N = 11, öfter gelöst: 10/ SINUS = 91%
Geogra- phie	N = 1, öfter gelöst: 1/ SINUS = 100%	N = 12, öfter gelöst: 11/ SINUS = 92%	N = 3, öfter gelöst: 3/ SINUS = 100%

6. Zusammenfassung und Ausblick

In diesem Beitrag wurde über erste Ergebnisse aus der wissenschaftlichen Begleitforschung des Programms *SINUS an Grundschulen* im Hinblick auf Schülerkompetenzen im naturwissenschaftlichen Bereich berichtet. Es zeigte sich, dass SINUS-Schülerinnen und Schüler die veröffentlichten Aufgaben von TIMSS 2011 im Vergleich zur deutschen TIMSS-Stichprobe in allen Inhaltsbereichen (Biologie, Physik/ Chemie, Geographie) und allen kognitiven Anforderungsbereichen (Reproduzieren, Anwenden, Problemlösen) öfter lösen. Des Weiteren konnte gezeigt werden, dass dieses Ergebnis nicht nur auf die typischen naturwissenschaftlichen Inhaltsbereiche begrenzt ist, sondern auch für Aufgaben aus dem Bereich der Geographie festgestellt werden konnte.

Es bedarf weiterer Analysen, um festzustellen, ob und inwieweit diese Befunde auf Wirkungen des Programms zurückzuführen sind. Zumindest geben diese Ergebnisse einen ersten Hinweis darauf, dass die Programmmaßnahmen auf Grundschulebene einen Kompetenzzuwachs bei Kindern bedingen können.

An dieser Stelle wurden lediglich die freigegebenen Aufgaben herangezogen, um einen ersten Eindruck von den naturwissenschaftlichen Kompetenzen der Lernenden zu erhalten. In Zukunft soll der Leistungsvergleich zwischen SINUS-Schülerinnen und Schülern mit Lernenden aus der TIMSS 2011-Erhebung unter Einbezug aller Aufgaben weitergeführt werden. Darüber hinaus ist geplant, die Merkmale der Lehrpersonen, der Schulen, der Schulleitungen, der Lernenden und der Eltern zu berücksichtigen und die Ergebnisse mit Daten aus anderen Studien der wissenschaftlichen Begleitforschung im SINUS-Programm (Gesamtbefragung, Dokumentationen, Videostudie) zu verknüpfen. Auf diese Weise können wichtige Gelingensfaktoren identifiziert werden, die auch für zukünftige Professionalisierungsprogramme relevant sind.

Literatur

Bos, W.; Wendt, H.; Köller, O.; Selter, C. (Hrsg.) (2012): TIMSS 2011. Mathematische und naturwissenschaftliche Kompetenzen von Grundschulkindern in Deutschland im internationalen Vergleich. Münster.

Demuth, R.; Walther, G.; Prenzel, M. (Hrsg.) (2011): Unterricht entwickeln mit SINUS. 10 Module für den Mathematik- und Sachunterricht in der Grundschule. Seelze.

Desimone, L.M. (2009): Improving Impact Studies of Teachers' Professional Development: Toward better Conceptualizations and Measures. Educational Researcher, 38, 3, pp. 181-199.

Fischer, C.; Kobarg, M.; Dalehefte, I.M.; Trepke, F. (2012): Ein Unterrichtsprogramm wissenschaftlich begleiten – Anlage und Hintergründe des Forschungsdesigns. In: Psychologie in Erziehung und Unterricht, 60, 1, S. 26-31.

Fischer, C.; Prenzel, M. (2009): Skizze für ein länderübergreifendes Anschlussvorhaben *SINUS an Grundschulen*. Kiel.

Foy, P.; Arora, A.; Stanco, G.M. (2013a): TIMSS 2011. User Guide for the International Database. Percent Correct Statistics for the Released Items. Science – Fourth Grade. TIMSS & PIRLS International Study Center, Lynch School of Education, Boston College and IEA.

Foy, P.; Arora, A.; Stanco, G.M. (2013b): TIMSS 2011. User Guide for the International Database. Released Items. Science – Fourth Grade. TIMSS & PIRLS International Study Center, Lynch School of Education, Boston College and IEA.

Hattie, J.A.C. (2012): Visible Learning for Teachers. Maximizing Impact on Learning. New York.

Hattie, J.A.C. (2009): Visible Learning. A Synthesis of over 8000 Meta-Analyses relating to Achievement. New York.

Heller, K.A.; Perleth, C. (2000): Kognitiver Fähigkeitstest für 4. bis 12. Klassen, Revision. Manual. Göttingen.

Köller, O.; Möller, J. (2013): Was wirklich wirkt. John Hattie resümiert die Forschungsergebnisse zu schulischem Lernen. In: Schulmanagement. Zeitschrift für Schul- und Unterrichtsentwicklung, 2, S. 33-37.

Kunter, M.; Baumert, J.; Blum, W.; Klusmann, U.; Krauss, S.; Neubrand, M. (Hrsg.) (2011): Professionelle Kompetenz von Lehrkräften. Ergebnisse des Forschungsprogramms COACTIV. Münster u. a.

Lipowsky, F. (2007): Unterrichtsqualität in der Grundschule – Ansätze und Befunde der nationalen und internationalen Forschung. In: Möller, K.; Hanke, P.; Beinbrech, C.; Hein, A.K.; Kleickmann, T.; Schages, R. (Hrsg.): Qualität von Grundschulunterricht. Entwickeln, erfassen und bewerten. (1. Aufl.) Wiesbaden, S. 35-49.

Lipowsky, F. (2011): Theoretische Perspektiven und empirische Befunde zur Wirksamkeit von Lehrerfort- und Weiterbildung. In: Terhart, E.; Bennewitz, H.; Rothland, M. (Hrsg.): Handbuch der Forschung zum Lehrerberuf. Münster, S. 399-417.

Lena M. Walper, Kim Lange, Thilo Kleickmann und Kornelia Möller

Physikbezogene Interessen und selbstbezogene Kognitionen von Schülerinnen und Schülern – wie entwickeln sie sich vom vierten bis zum siebten Schuljahr?

The paper focusses on the change in students' physics-related interests and self-related cognitions across the primary-secondary school transition. In order to describe these changes longitudinally, the PLUS-study comprised annual surveys from fourth to seventh grade. Regularly, 348 students answered a questionnaire on their individual interest in physics, their situational interest in physics-related instruction, their domain-specific self-efficacy beliefs and their academic self-concept in physics. ANOVAs based on the longitudinal data show that students' average physics-related situational and individual interest declined strongly across the school transition. While similar results occurred with regard to the most students' self-efficacy beliefs, the average decline in students' academic self-concept was much smaller and differed strongly depending on the track of secondary school the students were attending ("Hauptschule" vs. "Gymnasium"). Gender differences occurred with regard to the students' physics-related interests and their academic self-concepts in physics. While the differences in girls' and boys' interests did not manifest before their transition to secondary school, significant gender differences in students' academic self-concepts occurred already in primary school.

1. Relevanz von Interessen und selbstbezogenen Kognitionen für den physikbezogenen Unterricht

Sowohl Interessen als auch selbstbezogene Kognitionen, wie das Fähigkeits-selbstkonzept und die Selbstwirksamkeitserwartungen, stehen in positivem

Zusammenhang mit Lernprozessen sowie Lernergebnissen (vgl. Bandura 2003, Helmke/ Schrader 2001, Köller 2004, Schiefele et al. 1993, Schiefele/ Schreyer 1994). Darüber hinaus liefern nationale und internationale Studien Evidenz dafür, dass solchen nicht-leistungsbezogenen Schülermerkmalen langfristig eine große Bedeutung bei Kurs-, Studien- und Berufswahlentscheidungen zukommt (vgl. Köller 2004, Lyons 2006, Woolnough 1994). Insbesondere das Interesse an Naturwissenschaften wird als Voraussetzung für die Bereitschaft angesehen, sich langfristig mit naturwissenschaftlichen Fragestellungen auseinanderzusetzen (vgl. Prenzel 2000, Schiefele 2008). In diesem Zusammenhang wird das Interesse an Naturwissenschaften international auch als Bestandteil einer naturwissenschaftlichen Grundbildung *(Scientific Literacy)* diskutiert (vgl. OECD 2006). Auch in Richtlinien und Lehrplänen der Primar- und Sekundarstufe wird die Förderung und Erhaltung von Interessen und selbstbezogenen Kognitionen als wichtiges unterrichtliches Ziel angesehen.

2. Theoretische Verankerung der Konstrukte

Bei dem Interesse, dem Fähigkeitsselbstkonzept und den Selbstwirksamkeitserwartungen handelt es sich um Konstrukte, die ursprünglich der pädagogisch-psychologischen bzw. der motivationspsychologischen Forschungstradition entstammen.

Das *Interesse* ist im Sinne der Pädagogischen Interessentheorie als eine spezifische Beziehung zwischen Person und Gegenstand zu verstehen, die durch eine emotionale und eine wertbezogene Merkmalskomponente gekennzeichnet ist (vgl. Krapp/ Prenzel 2011). Demnach wird angenommen, dass eine interessierte Person dem Gegenstand des Interesses eine hohe subjektive Wertschätzung entgegen bringt und die emotionalen Erfahrungen während der Auseinandersetzung mit dem Gegenstand positiv einschätzt (vgl. Prenzel et al. 1986, Schiefele et al. 1983). Darüber hinaus ist davon auszugehen, dass sich ein andauerndes Interesse in einem breiten Wissen über den Gegenstand äußert und durch den Willen gekennzeichnet ist, mehr über den Interessengegenstand zu erfahren (vgl. Krapp 1992). Neben einem solchen *individuellen Interesse*, das als relativ dauerhaftes Persönlichkeitsmerkmal zu verstehen ist, lässt sich Interesse ebenfalls auf der Ebene des aktuellen Geschehens analysieren. Geht der Zustand des aktuellen Interesses nicht auf ein bereits bestehendes individuelles Interesse, sondern auf äußere Anreize zurück, so spricht man von einem *situationalen Interesse* (vgl. Hidi 1990, Krapp 1992, Krapp/ Prenzel 2011).

Zur Untersuchung des Selbstkonzepts hat sich das multidimensionale und hierarchische Modell von Shavelson et al. (1976) als sehr fruchtbar erwiesen (vgl. Dickhäuser 2006). Die Autoren verstehen das Selbstkonzept als eine individuelle Selbsteinschätzung. Dementsprechend ist das sogenannte *Fähigkeitsselbstkonzept* als Vorstellung über das Ausmaß der eigenen Fähigkeiten zu verstehen (vgl. a.a.O.). Auf Grundlage empirischer Evidenz gehen Marsh et al. (1988) davon aus, dass sich anstelle eines inhaltsunspezifischen allgemeinen Fähigkeitsselbstkonzepts zwei distinkte Selbstkonzeptfacetten unterscheiden lassen. Dabei handelt es sich um das mathematische und das verbale Fähigkeitsselbstkonzept, die ihrerseits wiederum in verschiedene domänenspezifische Selbstkonzepte, wie beispielsweise das physikbezogene Fähigkeitsselbstkonzept, untergliedert werden können.

Das Konzept der *Selbstwirksamkeitserwartungen* geht auf Bandura (z.B. 2003) zurück und wird definiert als „die subjektive Gewissheit, neue oder schwierige Anforderungssituationen auf Grund eigener Kompetenz bewältigen zu können" (Schwarzer/ Jerusalem 2002, S. 35). Im Vergleich zum Fähigkeitsselbstkonzept, welches sich auf die generelle Einschätzung eigener Fähigkeiten in einem Schulfach bezieht, sind die Selbstwirksamkeitserwartungen auf konkrete Problemstellungen und Aufgaben bezogen und weisen dementsprechend einen geringeren Abstraktionsgrad auf (vgl. Köller/ Möller 2010, Schütte et al. 2007).

3. Befundlage zur Veränderung physikbezogener Interessen und selbstbezogener Kognitionen während des Schulstufenübergangs

Befunde aus den repräsentativen Schulstudien IGLU-E 2001 sowie TIMSS 2007 und 2011 weisen darauf hin, dass deutsche Viertklässler gegenüber dem Fach Sachunterricht positiv eingestellt sind und seine Inhalte als bedeutsam einstufen. Im Rahmen von IGLU-E zeichnete sich zudem ab, dass Grundschulkinder ausgewählten naturwissenschaftlichen Themen und Arbeitsweisen (Tiere und Pflanzen, Experimentieren und Funktionsweisen erkunden) aufgeschlossen und neugierig gegenüberstehen. Diese Ergebnisse können als Hinweise auf bestehende Interessen an sachunterrichtlichen und dabei insbesondere auch naturwissenschaftlichen Inhalten interpretiert werden. Weiterhin zeigen diese Studien, dass die Lernenden am Ende der Grundschulzeit ein positives und tendenziell realistisches Bild ihrer eigenen Fähigkeiten im Fach Sachunterricht haben (vgl. Kleickmann et al. 2012, Prenzel et al. 2003, Wittwer et al. 2008). Darüber hinaus ließen sich im Rahmen von TIMSS 2011 weder für die Einstellungen zum Fach Sachunterricht noch für das fachspezifische Selbstkonzept bedeutsame Geschlechtsunterschiede feststellen (vgl. Brehl et al. 2012).

Während sich für das multiperspektivisch angelegte Fach Sachunterricht (und dort auch für den Bereich Naturwissenschaften) am Ende der Grundschulzeit mit Blick auf die Interessen und selbstbezogenen Kognitionen also insgesamt eine positive Befundlage abzeichnet, sind in der anschließenden Sekundarstufe einige problematische Entwicklungen für den naturwissenschaftlichen Bereich zu beobachten. So ist inzwischen gut belegt, dass im Laufe der Sekundarstufe ein deutlicher Rückgang des mittleren Interesses an Naturwissenschaften und naturwissenschaftlichem Unterricht zu verzeichnen ist (vgl. Krapp 1998). Besonders betroffen ist dabei das Sach- und Fachinteresse an Physik, das gemäß der IPN-Interessenstudie unmittelbar nach dem Einsetzen des Physikunterrichts am stärksten abzunehmen scheint (vgl. Hoffmann et al. 1998, Hoffmann/ Lehrke 1986). Mit Blick auf das Physikinteresse sind zudem Geschlechtsunterschiede festzustellen, die sich bereits zu Beginn der Sekundarstufe abzeichnen (vgl. Hoffmann et al. 1998). Überdies weisen Studienergebnisse darauf hin, dass sich Mädchen der siebten bis zehnten Jahrgangsstufe im Fach Physik systematisch unterschätzen. Verglichen mit ihren männlichen Schulkameraden mit ähnlichem Leistungsniveau weisen sie ein deutlich geringeres Fähigkeitsselbstkonzept auf und zweifeln stärker daran, naturwissenschaftliche Kurse erfolgreich bewältigen zu können (vgl. Schilling et al. 2006, Lyons 2006).

Obwohl sich die abweichenden Befunde aus der Grundschule und der Sekundarstufe aufgrund des unterschiedlichen inhaltlichen Zuschnitts (Sachunterricht/ Naturwissenschaften vs. Naturwissenschaften/ Physik) nicht vollständig miteinander vergleichen lassen, lenken sie den Blick auf den Schulstufenübergang und deuten darauf hin, dass es sich hier um eine entscheidende Phase für die Entwicklung physikbezogener Interessen und selbstbezogener Kognitionen handeln könnte. Da in Deutschland bislang noch keine Längsschnittstudien vorliegen, die die Schülerinnen und Schüler von der Grundschule bis in die Sekundarstufe hinein verfolgen und in diesem Rahmen die Veränderung dieser fachspezifischen Outcomes untersuchen, zielt die vorliegende Studie darauf ab, diese Forschungslücke zu schließen. Dabei wird auf die folgende Forschungsfrage fokussiert: Welchen Veränderungen unterliegen die physikbezogenen Interessen und selbstbezogenen Kognitionen von Schülerinnen und Schülern im Übergang von der Primar- zur Sekundarstufe?

4. Design, Stichprobe, Instrument und Analyseverfahren

Zur Untersuchung dieser Forschungsfrage wurden Daten aus dem DFG-Projekt „Längsschnitt PLUS" herangezogen. Im Rahmen des Projekts wurden 348 Schülerinnen und Schüler längsschnittlich von der vierten Klasse der Grundschule bis zur siebten Klasse der Sekundarstufe verfolgt. Dabei handelte es sich insbesondere um Kinder, die nach dem Schulstufenübergang auf die Hauptschule oder das Gymnasium wechselten und somit einer der beiden „Extremgruppen" im deutschen Schulsystem angehörten. Gemeinsam mit ihren jeweiligen Klassenkameraden wurden sie jährlich zu ihrem individuellen Interesse an Physik sowie ihrem physikbezogenen Fähigkeitsselbstkonzept befragt. Weitere Befragungen zum situationalen Interesse sowie den Selbstwirksamkeitserwartungen der Schülerinnen und Schüler fanden aufgrund des Unterrichtsbezugs der Konstrukte ausschließlich in den Schuljahren statt, in denen physikbezogener Unterricht erteilt wurde.

Um die physikbezogenen Interessen und selbstbezogenen Kognitionen von Schülerinnen und Schülern im Übergang von der Grundschule zur Sekundarstufe längsschnittlich erfassen zu können, wurde – angelehnt an Vorarbeiten von Blumberg (2008) – ein Fragebogen entwickelt, der auf die spezifische Zielgruppe ausgerichtet ist. Jedes der vier benannten Konstrukte wurde darin mithilfe einer vierstufigen Likert-Skala erfasst, die fünf bis sieben Items enthielt. Bei der Beantwortung der unterrichtsbezogenen Items zum situationalen Interesse und den Selbstwirksamkeitserwartungen wurden die Schülerinnen und Schüler dazu aufgefordert, an die letzten beiden Physikthemen aus ihrem Sach- bzw. Physikunterricht zurückzudenken. Unmittelbar vor der Erhebung des individuellen Interesses und des Fähigkeitsselbstkonzepts wurden den Schülerinnen und Schülern hingegen drei typische Themen aus der Physik vorgestellt, die bei der Beantwortung der Items als Referenz dienen sollten. Dazu wurden die Themen „Schall", „Magnetismus" und „Licht" ausgewählt, da diese sowohl im Unterricht der Primar- als auch der Sekundarstufe I unterrichtet werden. Wie Reliabilitätsanalysen zeigen, kann die psychometrische Qualität der Skalen als gut eingeschätzt werden. Explorative Faktoranalysen bestätigten zudem die theoretisch angenommene Unterscheidung der vier Konstrukte.

Die Veränderungen der Interessen und Fähigkeitsselbsteinschätzungen vom vierten bis zum siebten Schuljahr wurde mithilfe von *Varianzanalysen (repeated-measures ANOVAS)* untersucht. Die Analyse der Verläufe des situationalen Interesses und der Selbstwirksamkeitserwartungen erfolgte in diesem Zuge jeweils separat für die Schülergruppen, die aufgrund abweichender Beschulungszeiten in der Sekundarstufe verschiedenen Beschulungsmustern ausgesetzt waren (z.B. durchgängig physikbezogener Unterricht, physikbezogener Unterricht in den Klassen 4, 6 und 7, etc.). Schülerinnen und Schüler mit fehlenden Angaben zu einzelnen Messzeitpunkten wurden im Rahmen der jeweiligen Teilanalysen ausgeschlossen.

5. Ergebnisse

Die Ergebnisse der Analysen zeigen, dass das individuelle Interesse an Physik sowie das situationale Interesse am Physikunterricht vom vierten bis zum siebten Schuljahr im Mittel signifikant und mit großen Effekten zurückgehen. Insbesondere für das situationale Interesse am physikbezogenen Unterricht zeichnet sich mit dem Wechsel auf die Sekundarstufe ein deutlicher Bruch ab. Vor allem bei Schülerinnen und Schülern, die nachfolgend auf das Gymnasium wechselten, ist hier ein massiver Rückgang zu beobachten.

Für die Selbstwirksamkeitserwartungen der meisten befragten Schülerinnen und Schüler lässt sich ebenfalls eine signifikante Abnahme mit großem Effekt nachweisen. Das mittlere Fähigkeitsselbstkonzept der Lernenden sank im Laufe der Zeit ebenfalls signifikant, aber lediglich mit kleinem Effekt ab.

Vergleicht man die Entwicklungsverläufe des individuellen Interesses derjenigen Schülerinnen und Schüler, die nach dem Schulstufenübergang entweder auf die Hauptschule oder das Gymnasium wechselten, so sind interessanterweise keine bedeutsamen Unterschiede festzustellen. Mit Blick auf das Fähigkeitsselbstkonzept zeichnet sich allerdings ein anderes Bild ab. Zum einen wird deutlich, dass sich die Einschätzung der eigenen Fähigkeiten bereits vor dem Schulwechsel zwischen den beiden Extremgruppen unterscheidet. Die zukünftigen Hauptschülerinnen und -schüler schätzten ihre Leistungen bereits am Ende des vierten Schuljahrs deutlich schlechter ein als ihre Klassenkameraden, die später das Gymnasium besuchten. Zum anderen fällt ins Auge, dass dieses vergleichsweise niedrigere Fähigkeitsselbstbild der Hauptschüler auch nach dem Schulwechsel erhalten blieb, obwohl es am Ende des fünften Schuljahrs vorübergehend zu einer Annäherung der beiden Gruppen kam. Mit Blick auf das situationale Interesse und die Selbstwirksamkeitserwartungen sind aufgrund der separaten Betrachtung der unterschiedlich beschulten Schülergruppen keine statistischen Schulformvergleiche möglich: Da die Lernenden der Hauptschule und des Gymnasiums in der Regel unterschiedlich beschult wurden, konnten innerhalb der einzelnen Beschulungsgruppen keine Schulformvergleiche durchgeführt werden.

Bei der Untersuchung von Geschlechtsunterschieden wird ersichtlich, dass diese beim situationalen Interesse nur zwischen den Jungen und Mädchen der Hauptschule auftreten und sich erst im sechsten Schuljahr entwickeln. Mit Blick auf die Selbstwirksamkeitserwartungen sind keine bedeutsamen Gender-Effekte festzustellen. Für das individuelle Interesse an Physik sowie das physikbezogene Fähigkeitsselbstkonzept der Mädchen und Jungen lassen sich hingegen signifikante Unterschiede mit kleinen bzw. mittleren Effekten nachweisen. Der Interessenunterschied zwischen Jungen und Mädchen zeichnet sich dabei deskriptiv schon in der vierten Klasse ab, ist zu diesem Zeitpunkt allerdings noch nicht signifikant. Die Geschlechtsunterschiede im Fähigkeitsselbstkonzept sind hingegen bereits in der Grundschule als substantiell einzuschätzen, auch wenn die Schere zwischen Mädchen und Jungen in der Sekundarstufe weiter auseinandergeht. Für eine detailliertere Darstellung der statistischen Befunde siehe Walper (in Vorb.).

6. Diskussion und Ausblick

Die vorliegenden Längsschnittergebnisse weisen insgesamt darauf hin, dass mit dem Übertritt auf die weiterführende Schule im Mittel Rückgänge der physikbezogenen Interessen und selbstbezogenen Kognitionen verbunden sind, und untermauern somit die eingangs beschriebene Befundlage, die sich bereits in den deutschen Querschnittstudien abzeichnete.

Anders als auf Grundlage der neusten TIMSS-Ergebnisse zu vermuten ist, sind für das Fähigkeitsselbstkonzept bereits am Ende der Grundschulzeit erste Geschlechtsunterschiede festzustellen. Diese abweichende Befundlage könnte darauf zurückzuführen sein, dass die Erhebungen im Rahmen des PLUS-Projektes gezielt auf den Inhaltsbereich Physik bzw. den physikbezogenen Sachunterricht ausgerichtet waren. Gleichzeitig weisen die Ergebnisse darauf hin, dass bereits im Sachunterricht der Grundschule darauf geachtet werden sollte, sozial geteilte Geschlechtsstereotype nicht weiter zu bestärken und Mädchen in naturwissenschaftlich-technischen Unterrichtseinheiten gezielt zu fördern. Ideen und Anregungen zur Mädchenförderung im Sachunterricht sind beispielsweise bei Hartinger (2005) zu finden.

Die differentiellen Effekte, die mit Blick auf das Fähigkeitsselbstkonzept der Schülerinnen und Schüler der Hauptschule und des Gymnasiums festzustellen sind, könnten auf übergangsbedingte Referenzgruppeneffekte zurückzuführen sein. So wäre es möglich, dass die Annäherung der Fähigkeitsselbsteinschätzungen im fünften Schuljahr durch den sogenannten Big-Fish-Little-Pond-Effekt (vgl. Marsh 1987) bedingt ist, der besagt, dass sich die Fähigkeitsselbstkonzepte von Lernenden in Abhängigkeit der Leistungsstärke ihrer Referenzgruppe (z.B. Schulklasse) entwickeln. Dass sich die mittleren Fähigkeitsselbstkonzepte der beiden Schülergruppen im Anschluss an das fünfte Schuljahr wieder voneinander entfernen, könnte hingegen auf den Reflected-Glory-Effekt (vgl. Cialdini et al. 1976) zurückgehen. Demgemäß wäre es möglich, dass die Fähigkeitsselbstkonzepte der Gymnasiasten nach einer anfänglichen Eingewöhnungsphase von dem Wissen profitieren, eine prestigereichere Schulform zu besuchen. Da für die Veränderung der individuellen Interessen keine schulformspezifischen Unterschiede festgestellt werden konnten, scheinen hier keine Referenzgruppeneffekte vorzuliegen. Verschiedene Studien weisen darauf hin, dass neben Referenzgruppeneffekten und entwicklungsbedingten Einflussgrößen auch die Unterrichtsgestaltung einen Einfluss auf die festgestellten Veränderungen der physikbezogenen Interessen und selbstbezogenen Kognitionen nehmen könnte (vgl. z.B. Vedder-Weiss/ Fortus 2012, Häußler/ Hoffmann 2002, Seidel et al. 2003). Da es in Deutschland bislang noch keine Untersuchungen gibt, die dieser spezifischen Fragestellung nachgehen und dabei auf den Schulstufenübergang fokussieren, sollen weiterführende quantitative und qualitative Analysen im Rahmen des PLUS-Projekts dazu beitragen, den bestehenden Forschungsbedarf zu decken.

Literatur

Bandura, A. (2003): Self-Efficacy. The Exercise of Control. (6. printing). New York.

Blumberg, E. (2008): Multikriteriale Zielerreichung im naturwissenschaftsbezogenen Sachunterricht der Grundschule: eine Studie zum Einfluss von Strukturierung in schülerorientierten Lehr-Lernumgebungen auf das Erreichen kognitiver, motivationaler und selbstbezogener Zielsetzungen. Münster: Inaugural-Dissertation.

Brehl, T.; Wendt, H.; Bos, W. (2012): Geschlechtsspezifische Unterschiede in mathematischen und naturwissenschaftlichen Kompetenzen. In: Bos, W.; Wendt, H; Köller, O.; Selter, C. (Hrsg.): TIMSS 2011. Mathematische und naturwissenschaftliche Kompetenzen von Grundschulkindern in Deutschland im internationalen Vergleich. Münster, S. 203-230.

Cialdini, R.B.; Borden, R.J.; Thorne, A.; Walker, M.R.; Freeman, S.; Sloan, L.R. (1976): Basking in reflected Glory: Three (Football) Field Studies. In: Journal of Personality and Social Psychology, 34, 3, pp. 366-375.

Dickhäuser, O. (2006): Fähigkeitsselbstkonzepte. Entstehung, Auswirkung, Förderung. In: Zeitschrift für Pädagogische Psychologie, 20, 1/2, S. 5-8.

Hartinger, A. (2005): Interessen von Mädchen und Jungen aufgreifen und weiterentwickeln. (Modul G7 SI-NUS-Transfer Grundschule) Kiel.

Häußler, P.; Hoffmann, L. (2002): An Intervention Study to enhance Girls' Interest, Self-Concept, and Achievement in Physics Classes. In: Journal of Research in Science Teaching, 39, 3, pp. 870-888.

Helmke, A.; Schrader, F.-W. (2001): Determinanten der Schulleistung. In: Rost, D.H. (Hrsg.): Handwörterbuch Pädagogische Psychologie. (2., überarbeitete und erweiterte Auflage). Weinheim, S. 81-91.

Hidi, S. (1990): Interest and its Contribution as a mental Resource for Learning. In: Review of Educational Research, 60, 4, pp. 549-571.

Hoffmann, L.; Häußler, P.; Lehrke, M. (1998): Die IPN-Interessenstudie Physik. Kiel.

Hoffmann, L.; Lehrke, M. (1986): Eine Untersuchung über Schülerinteressen an Physik und Technik. In: Zeitschrift für Pädagogik, 32, 2, S. 189-204.

Kleickmann, T.; Brehl, T.; Saß, S.; Prenzel, M.; Köller, O. (2012): Naturwissenschaftliche Kompetenzen im internationalen Vergleich: Testkonzeption und Ergebnisse. In: Bos, W.; Wendt, H.; Köller, O.; Selter, C. (Hrsg.): TIMSS 2011. Mathematische und naturwissenschaftliche Kompetenzen von Grundschulkindern in Deutschland im internationalen Vergleich. Münster, S. 123-169.

Köller, O. (2004): Konsequenzen von Leistungsgruppierungen. Pädagogische Psychologie und Entwicklungspsychologie, Bd. 37. Münster.

Köller, O.; Möller, J. (2010): Selbstwirksamkeit. In: Rost, D.H. (Hrsg.): Handwörterbuch Pädagogische Psychologie. (4., überarbeitete und erweiterte Aufl.). Weinheim, S. 767-774.

Krapp, A. (1992): Das Interessenkonstrukt. Bestimmungsmerkmale der Interessenhandlung und des individuellen Interesses aus der Sicht einer Person-Gegenstands-Konzeption. In: Krapp, A.; Prenzel; M (Hrsg.): Interesse, Lernen, Leistung. Neuere Ansätze einer pädagogisch-psychologischen Interessenforschung. Münster, S. 297-329.

Krapp, A. (1998): Entwicklung und Förderung von Interessen im Unterricht. In: Psychologie, Erziehung, Unterricht, 44, S. 185-201.

Krapp, A.; Prenzel, M. (2011): Research on Interest in Science: Theories, Methods, and Findings. In: International Journal of Science Education, 33, 1, pp. 27-50.

Lyons, T. (2006): Different Countries, same Science Classes: Students' Experiences of School Science in their own Words. In: International Journal of Science Education, 28, 6, pp. 591-613.

Marsh, H.W. (1987): The Big-Fish-Little-Pond Effect on academic Self-Concept. In: Journal of Educational Psychology, 79, 3, pp. 280-295.

Marsh, H.W.; Byrne, B.M.; Shavelson, R.J. (1988): A multifaceted academic Self-Concept: Its hierarchical Structure and its Relation to academic Achievement. In: Journal of Educational Psychology, 80, 3, pp. 366-380.

OECD (2006): Assessing Scientific, Reading and Mathematical Literacy. A Framework for PISA 2006. Paris.

Prenzel, M. (2000): Lernen über die Lebensspanne aus einer domänenspezifischen Perspektive: Naturwissenschaften als Beispiel. In: Achtenhagen, F.; Lempert, W. (Hrsg.): Formen und Inhalte von Lernprozessen. Lebenslanges Lernen im Beruf – seine Grundlegung im Kindes- und Jugendalter, Bd. 4. Opladen, S. 175-192.

Prenzel, M.; Krapp, A.; Schiefele, H. (1986): Grundzüge einer pädagogischen Interessentheorie. In: Zeitschrift für Pädagogik, 32, 2, S. 163-173.

Prenzel, M.; Geiser, H.; Langeheine, R.; Lobemeier, K. (2003): Das naturwissenschaftliche Verständnis am Ende der Grundschule. In: Bos, W.; Lankes, E.-M.; Prenzel, M.; Schwippert, K.; Walther, G.; Valtin, R. (Hrsg.): Erste Ergebnisse aus IGLU. Schülerleistungen am Ende der vierten Jahrgangsstufe im internationalen Vergleich. Münster, S. 143-187.

Schiefele, H.; Krapp, A.; Prenzel, M.; Heiland, A.; Kasten, H. (1983): Principles of an Educational Theory of Interest. Paper presented at the 7th Meeting of the International Society for the Study of Behavioral Development. Munich.

Schiefele, U. (2008): Lernmotivation und Interesse. In: Schneider, W.; Hasselhorn, M. (Hrsg.): Handbuch der Pädagogischen Psychologie. Göttingen, S. 38-49.

Schiefele, U.; Krapp, A.; Schreyer, I. (1993): Metaanalyse des Zusammenhangs von Interesse und schulischer Leistung. In: Zeitschrift für Entwicklungspsychologie und Pädagogische Psychologie, 15, 2, S. 120-148.

Schiefele, U.; Schreyer, I. (1994): Intrinsische Lernmotivation und Lernen. Ein Überblick zu Ergebnissen der Forschung. In: Zeitschrift für Pädagogischen Psychologie, 8, 1, S. 1-13.

Schilling, S.R.; Sparfeldt, J.R.; Rost, D.H. (2006): Facetten schulischen Selbstkonzepts. Welchen Unterschied macht das Geschlecht? In: Zeitschrift für Pädagogische Psychologie, 20, 1/2, S. 9-18.

Schütte, K.; Frenzel, A.C.; Asseburg, R.; Pekrun, R. (2007): Schülermerkmale, naturwissenschaftliche Kompetenz und Berufserwartung. In: Prenzel, M.; Artelt, C.; Baumert, J.; Blum, W.; Hammann, M.; Klieme, E.; Pekrun, R. (Hrsg.): PISA 2006. Die Ergebnisse der dritten internationalen Vergleichsstudie. Münster, S. 125-146.

Seidel, T.; Rimmele, R.; Prenzel, M. (2003): Gelegenheitsstrukturen beim Klassengespräch und ihre Bedeutung für die Lernmotivation. Videoanalysen in Kombination mit Schülerselbsteinschätzungen. In: Unterrichtswissenschaft, 31, 2, S. 142-165.

Shavelson, R.J.; Hubner J.J.; Stanton, G.C. (1976): Self-Concept: Validation of Construct Interpretations. In: Review of Educational Research, 46, 3, pp. 407-441.

Vedder-Weiss, D.; Fortus, D. (2012): Adolescents' declining Motivation to learn Science: A follow-up Study. In: Journal of Research in Science Teaching, 49, 9, pp. 1057-1095.

Walper, L.M. (in Vorb.): Entwicklung der physikbezogenen Interessen und selbstbezogenen Kognitionen von Schülerinnen und Schülern in der Übergangsphase von der Primar- in die Sekundarstufe. Eine Längsschnittanalyse vom vierten bis zum siebten Schuljahr.

Wittwer, J.; Saß, S.; Prenzel, M. (2008): Naturwissenschaftliche Kompetenz im internationalen Vergleich: Testkonzeption und Ergebnisse. In: Bos, W.; Bonsen, M.; Baumert, J.; Prenzel, M.;Selter, C.; Walther, G. (Hrsg.): TIMSS 2007. Mathematische und naturwissenschaftliche Kompetenzen von Grundschulkindern in Deutschland im internationalen Vergleich. Münster, S. 87-124.

Woolnough, B.E. (1994): Why Students choose Physics, or reject it. In: Physics Education, 29, pp. 368-374.

Kim Lange und Andreas Hartinger

Modellierungskompetenz – Konzeptionierungen und Verortung im Sachunterricht

*Scientific models and the practice of scientific modelling are core compo-
nents of scientific thinking, acting and working and thus an essential aim of
teaching and learning science at the elementary level. In this paper we present an overview of theoretical approaches to modeling competencies and
empirical evidence in this field to derive relevant research questions for the
field of primary science.*

1. Modellierungskompetenzen im Sachunterricht

Es besteht heute kein Zweifel mehr daran, dass Schüler im Sachunterricht
nicht nur Fachinhalte aneignen, sondern auch das „Arbeiten wie Wissen-
schaftler" lernen sollen. Dies spiegelt sich u.a. auch im neuen Perspektivrahmen der Gesellschaft für Didaktik des Sachunterrichts (2013) wider: Der
Einbezug und die explizite Thematisierung von Denk-, Arbeits- und Handlungsweisen stellt eine perspektivenübergreifende Leitidee im Sachunterricht
dar.
Modelle sowie das wissenschaftliche Modellieren werden international und
national als essentieller Bestandteil solcher (natur-)wissenschaftlichen Denk-,
Arbeits- und Handlungsweisen und somit als Teilkomponente einer Scientific
Literacy gesehen (KMK 2005, NRC 2008). Im angloamerikanischen Sprachraum werden der kompetente Umgang mit Modellen und das wissenschaftliche Modellieren auch direkt als anzustrebendes Ziel für die Grundschule
gefordert (NRC 2011). Im deutschen Sprachraum geschieht dies bislang eher
implizit (z.B. Conrads 2011), wenngleich einige Lehrpläne für den Sachunterricht den Umgang mit Modellen oder das Fertigen und Nutzen von konkreten Modellen als Ziele bzw. als zu erwerbende Kompetenzen festlegen.

2. Modelle und Modellkompetenz

2.1 Definition und Eigenschaften von Modellen

Weitgehend akzeptiert ist die Definition von Modellen als Repräsentationen, die unter Fokussierung bestimmter Schlüsselkomponenten Systeme vereinfachend und abstrahierend darstellen, um Zusammenhänge oder Charakteristiken (natur-)wissenschaftlicher Phänomene erklären und vorherzusagen zu können (Schwarz et al. 2009, S. 633). Modelle beinhalten:
- einzelne Elemente,
- Charakteristika dieser Elemente,
- Relationen/ Beziehungen zwischen den Elementen,
- Operationen/ Vorgänge/ Prozesse (vgl. z.b. Nelson/ Beyer/ Davis 2008, Schwarz et al. 2009).

Modelle lassen sich in gedankliche und materielle Modelle unterteilen. Unter gedanklichen Modellen werden alle Modelle gefasst, die ein Mensch für sich konstruiert, ohne sie in irgendeiner Form aufzuzeichnen. Sie werden auch als „Denkmodelle" (Eschenhagen/ Kattmann/ Rodi 2003, S. 332) bezeichnet. Im Gegensatz dazu sind materielle Modelle externalisiert. Sie können maßstäblich oder abstrakt dargestellt werden – letztere in symbolischer, ikonischer oder mathematischer Form (Harrison/ Treagust 2000).

Modelle sind daher niemals exakte Kopien der Originale. Eine wesentliche Aufgabe von Modellen ist es, Schlüsselmerkmale eines Phänomens hervorzuheben, und somit einfach, anschaulich und für den Betrachter schnell erschließbar zu sein (Grygier/ Günther/ Kircher 2007). Trotz dieser Reduktion erheben Modelle Anspruch auf inhaltliche Korrektheit. Das bedeutet, dass jedes Modell letztlich durch empirische Evidenzen gestützt werden muss, dass es jedoch – genauso wie jede wissenschaftliche Erkenntnis – immer vorläufig ist (vgl. a.a.O.). Je nach Fragestellung, Perspektive und Akzentuierung können daher verschiedene Modelle zu einem Phänomen existieren. Sofern Modelle empirischen Evidenzen gerecht werden, sind sie daher nicht falsch oder richtig, sondern zweckmäßig oder ungeeignet (Mikelskis-Seifert/ Leisner 2007). Durch die Reduktion und Strukturierung haben Modelle jedoch zwangsläufig Grenzen, die ihre Aussagekraft einschränken (Schwarz et al. 2009).

2.2 Funktionen von Modellen

Modellen ist eine doppelte Funktion inhärent: Zum einen dienen Modelle der Erkenntnisvermittlung; zum anderen ist der Prozess des Modellierens wichtiger Bestandteil der Erkenntnisgewinnung (Eschenhagen et al. 2003, Terzer/

Upmeier zu Belzen 2007). Im Zuge der Erkenntnisvermittlung fungiert das Modell als Medium, mit dem naturwissenschaftliche Wissensinhalte gezeigt oder veranschaulicht werden. Sie transportieren also Erkenntnis, um so den Aufbau von (natur-)wissenschaftlichem Wissen zu unterstützen (Upmeier zu Belzen/ Krüger 2010). Die Besonderheit von Modellen, auch nicht sichtbare Objekte und Phänomene veranschaulichen zu können und die Komplexität der Realität zu verringern, prädestiniert sie für den Gebrauch als „Lehrmodelle" (vgl. Buddensiek et al. 1980, S. 94). Im Kontext der Erkenntnisgewinnung geht es um den Einsatz von Modellen zur Klärung neuer Sachverhalte. Modelle ermöglichen es dabei, nicht nur Annahmen zur Erklärung von Phänomenen festzuhalten und kommunizierbar zu machen, sondern auch die Ableitung von Hypothesen über die Realität sowie deren Überprüfung unter Fokussierung einer überschaubaren Anzahl an Variablen (Schwarz et al. 2009).

2.3 Zum Begriff der Modellkompetenz

Es gibt unterschiedliche Definitionen, was unter Modellkompetenz verstanden werden kann und welche Komponenten unter diesem Begriff einzuordnen sind. Dies gilt für den angloamerikanischen Raum (Grosslight/ Unger/ Jay/ Smith 1991, Schwarz et al. 2009) genauso wie für den deutschsprachigen (Meisert 2008, Upmeier zu Belzen/ Krüger 2010). Gemeinsam ist diesen Definitionen eine grundsätzliche Ausrichtung an allgemeinen Zielen des naturwissenschaftlichen Lernens bzw. der Scientific Literacy.

Upmeier zu Belzen/ Krüger (2010) haben in Anlehnung an die angloamerikanische Literatur Teilkomponenten der Modellkompetenz zusammengefasst. Modellkompetenz umfasst hier die Fähigkeiten, mit Modellen zweckbezogen Erkenntnisse gewinnen zu können, über Modelle mit Bezug auf ihren Zweck urteilen zu können, über den Prozess der Erkenntnisgewinnung durch Modelle und Modellierungen zu reflektieren sowie die Bereitschaft, diese Fähigkeiten in problemhaltigen Situationen anzuwenden. Diese Konzeption entspricht den zeitgenössischen angloamerikanischen Beschreibungen der Modellkompetenz (Schwarz et al. 2009, Baek et al. 2011). In diesen Beschreibungen werden praktische Fähigkeiten im Bereich Modellbildung („elements of the practice") und Wissen über diese Prozesse („metamodeling knowledge") als Teilkomponenten beschrieben.

Den verschiedenen Konzeptionen ist gemein, dass Modellkompetenz sich aus zwei konstitutiven Teilbereichen zusammensetzt: Zum einen umfasst der Begriff das wissenschaftliche Modellieren als Handlung, zum anderen den Umgang mit Modellen (der dann z.T. wieder in die Kenntnis bestimmter

Modelle sowie in das Metawissen über Modelle differenziert wird). In An-
lehnung an diese Konzeptionen definieren wir Modellkompetenz wie folgt:
Deklarative Elemente
- Wissen über die Rolle des Modellierens im Erkenntnisprozess
- Wissen über Modelle (Modellverständnis)
  • Wesen von Modellen
  • Zweck von Modellen
- Kenntnis von (etablierten) Modellen
Prozedurale Elemente
- Herstellen
- Anwenden
- Testen/ Überarbeiten von Modellen
Die Arbeit mit Analogiemodellen, so wie sie in der Forschungsgruppe um
Haider und Kollegen (z.b. Haider/ Keck/ Haider/ Fölling-Albers 2013) ge-
fasst und untersucht wird, kann als Voraussetzung für die Arbeit mit Model-
len und Möglichkeit zur Förderung von Modellkompetenz werden.

2.4 Erwartete Effekte von Modellkompetenz
Die so verstandene Modellkompetenz wird aus verschiedenen Begründungs-
linien als zentrales Ziel des naturwissenschaftlichen Lernens propagiert. So
wird zum einen argumentiert, dass damit das konzeptuelle (inhaltliche) Wissen über die im Unterricht behandelten Themen gestärkt wird (z.b. Clement
2000). Dies gilt in besonderem Maße für Erklärungen und Gesetzmäßigkeiten, die sich der direkten Anschauung entziehen (Harrison/ Treagust 2000).
Dabei wird insbesondere dem Einbezug von Modellierungsprozessen eine
positive Wirkung auf den Aufbau eines konzeptuellen Verständnisses zuge-
sprochen, da die Lernenden sich dadurch explizit mit ihren bestehenden Vorstellungen und Konzepten auseinandersetzen und sie im Modellierungspro-
zess mit Evidenzen konstruktiv in Verbindung bringen müssen (Schwarz et
al. 2009). Diese Ideen korrespondieren eng mit der Vorstellung von Lernen
als „conceptual change"; auch hier wird die Bedeutung der eigenaktiven
Suche nach plausiblen und fruchtbaren Erklärungen betont.
Zum zweiten wird argumentiert, dass durch den Aufbau von Modellkompetenz ein allgemeines Verständnis der Naturwissenschaften (bzgl. ihrer Möglichkeiten und Einschränkungen) unterstützt wird. Dabei wird v.a. die Relevanz von Modellierungskompetenz als universale Denkweise hervorgehoben
(Harrison/ Treagust 2000). Zudem sollte das Verwenden, Konstruieren, Evaluieren und Bearbeiten von Modellen Schülern helfen, die Konstruiertheit
von Wissen wahrzunehmen und ihnen damit ein elaborierteres Wissen-

schaftsverständnis ermöglichen (Terzer/ Upmeier zu Belzen 2007). Es wird dabei angenommen, dass der Einbezug von Elementen des aktiven Modellierens, so zum Beispiel das Revidieren von zuvor selbstkonstruierten Modellen aufgrund von neu gewonnenen (empirischen) Erkenntnissen, diesen Lernprozess stärker unterstützt als die Arbeit mit bereits bestehenden Modellen. Vor diesem Hintergrund können zwei weitere Effekte angenommen werden: Zum einen gibt es empirische Evidenz dafür, dass sich das in einem Kontext erworbene Wissenschaftsverständnis domänenübergreifend auch positiv auf den weiteren naturwissenschaftlichen Wissenserwerb auswirkt (Grygier/ Jonen/ Kircher/ Sodian/ Thoermer 2008). Von daher ist zu erwarten, dass sich Modellkompetenz analog günstig auf weiteres naturwissenschaftliches Lernen auswirkt. Zum anderen kann vermutet werden, dass der Aufbau von Modellkompetenz positive Effekte auf Motivation und Interesse hat.

3. Forschung zur Modellkompetenz

3.1 Forschungen zur Modellkompetenz von Schülern
Grosslight et al. (1991) verglichen die Modellvorstellungen von Schülern der siebten und elften Jahrgangsstufe in den USA. Die Mehrheit der Schüler sah Modelle als wirklichkeitsgetreue 1:1-Abbildungen der Realität oder als verkleinerte bzw. vergrößerte Darstellungen an. Dabei stand die Anschauungsfunktion von Modellen deutlich im Mittelpunkt: Modelle werden – so die Schüler – verwendet, um unbekannte Phänomene zu untersuchen und Informationen darüber zu erhalten. Die Rolle von Modellen im Erkenntnisprozess blieb dagegen weitgehend unbeachtet. Eine Studie von Terzer/ Upmeier zu Belzen (2007) in der neunten Jahrgangsstufe bestätigt diese Befunde für Deutschland.

Für die deutsche Grundschule liegt bislang nur der Beitrag von Conrads (2011) vor, die auf die Ergebnisse zweier unveröffentlichter Masterarbeiten verweist. Das Ergebnis dieser beiden Arbeiten war, dass Kinder dieser Altersstufe nicht zwischen Modellen und Originalen unterschieden, dabei eine lebensweltliche, vorwissenschaftliche Vorstellung von Modellen besaßen und nur unzureichend über verbalisierbares Wissen in diesem Bereich verfügten.

3.2 Zur Veränderung von Modellkompetenz durch Unterricht
Schwarz und Kollegen untersuchten Fünftklässler in den USA (Baek et al. 2011, Schwarz et al. 2009). Die zentrale Fragestellung dieser Untersuchung war zu überprüfen, inwieweit sich Modellkompetenz durch eine speziell angereicherte Unterrichtseinheit entwickelt bzw. beeinflussen lässt. Die Be-

funde sind ermutigend: Schwarz et al. (2009) konnten zeigen, dass die Schüler durch die unterrichtliche Intervention in die Lage versetzt wurden, Modelle selbstständig herstellen, benutzen, bewerten und überarbeiten zu können. Die Befunde von Baek et al. (2011) ergaben, dass die Modelle der Schüler nach der Unterrichtseinheit öfter erklärende Elemente enthielten, die sich auf nicht-sichtbare Prozesse bezogen, sowie dass die Modelle weniger statisch waren und empirische Evidenzen berücksichtigt wurden. Zudem antworteten die Schüler auf die Frage nach den Veränderungen an ihren überarbeiteten Modellen mit Verweis auf empirische Evidenzen. Ein weiterer Aspekt der Ergebnisse betraf die Verwendung von Modellen: Die Schüler erkannten häufiger die Notwendigkeit von Modellen in Bezug auf ihre Erklärungsfunktion nach der Intervention. Im Rahmen dieser Funktion haben sie die Modelle auf neue, unbekannte Phänomene übertragen. Ebenso wurde vermehrt die kommunikative Funktion von Modellen berücksichtigt. Diese Ergebnisse zeigten, dass die Schüler durch den Unterricht Aspekte von Modellierungskompetenz (in den beiden Aspekten Handlung und Meta-Wissen) entwickeln konnten.

Mit Blick auf Kinder im Grundschulalter ist die qualitative Studie von Acher/ Arcà/ Sanmartí (2007) von Interesse. Sie konnten bei Kindern im Alter von sieben bis acht Jahren zeigen, dass Modellkompetenz schon in der frühen Schullaufbahn angebahnt werden kann.

Zusammenfassend kann man festhalten, dass es – allerdings bislang noch recht wenig – Evidenz dafür gibt, dass Kinder im Grundschulalter Modellkompetenz aufbauen können, und dass der Kompetenzaufbau durch Unterricht unterstützt werden kann. Allerdings gibt es in diesem Zusammenhang auch noch deutliche Forschungslücken. So fehlen z.B. bislang Erkenntnisse darüber, inwieweit das selbstständige Modellieren von Bedeutung ist oder ob es genügt, wenn Schüler aktiv mit vorgegebenen Modellen arbeiten. Sämtliche Befunde sind ohne echte Kontrollgruppen erhoben worden. Zudem sind bislang alle Studien im Kontext des naturwissenschaftlichen Lernens angesiedelt. Die – unseres Erachtens – höchst plausible Vermutung, dass auch beim sozialwissenschaftlichen Lernen Modellvorstellungen zur Erklärung komplexer Vorgänge und Systeme hilfreich und wichtig sind, ist bislang völlig unerforscht.

4. Offene Forschungsfragen und Ziele

Die genannten Überlegungen und empirischen Befunde zeigen, dass die Beschäftigung mit Modellen und Modellierungen sowohl eine wissenschaftlich ergiebige als auch praktisch nutzbare Aufgabe ist. Fragestellungen, wie z.B.
- Inwieweit ist Modellkompetenz bei Grundschülern in unterschiedlichen Themenbereichen vorhanden?
- Gibt es Zusammenhänge zwischen der Modellkompetenz von Kindern im Grundschulalter und ihrem Wissen?
- Gibt es unterschiedliche Effekte von Interventionen, die entweder das aktive Modellieren oder den Umgang mit Modellen in den Fokus stellen?

wären für den Sachunterricht (und dies – wie dargestellt – nicht nur für die naturwissenschaftliche Perspektive) spannend, international anschlussfähig und für die Verbesserung eines anspruchsvollen Lernens hilfreich. Die beiden Autoren dieses Beitrages wollen sich aus diesem Grund in Zukunft diesen Fragestellungen weiter widmen. Eine erste Pilotstudie mit dem Ziel, ein Verfahren zur Erfassung von Modellkompetenz von Kindern zu erheben, wurde bereits durchgeführt. Die Daten werden aktuell ausgewertet.

Literatur

Acher, A.; Arcà, M.; Sanmartí, N. (2007): Modeling as a Teaching Learning Process for Understanding Materials: A Case Study in Primary Education. In: Science Education, 91, 3, pp. 398-418.

Baek, H.; Schwarz, C.; Chen, J.; Hokayem, H.; Zhan, L. (2011): Engaging Elementary Students in Scientific Modeling: The MoDeLS 5th Grade Approach and Findings. In: Khine, M.S.; Saleh, I.M. (Eds.): Models and Modeling. Cognitive Tools for Scientific Enquiry. Dordrecht.

Buddensiek, W.; Kaiser, F.-J.; Kaminski, H. (1980): Grundprobleme des Modelldenkens im sozio-ökonomischen Lernbereich. In: Stachowiak, H. (Hrsg.): Modelle und Modelldenken im Unterricht. Bad Heilbronn, S. 92-122.

Clement, J. (2000): Model based Learning as a Key Research Area for Science Education. In: International Journal of Science Education, 22, 9, pp. 1041-1053.

Conrads, N. (2011): Erwerb von Modellkompetenz als Bildungsziel des Sachunterrichts. www.widerstreit-sachunterricht.de, 17, Oktober 2011.

Eschenhagen, D.; Kattmann, U.; Rodi, D. (2003): Fachdidaktik Biologie. Köln.

Gesellschaft für Didaktik des Sachunterrichts (GDSU) (Hrsg.) (2013): Perspektivrahmen Sachunterricht. Bad Heilbrunn.

Grosslight, L.; Unger, C.; Jay, E.; Smith, C. L. (1991): Understanding Models and their Use in Science: Conceptions of Middle and High School Students and Experts. In: Journal of Research in Science Teaching, 28, 9, pp. 799-822.

Grygier, P.; Günther, J.; Kircher, E. (2007): Über Naturwissenschaften lernen. Vermittlung von Wissenschaftsverständnis in der Grundschule. Baltmannsweiler.

Grygier, P.; Jonen, A.; Kircher, E.; Sodian, B.; Thoermer, C. (2008): „Wissenschaftsverständnis" und Erwerb von naturwissenschaftlichem Wissen und Experimentierfähigkeit in der Grundschule. In: Giest, H.; Wiesemann, J. (Hrsg.): Kind und Wissenschaft. Probleme und Perspektiven des Sachunterrichts. Bad Heilbrunn, S. 69-8.

Haider M.; Keck, M.; Haider, Th.; Fölling-Albers, M. (2013): Analogiemodelle als Perspektive in der Planung naturwissenschaftlicher Lernprozesse. In: Fischer, H.-J.; Giest, H.; Pech, D. (2013): Der Sachunterricht und seine Didaktik – Bestände prüfen und Perspektiven entwickeln. Bad Heilbrunn, S. 147-154.

Harrison, A. G.; Treagust, D. F. (2000): A Typology of School Science Models. In: International Journal of Science Education, 22, 9, pp. 1011-1026.

Konferenz der Kultusminister der Länder in der Bundesrepublik Deutschland (KMK) (Hrsg.) (2005): Bildungsstandards im Fach Biologie für den Mittleren Schulabschluss. München, Neuwied.

Meisert, A. (2008): Vom Modellwissen zum Modellverständnis – Elemente einer umfassenden Modellkompetenz und deren Fundierung durch lernerseitige Kriterien zur Klassifikation von Modellen. In: Zeitschrift für Didaktik der Naturwissenschaften, 14, S. 243-261.

Mikelskis-Seifert, S.; Leisner, A. (2007): Lernen über Teilchenmodelle. Das Denken in Modellen fördern. In: Duit, R.; Gropengießer, H; Stäudel, L. (Hrsg.): Naturwissenschaftliches Arbeiten. Unterricht und Material. Seelze-Velber, S. 122-128.

National Research Council [NRC] (Ed.) (2008): National Science Education Standards. Washington.

National Research Council [NRC] (Ed.) (2011): National Science Education Standards. Washington.

Nelson, M.; Beyer, C.; Davis, E.A. (2008): Incorporating Modeling in Elementary and Middle School Classrooms. (Unpubl. curriculum materials.) University of Michigan. Ann Arbor, MI.

Schwarz, C.V.; Reiser, B.J.; Davis, E.A.; Kenyon, L.; Achér, A.; Fortus, D. (2009): Developing a Learning Progression for Scientific Modeling: Making Scientific Modeling Accessible and Meaningful for Learners. In: Journal of Research in Science Teaching, 46, 6, pp. 632-654.

Terzer, E.; Upmeier zu Belzen, A. (2007): Naturwissenschaftliche Erkenntnisgewinnung durch Modelle – Modellverständnis als Grundlage für Modellkompetenz. In: Vogt, H.; Hesse, M. (Hrsg.): Berichte des Institutes für Didaktik der Biologie der Universität Münster, 16, S. 33-56.

Upmeier zu Belzen, A.; Krüger, D. (2010): Modellkompetenz im Biologieunterricht. In: Zeitschrift für Didaktik der Naturwissenschaften, 16, S. 41-57.

Katharina Wurm und Martin Gröger

Lehm weist den Weg zu den kleinsten Teilchen

This article deals with loam as a medium to teach aspects of chemistry at primary school level. Therefore it is first shown how the content might be imbedded in general studies with special attention to the connectivity for teaching chemistry in higher grades. Furthermore first results of a qualitative research study dealing with third grader's preconceptions are presented.

1. Lehm als Lerngegenstand für naturwissenschaftliches Lernen im Sachunterricht

Nachdem der Stellenwert naturwissenschaftlicher Inhalte im Sachunterricht der Grundschule bereits in der Vergangenheit vielfach diskutiert wurde, ist die Auseinandersetzung mit chemischen Inhalten heute fester Bestandteil des Perspektivrahmens für den Sachunterricht. Inzwischen wurde gezeigt, dass Grundschulkinder durchaus in der Lage sind, naturwissenschaftlich anschlussfähige Konzepte zu bilden (Möller 2002, Prenzel et al. 2003). Kritisch in Frage gestellt wurde in der Vergangenheit die wissenschaftliche Ausrichtung unter anderem, weil sie die Lebenswelt und die Erfahrungen der Kinder nicht berücksichtige und nur die Fachinhalte der Sekundarstufe vorverlege (vgl. Möller 2006). Heute wird dagegen beides gesehen: die Aneignung naturwissenschaftlicher Konzepte und die Berücksichtigung der Erfahrungen der Kinder und deren Lebenswelt (GDSU 2013).

Im Folgenden soll aufgezeigt werden, wie der Rohstoff Lehm als Lerngegenstand in der Grundschule für naturwissenschaftliches Lernen beiden Ansprüchen gerecht werden kann. Hierzu wird dargestellt, wie durch eine Auseinandersetzung mit dem Stoff chemische Inhalte bereits in der Grundschule thematisiert und später im Sekundarbereich – im Sinne eines Spiralcurriculums – vertiefend aufgegriffen werden können. Zudem werden erste Ergebnisse einer Pilotstudie zu Vorstellungen und Präkonzepten der Kinder zum Lerngegenstand vorgestellt und mögliche Konsequenzen für die weitere Forschung bedacht.

2. Lehm – ein vielfältiger Stoff

Als eine der am häufigsten anzutreffenden Bodenarten Deutschlands ist Lehm unmittelbarer Bestandteil der kindlichen Lebenswelt. Seine vielfältigen Verwendungsmöglichkeiten sowie seine Bedeutung in unterschiedlichsten Bereichen machen ihn zu einem wertvollen Gegenstand des perspektivenvernetzenden Sachunterrichts. So zeugen beispielsweise hierzulande viele Fachwerkbauten von der Verwendung des Lehms als Baustoff. Auch heutzutage lebt fast ein Drittel der Weltbevölkerung in Lehmhäusern (Minke 2004) und nicht zuletzt erlebt Lehm auch hier als nachhaltiger Baustoff eine Renaissance.

Künstlerische und kreative Herangehensweisen können einen Ausgangspunkt bei der Beschäftigung mit dem Werkstoff darstellen. Lehm bietet zudem die Möglichkeit, Natur auch aus chemischer Sicht zu betrachten; gerade die direkte Begegnung draußen wirkt auf die Schüler motivierend und erlaubt ein Loslösen der Chemie aus der künstlichen Laborwelt. Nicht zuletzt kann die Auseinandersetzung mit Lehm als einer wichtigen Bodenart dazu beitragen, Boden stärker in den Wahrnehmungshorizont der Kinder zu rücken und so auch ein Bewusstsein für die begrenzte Ressource „Boden" zu schaffen (vgl. Thoenes 2003). Aus diesem Grund sollte das Thema verstärkt in der Schule beachtet werden (vgl. auch Herrmann 2006).

3. Fachliche Grundlagen und die Anbahnung chemischer Konzepte

Wie lassen sich darüber hinaus mit Hilfe des Lehms chemische Konzepte erarbeiten? Und inwiefern kann dies für eine naturwissenschaftliche Grundbildung sinnvoll sein? Lehm ist ein Stoffgemisch aus den Bodenarten Ton, Schluff und Sand, welche sich hinsichtlich ihrer Korngröße unterscheiden. Die Anteile können variieren – bei einem hohen Tonanteil spricht man von fettem, bei einem niedrigem Tonanteil von magerem Lehm. Erste Begegnungen mit dem Werkstoff Lehm können in kleinen Bauprojekten erfolgen; mit fettem Lehm lassen sich zudem Töpferarbeiten anfertigen. Daran anknüpfend sind eine Untersuchung der Bestandteile des Lehms und ein Vergleich der Eigenschaften unterschiedlich fetter Lehme denkbar. So erfahren die Kinder,

174

dass Lehm mit Wasser plastisch verformbar ist; beim Trocknen kommt es zum Schrumpfen des Lehms.

Für diese Eigenschaften sind insbesondere die im Lehm vorhandenen Tonminerale verantwortlich. Aufgrund deren Größe, Form und Struktur können sie in besonderem Maße mit Wasser wechselwirken. Tonminerale sind sehr klein (< 2μm); daher besitzen sie eine große äußere Oberfläche, über die sie mit dem Wasser in Wechselwirkung treten können. Zudem sind Tonminerale Schichtsilikate. Die zwischen den Schichten ausgebildeten Wasserstoffbrückenbindungen bzw. das dort eingelagerte Wasser erhöhen ebenso wie die zumeist plättchenförmige Struktur die Plastizität.

Betrachtet man diese Zusammenhänge in Bezug auf die für die Sekundarstufen formulierten Basiskonzepte, eröffnet sich die Möglichkeit, ein erstes Struktur-Eigenschafts-Konzept aufzubauen. Nach Scheffe et al. (2010) lässt sich dieses Konzept auf verschiedenen Ebenen erfassen – von der Partikelebene bis zur Betrachtung von Bindungsverhältnissen und Atomen. Ersteres ließe sich anhand von Lehm schon in der Grundschule realisieren: Beziehungen („je....desto") zwischen Partikelgröße und Formbarkeit können festgestellt werden. Möglich ist auch eine Hinführung zur plättchenartigen Struktur vieler Tonminerale auf mikroskopischer Ebene, wie sie beispielsweise durch die Zuhilfenahme elektronenmikroskopischer Aufnahmen erfolgen kann. Später können die so aufgestellten Beziehungen zwischen der Struktur des Stoffes und der Eigenschaft der Plastizität auf molekularer Ebene fortgeführt werden.[1]

Soweit den Autoren bekannt, gibt es bislang nur wenige Arbeiten, die sich mit Lehm als Lerngegenstand befassen. Projekte, welche sich mit Lehm beschäftigen, beschränken sich häufig auf die Durchführung von Bauprojekten mit Kindern. Diese beschreiben die positiven Wirkungen der praktischen Tätigkeit mit Lehm auf motorische, kreative und auch soziale Kompetenzen.[2]

Im Sachunterricht der Grundschule scheint Lehm allenfalls beim Themenfeld „Boden" eine Rolle zu spielen. Rule und Guggenheim (2007) entwickelten für die USA ein „Curriculum for clay-science", welches für alle Jahrgangsstufen aufeinander aufbauend konzipiert wurde. Sie heben das Potenzial des

---

[1] Weiterhin bietet das Brennen des Lehms eine interessante Möglichkeit Stoffumwandlungen im Sachunterricht zu thematisieren. In diesem Artikel wird dieser Aspekt jedoch nicht ausführlicher beschrieben.

[2] Als ein Beispiel sei auf ein interessantes Projekt des Hamburger Vereins „Bunte Kuh e.V." verwiesen, der Jahr für Jahr ganze Lehm-Landschaften aus großen Skulpturen gemeinsam mit Kindern errichtet. Informationen und Erfahrungsberichte finden sich unter http://www. buntekuh-hamburg.de [26.09.13]

Lerngegenstandes für das Lernen naturwissenschaftlicher Prinzipien hervor und weisen zugleich auf die mangelnden Kenntnisse über Vorstellungen und Präkonzepte von Lernenden sowie auf den noch bestehenden Forschungsbedarf hinsichtlich der Wirksamkeit von Interventionen hin (vgl. Rule/ Guggenheim 2007, Rule 2007). Zudem sei an dieser Stelle auf das IPN-Curriculum „Chemie" aus dem Jahr 1972 verwiesen; hier ist Lehm fester Bestandteil einer Unterrichtseinheit über Stoffeigenschaften und Stoffumwandlungen (IPN 1972).

4. Untersuchung der Lernendenperspektive

Lernendenperspektiven sollten bereits bei der Entwicklung von Lernumgebungen berücksichtigt werden (Komorek/ Duit 2004). Ziel der hier vorgestellten Untersuchung ist es, an dieser Stelle anzusetzen und die Vorerfahrungen und Vorstellungen der Kinder zum Thema Lehm zu ermitteln. Aufgrund des explorativen Charakters der Untersuchung wurde ein qualitatives Forschungsdesign gewählt. Die Erhebung wurde im Rahmen zweier Projektkurse mit je acht Grundschulkindern durchgeführt, welche wöchentlich im Freilandlabor FLEX (Gröger et al. 2012) stattfanden. Während des Kurses fanden an vier Terminen leitfadengestützte Interviews in Zweiergruppen statt.[3] Der Fokus lag hierbei auf den Beschreibungen des Lehms durch die Kinder und ihren Erklärungsansätzen in Bezug auf bestimmte seiner Eigenschaften.

Der Leitfaden diente dazu, Gesprächsinhalte festzulegen, um die Antworten anschließend vergleichend auswerten zu können. Aufgrund des explorativen Charakters der Studie wurden die Interviews aber hinreichend offen gestaltet (und nur wenige Leitfragen formuliert). So blieb genügend Zeit, um die Äußerungen der Kinder aufgreifen zu können, so dass sich in den Interviews unterschiedliche Strukturen ergaben. Aufbauend auf diesen Ergebnissen werden weiterführende Leitfäden entwickelt, welche im Rahmen von Teaching Experiments eingesetzt werden (s.u.).

Die den Interviews zugrundeliegenden Forschungsfragen lauteten:

1. Wie beschreiben die Kinder Lehm und welche Aspekte sind für sie von Bedeutung?

---

[3] Insgesamt wurden mit 8 Gruppen Interviews durchgeführt, wobei diese an den vier Terminen unterschiedlich lang waren – maximal betrug die Zeit jedoch zwanzig Minuten.

2. Wie beschreiben die Kinder trockenen Lehm und den Scherben, welcher durch das Brennen des Lehms entstanden ist? Stellen sie Beziehungen zum feuchten Lehm her?
3. Was äußern die Kinder zur Formbarkeit von Lehm und Sand? Wie erklären die Kinder deren unterschiedliche plastische Eigenschaften?
4. Wie beschreiben die Kinder Lehm, nachdem sie sich einige Wochen mit diesem beschäftigt haben?

5. Ergebnisse der Pilotstudie und Weiterentwicklung der Untersuchung

Die Daten wurden computergestützt in Anlehnung an die inhaltlich strukturierende Inhaltsanalyse ausgewertet (vgl. Kuckartz 2012). Das Material wurde zunächst verschiedenen aus den Fragestellungen entwickelten Kategorien zugeordnet, um diese im Anschluss induktiv auszudifferenzieren.[4] Die erhaltenen Kategorien haben Hypothesencharakter und sollen im weiteren Forschungsprozess überprüft und weiter differenziert werden (s.u.).

Die Ergebnisse unserer Untersuchung unterstützen bisherige Forschungsresultate, wonach Boden häufig als „Dreck" oder „Matsch" bezeichnet wird (Dove 1998). Dasselbe gilt für Lehm, darüber hinaus scheint der Lehm aber nicht unbedingt mit Erde oder Boden gleichgesetzt zu werden, vielmehr äußern die Kinder, er „komme" aus der Erde oder enthalte Erde. Neben der Verwendung alternativer Begriffe findet eine Charakterisierung des Lehms häufig über dessen Eigenschaften statt: er wird als klebrig, formbar, weich und verschiedenfarbig angesehen. Er wird also nicht nur durch die Vergleiche und Bezüge zu anderen Stoffen, sondern auch durch seine Eigenschaften identifiziert, wobei vor allem die Formbarkeit als ein wichtiges Merkmal angesehen wird.

Die deutende Auseinandersetzung mit der Plastizität des Stoffes wurde durch einen expliziten Vergleich mit Sand besonders herausgefordert. Insbesondere drei Ansätze zur Deutung konnten dabei aufgedeckt werden:
1. Die Eigenschaft „Plastizität" wird auf andere Eigenschaften des Stoffes zurückgeführt (z.B. „klebrig", „matschig").
2. Die Kinder sehen Wasser bzw. Feuchtigkeit als notwendiges Kriterium für die Plastizität an. („Die Feuchtigkeit muss da drin sein, damit man den formen kann").

---

[4] Dies erfolgte zunächst nur für solche Kategorien, zu denen besonders interessante oder auffällige Äußerungen vorlagen.

3. Bezüglich der weniger ausgeprägten Formbarkeit von Sand wird mit dessen Bestandteilen („Steinchen") argumentiert (z.B. „Beim Sand, den kann man nicht formen, weil die Steine dann nicht aneinander haften.").

Zum einen wird erkannt, dass der Zusammenhalt des Stoffes für dessen Formbarkeit essentiell ist. Zum anderen ist den Kindern die Bedeutung des Wassers bewusst. Ohne Wasser haftet der Lehm bei Verformung nicht mehr. Im Hinblick auf eine Erweiterung dieses Konzeptes auf molekularer Ebene zu einem späteren Zeitpunkt kann dies als tragfähig erachtet werden – schließlich wird der Zusammenhalt der Tonminerale durch das Wasser unter anderem auch durch Wasserstoffbrückenbindungen gewährleistet. Weiterhin wurde deutlich, dass – im Gegensatz zum Sand – die einzelnen Bestandteile des Lehms nicht zur Erklärung der Formbarkeit hinzugezogen wurden (auch nachdem diese im Kurs behandelt worden waren).

Die Kinder verfügen demnach durchaus über anschlussfähige Konzepte, die später im Sinne eines *conceptual growth* genutzt werden können. Als Konsequenz der hier dargestellten Befunde stellt sich die Frage, ob es möglich ist, ausgehend von den Vorstellungen der Kinder auch die einzelnen Bestandteile und damit den strukturellen Aufbau des Stoffes Lehm stärker in den Fokus zu rücken. Die Struktur lässt sich hier auf einer Ebene erfassen, die für Kinder im Grundschulalter zugänglich ist: Lehm besteht aus unterschiedlich großen Bestandteilen. Die kleinen Teile wiederum sind häufig plättchenförmig. Größe und auch Form sind unter anderem für die Plastizität verantwortlich (s.o.). Auf diese Weise lässt sich wohlmöglich ein erstes Struktur-Eigenschafts-Konzept anbahnen, welches auf der Partikel-Ebene ansetzt und später auf submikroskopischer Ebene fortgeführt werden kann. Ziel muss es also sein, die Aufmerksamkeit der Kinder verstärkt auf die Bestandteile des Lehms zu lenken.

Aufbauend auf den dargestellten Erkenntnissen über die Vorstellungen und Erklärungskonzepte der Kinder sollen künftig weiterführende Vermittlungsexperimente (*Teaching Experiments*) entwickelt werden (vgl. Steffe/ D'Ambrosio 1996, Weitzel/ Gropengießer 2009). In diesen werden Lernende zumeist in Kleingruppen in einer Interviewsituation mit erklärungswürdigen Phänomenen oder Lehrmaterial konfrontiert. *Teaching Experiments* stellen somit eine Möglichkeit dar, einerseits Vorstellungen von Lernenden zu untersuchen und andererseits ihren Lernprozess nachzuvollziehen (vgl. Komorek/ Duit 2004).

Eine Schwierigkeit der ersten Untersuchung bestand nämlich darin, dass Kurzantworten häufig und längere Diskussionen zwischen den Kindern selten auftraten. Ziel der Verwendung von *Teaching Experiments* ist es daher zum einen, die Sprechanteile der Kinder durch eine verbesserte Präsentation der Phänomene zu erhöhen und zum anderen, durch die eingesetzten Interventionen verstärkt ein Bewusstsein für die Bestandteile des Lehms aufzubauen. Um den Kindern beispielsweise die Bedeutung der Teilchengröße für die Formbarkeit zu verdeutlichen, werden sie aufgefordert, jeweils eine Figur aus Materialien unterschiedlicher Korngröße (z.B. grobem und feinem Sand, Kies und Ton) herzustellen. Dabei sollen sie zunächst Hypothesen darüber aufstellen, welches Material sich am besten eignet und diese begründen. Im Anschluss wird der Versuch durchgeführt und die Kinder beschreiben, was sie festgestellt haben und erklären, worauf sie diese Beobachtung zurückführen.[5]

Im Rahmen einer Erprobung mehrerer solcher Lernsituationen soll ein tieferer Aufschluss über die Konzepte der Kinder und deren Entwicklung durch bestimmte Interventionen gewonnen werden. Damit lassen sich die in der Pilotstudie gewonnenen Erkenntnisse überprüfen und zugleich erste Vorschläge für eine Strukturierung des Themas ableiten.

6. Zusammenfassung und Ausblick

Die hier dargestellten theoretischen Überlegungen und ersten Untersuchungen verweisen auf das Potenzial von Lehm als Lerngegenstand im Sinne eines perspektivenvernetzenden Sachunterrichts und im Hinblick auf die Anbahnung chemischer Konzepte. Die bisherigen Erfahrungen zeigen, dass Lehm die Kinder nicht nur durch seine plastischen Eigenschaften und vielfältigen Verwendungsmöglichkeiten begeistern kann, sondern zugleich Möglichkeiten für viele Lernanlässe bietet. Zukünftig wird die Analyse von Vermittlungsexperimenten zum Thema weiteren Aufschluss über die Konzepte der Kinder und deren Entwicklung durch gezielte Interventionen geben.

Literatur

Dove, J.E. (1998): Students' alternative Conceptions in Earth Science: A Review of Research and Implications for Teaching and Learning. In: Learning. Research Papers in Education, 13, 2, pp. 183-201.

Gesellschaft für Didaktik des Sachunterrichts (GDSU) (Hrsg.) (2013): Perspektivrahmen Sachunterricht. Bad Heilbrunn.

---

[5] Die Vorgehensweise Vorhersage – Beobachtung – Erklärung (Prediction – Observation – Explanation) ist bei White/ Gunstone (1992) beschrieben und bei Kraynova (2012) im Rahmen von Teaching Experiments eingesetzt worden.

Gröger, M.; Janssen, M.; Spitzer, P.; Wurm, K. (2012): Das Freilandlabor mit Experimentierfeld (FLEX) als außerschulischer und außeruniversitärer Lernstandort. In: Brovelli, D. (Hrsg.): Kompetenzentwicklung an außerschulischen Lernorten. Münster, Berlin, Wien [u.a.], S. 11-34.

Herrmann, L. (2006): Soil Education: A public Need. Developments in Germany since the mid-1990s. In: Journal of Plant Nutrition and Soil Science, 169, 3, pp. 464-471.

Institut für die Pädagogik der Naturwissenschaften Kiel (IPN). (1972): IPN-Curriculum Chemie: Didaktische Anleitung zur Unterrichtseinheit C.1.3. Stuttgart.

Komorek, M.; Duit, R. (2004): The Teaching Experiment as a powerful Method to develop and evaluate Teaching and Learning Sequences in the Domain of non-linear Systems. In: International Journal of Science Education, 26, 5, pp. 619-633.

Kraynova, A. (2012): Didaktische Rekonstruktion der Nanophysik. Oldenburg. (Didaktisches Zentrum Carl von Ossietzky Univ.)

Kuckartz, U. (2012): Qualitative Inhaltsanalyse. Methoden, Praxis, Computerunterstützung. Weinheim.

Minke, G. (2004): Das neue Lehmbau-Handbuch. Baustoffkunde, Konstruktionen, Lehmarchitektur. Staufen im Breisgau.

Möller, K. (2002): Anspruchsvolles Lernen in der Grundschule – am Beispiel naturwissenschaftlich-technischer Inhalte. In: Pädagogische Rundschau, 56, 4, S. 411-435.

Möller, K. (2006): Naturwissenschaftliches Lernen – eine (neue) Herausforderung für den Sachunterricht? In: Hanke, P. (Hrsg.): Grundschule in Entwicklung. Herausforderungen und Perspektiven für die Grundschule heute. Münster, München [u.a.], S. 107-127.

Prenzel, M.; Geiser, H.; Langeheine, R.; Lobemeier, K. (2003): Das naturwissenschaftliche Verständnis am Ende der Grundschule. In: Bos, W. (Hrsg.): Erste Ergebnisse aus IGLU. Schülerleistungen am Ende der vierten Jahrgangsstufe im internationalen Vergleich. Münster.

Rule, A.C. (2007): Preservice Elementary Teachers' Ideas about Clays. In: Journal of Geoscience Education, 55, 4, pp. 310-320.

Rule, A.C.; Guggenheim, S. (2007): A Standards-based Curriculum for Clay Science. In: Journal of Geoscience Education, 55, 4, pp. 257-266.

Scheffel, L.; Beckhaus, R.; Prachmann, I. (2010): Struktur & Eigenschaften im Chemieunterricht. In: Naturwissenschaften im Unterricht Chemie, 21, 115, S. 2-7.

Steffe, L.P.; D'Ambrosio, B.S. (1996): Using Teaching Experiments to Enhance Understanding of Students' Mathematics. In: Treagust, D.F.; Duit, R.; Fraser, B.J. (Eds.): Improving Teaching and Learning in Science and Mathematics. New York, pp. 65-76.

Thoenes, H.W. (2003): Bodenbewusstsein schaffen! Warum und wie? In: Joneck, M. (Hrsg.): Bodenschutz im Spannungsfeld zwischen Wissenschaft und Vollzug. Marktredwitz, S.207-215.

Weitzel, H.; Gropengießer, H. (2009): Vorstellungsentwicklung zur stammesgeschichtlichen Anpassung: Wie man Lernhindernisse verstehen und förderliche Lernangebote machen kann. In: Zeitschrift für Didaktik der Naturwissenschaften, 15, S. 287-305.

White, R.T.; Gunstone, R.F. (1992): Probing understanding. London, New York.

Veronika Schwelle, Katrin Lohrmann und
Andreas Hartinger

Interne Strukturen in einem Wissenstest zum Hebelgesetz

The research project „Phänomen(un)ähnlichkeiten" investigates how children (age 8-9) can be supported to build up and apply conceptual knowledge in natural science teaching. The idea is to record in a quasi-experimental study how the similarity or dissimilarity of phenomena about the topic "lever" influences the extension of conceptual knowledge structures. The article gives an insight into the internal structures of a questionnaire about the natural science topic.

1. Einleitung

Das Projekt „Phänomen(un)ähnlichkeiten"[1] beschäftigt sich mit der Frage, wie Kinder im Sachunterricht der Grundschule unterstützt werden können, konzeptuelles Wissen auf- bzw. auszubauen und dieses – im Sinne von scientific literacy (u.a. Gräber/ Nentwig/ Nicolson 2002) – flexibel auf noch unbekannte Phänomene anzuwenden. Im Rahmen einer quasi-experimentellen Unterrichtsstudie wird untersucht, wie sich die oberflächliche Ähnlichkeit bzw. Unähnlichkeit von Phänomenen zum Hebelgesetz auf den Aufbau von konzeptuellem Wissen auswirkt. Die theoretische Fundierung der empirischen Fragestellung bilden sowohl traditionelle Überlegungen der Sachunterrichtsdidaktik als auch neuere lernpsychologische Erkenntnisse (Schwelle/ Lohrmann/ Hartinger 2012). Der Beitrag gibt einen Einblick in die Skalenbildung und somit in die interne Struktur eines inhaltsspezifischen Leistungstests zum Hebelgesetz, der eigens für das Projekt entwickelt wurde.

---

[1] Das Projekt entstand aus der AG Drittmittelförderung der GDSU und wurde mit dem Aktenzeichen LO 1706/1-1 durch die DFG gefördert.

2. Theoretische Einbettung

Im frühen naturwissenschaftlichen Lernen kann man zwischen verschiedenen Wissenskomponenten unterscheiden, wenn es darum geht, Naturphänomene durch Regelhaftigkeiten zu erklären. Eine zentrale Unterscheidung ist die zwischen konzeptuellem und prozeduralem Wissen (Renkl 2009). Verfügen Lernende über *konzeptuelles Wissen*, dann können sie Phänomene unter Bezug auf Gesetzmäßigkeiten erklären. Sie können damit Fragen nach dem „*Warum*" beantworten. Bezogen auf den Untersuchungsgegenstand, hier das Hebelgesetz, wird von konzeptuellem Wissen gesprochen, wenn die Lernenden die Zusammenhänge zwischen Hebelarmen sowie anliegender Kraft verstanden haben und die Wirkmechanismen altersgemäß formulieren können. Am Beispiel einer Wippe mit außermittigem Drehpunkt würde dies bedeuten, dass erklärt werden kann, warum für das Herstellen einer Gleichgewichtssituation unterschiedliche Gewichte [2] an den Hebelarmen benötigt werden und wie diese den Hebelarmen zuzuordnen sind.

Als *prozedurales Wissen* wird definiert, dass die Lernenden bezogen auf eine Situation wissen, *wie* etwas funktioniert, ohne dass sie in der Lage wären zu erklären, warum es so ist: Am Beispiel der Wippe mit außermittigem Drehpunkt würde dies bedeuten, dass zwei unterschiedliche Gewichte so den Hebelarmen zugeordnet werden können, dass die Wippe im Gleichgewicht ist.

Neben dieser Unterscheidung gibt es natürlich auch inhaltliche Facetten zu den dargestellten Wissensarten zum Hebelgesetz. Hier sind u.a. die Funktionsprinzipien eines Hebels von Bedeutung, wie z.B. die Energieerhaltung oder die Kraftminderung durch Wegverlängerung. Diese Funktionsprinzipien wurden für die vorliegende Unterrichtsstudie auf das Herstellen von Gleichgewicht bzw. auf die Kraftverstärkung reduziert. Beim *Gleichgewicht* geht es darum zu verstehen, wann ein Hebel im Gleichgewicht ist. Dies ist zum einen bei gleich langen Hebelarmen und gleich großen (in dieselbe Richtung wirkenden) Gewichtskräften an beiden Hebelarmen der Fall. Außerdem sollten die Lernenden verstehen, wie bei ungleich langen Hebelarmen und/ oder unterschiedlichen Gewichten ein Gleichgewicht hergestellt werden kann. Bezogen auf die *Kraftverstärkung* sollen Lernende verstehen, wie das Verhältnis von Kraft- zu Lastarm mit der aufzuwendenden Kraft zusammenhängt.

---

[2] In der Unterrichtseinheit wurde „Gewicht" als didaktische (und anschlussfähige) Reduzierung für Kräfte bzw. Gewichtskräfte verwendet.

Die unterschiedlichen Wissensarten (konzeptuell/ prozedural) sowie die dargestellten Funktionsprinzipien bilden aus kognitionspsychologischer sowie aus inhaltlicher Sicht die theoretische Basis, um die interne Struktur des inhaltsspezifischen Leistungstests darzustellen. Im Beitrag wird deshalb der Frage nachgegangen, ob sich diese theoretisch plausiblen Strukturen auch empirisch in den Daten finden lassen.

3. Methodik

3.1 Stichprobe und Testinstrument

Die hier dargestellten Befunde basieren auf einer Stichprobe von insgesamt 22 dritten Klassen aus 20 Schulen des Großraums Freiburg ($N=397$). Die Daten wurden im Erhebungszeitraum von 10/2011 bis 7/2012 im Rahmen des Projekts erfasst.

Für den inhaltsspezifischen Leistungstest wurden zu den Phänomenen Wippe, Brechstange und Nussknacker Items entwickelt. Um später äquivalente Bedingungen für beide Versuchsgruppen zu gewährleisten, wurden weitere Phänomene (wie z.B. Balkenwaage oder Sackkarre) nicht verwendet.

Die Ergebnisse der einparametrischen Raschskalierung (Rasch 1960, Rost 2004) zeigen eine zufriedenstellende Skalenreliabilität. Zudem wird deutlich, dass die im Testheft berücksichtigten Items raschhomogen sind und somit die angenommene Fähigkeitsdimension – Wissen zum Hebelgesetz – abbilden können (vgl. zusammenfassend Schwelle/ Hartinger/ Lohrmann/ Groß Ophoff 2013).

Die ausgewählten Items wurden bereits vor der Hauptuntersuchung den theoretisch plausiblen internen Strukturen – der zur Bearbeitung notwendigen Wissensart bzw. den Funktionsprinzipien – zugeordnet.

Zur Erfassung des prozeduralen Wissens wurden Items entwickelt, die die Kinder zum Teil auf der Grundlage von Alltagserfahrungen bearbeiten konnten. Die Bearbeitung der Items erfordert ausschließlich die Beurteilung einer abgebildeten Gleichgewichts- oder Kraftverstärkungssituation zum Phänomen Wippe bzw. Brechstange und keine Erklärung des Sachverhalts (vgl. Abb. 1, geschlossenes Antwortformat). Items, für deren Bearbeitung ein solches prozedurales Wissen nicht ausreicht, sondern das Verständnis des zugrundeliegenden Konzepts erforderlich ist, wurden dagegen als konzeptuell eingestuft (vgl. Abb. 1, offenes Antwortformat, Begründung durch „weil").

Die entwickelten Items lassen sich darüber hinaus den einzelnen Funktionsprinzipien zuordnen: Die Skala „Gleichgewicht" beinhaltet abbildungsbasierte Items zum Phänomen Wippe (vgl. Abb. 1), bei denen Gleichgewichtssituationen eingeschätzt werden sollen. Items der Skala „Kraftverstärkung" basieren auf dem Phänomen Brechstange. Die Bearbeitung der Items erfordert entweder die Beurteilung einer abgebildeten Kraftverstärkungssituation oder die teils abbildungsgestützte Einstufung von Sätzen zum Hebelgesetz als richtig bzw. als falsch.

Auf einem Spielplatz gibt es eine besondere Wippe. Papa und Lukas überlegen sich, wie sie sich hinsetzen müssen, damit sie einfach miteinander wippen können. Kreuze an.

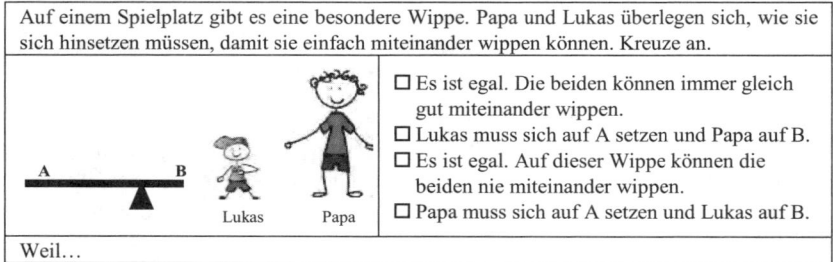

☐ Es ist egal. Die beiden können immer gleich gut miteinander wippen.
☐ Lukas muss sich auf A setzen und Papa auf B.
☐ Es ist egal. Auf dieser Wippe können die beiden nie miteinander wippen.
☐ Papa muss sich auf A setzen und Lukas auf B.

Weil…

Abbildung 1: Beispiel für eine Aufgabe zur Wissensart (prozedural/ konzeptuell) sowie zum Funktionsprinzip „Gleichgewicht" (Anm.: Als „richtig bearbeitet" kodiert wurde Antwortmöglichkeit 2.)

Neben den Items zu den Wissensarten und Funktionsprinzipien wurde zudem das Begriffswissen zum Hebelgesetz erfasst, das für die Formulierung von Wirkungszusammenhängen erforderlich ist.

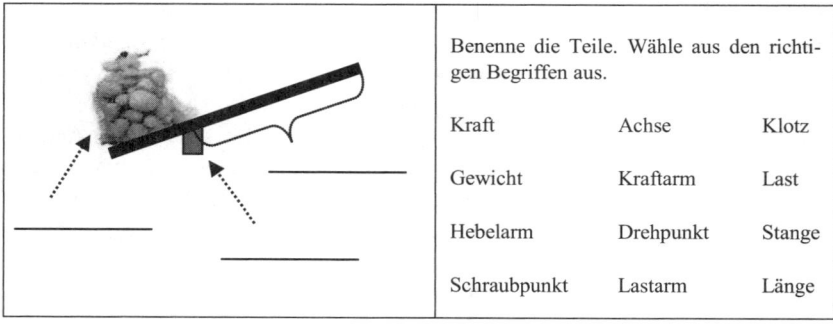

Benenne die Teile. Wähle aus den richtigen Begriffen aus.

Kraft	Achse	Klotz
Gewicht	Kraftarm	Last
Hebelarm	Drehpunkt	Stange
Schraubpunkt	Lastarm	Länge

Abbildung 2: Beispiel für ein Item der Skala „Begriffswissen" (Anm.: Als Fachbegriff zählen Last, Drehpunkt sowie Kraftarm – von links nach rechts.)

Obwohl das Begriffswissen nicht mit den Funktionsprinzipien Gleichgewicht und Kraftverstärkung gleichgesetzt werden kann, wird es im folgenden Teil dennoch gleichwertig in die Modellvergleiche (vgl. Auswertungsmethoden) integriert. Hintergrund ist, dass in der durchgeführten Unterrichtsstudie auf den Aufbau von Begriffswissen Wert gelegt wurde und die Entwicklung in diesem Bereich erfasst werden sollte. Items der Skala „Begriffswissen" erfordern deshalb die Beschriftung von Abbildungen zu den Hebelphänomenen Wippe, Brechstange (vgl. Abb. 2) und Nussknacker, wobei mögliche Fachbegriffe sowie Distraktoren vorgegeben sind.

3.2 Auswertungsmethoden
Um zu überprüfen, ob sich die prozeduralen und konzeptuellen Elemente des Wissens empirisch trennen lassen und/ oder ob die Unterscheidung nach den Funktionsprinzipien empirisch trägt, wurden die Items des inhaltsspezifischen Leistungstests mittels konfirmatorischer Faktorenanalysen zu Skalen zusammengefasst und die einzelnen Modelle miteinander verglichen (Muthén/ Muthén 2010). Überprüft wurde auch, ob sich aus den Items ein „Gesamtfaktor Hebelgesetz" bilden lässt, d.h. dass alle Items auf einem Faktor laden. Des Weiteren wurde sowohl das auf der Art des herangezogenen Wissens (prozedural und konzeptuell) basierende kognitionspsychologische, sowie das auf den Funktionsprinzipien (Gleichgewicht, Kraftverstärkung, Begriffswissen) basierende Modell geprüft (vgl. Theoretische Einbettung). Die Modellgüte wurde anhand wichtiger Fit-Indices sowie der jeweiligen Cut-off-Richtwerte beurteilt (vgl. Tab. 1). Herangezogen wurden neben dem Chi-Quadrat-Test und den Freiheitsgraden (df) die Fit-Indices RMSEA (Root-Mean-Square-Error-of-Approximation), CFI (Comparative-Fit-Index) und TLI (Tucker-Lewis-Index) (vgl. Geiser 2011, S. 60f.).
Bei den nachfolgend beschriebenen Analysen wurden Items mit niedriger Faktorladung sukzessive ausgeschlossen und im weiteren Analysevorgehen nicht mehr berücksichtigt, um die Struktur in den Daten besser abbilden zu können.

4. Ergebnisse

Die theoretisch angenommenen internen Strukturen ließen sich in den Daten nachweisen. In Tabelle 1 werden die Ergebnisse der Dimensionalitätsreduzierung dargestellt, die Vergleiche zwischen den überprüften Modellen zulassen.

Dabei zeigt sich zunächst, dass sich die einfaktorielle Struktur als nicht haltbar erweist, was durch eine schlechte Modellgüte, d.h. durch einen schlechten Fit des Modells (vgl. Tab. 1) belegt werden kann. Für das zweidimensionale Modell ergeben sich deutlich bessere Fit-Indices. Dies bedeutet, dass unser Test geeignet ist, zwischen prozeduralem und konzeptuellem Wissen zu unterscheiden und dass sich dies in den Daten auch abbilden lässt.

In dem dritten, ebenfalls theoretisch plausiblen Modell werden die Items auf die drei Faktoren, die auf den beiden Funktionsprinzipien Gleichgewicht und Kraftverstärkung sowie dem Begriffswissen basieren, geladen. Auch für dieses Modell zeigen sich, gemessen an den Cut-off-Richtwerten, gute Fit-Indices.

Tabelle 1: Fit-Statistiken der konfirmatorischen Faktorenanalysen der Items zum inhaltsspezifischen Leistungstest

Fit-Indices Cut-off-Richtwerte	Chi^2	df	Chi^2/df ≤ 2.00	RMSEA ≤ 0.05	CFI $\leq$ 0.95	TLI $\leq$ 0.95
Einfaktoriell: Gesamtfaktor Hebel						
Prä-MZP	59	27	2.19	0.05	0.84	0.78
Post-MZP	139	27	5.15	0.10	0.48	0.31
Zweifaktoriell: Wissensart (prozedural, konzeptuell)						
Prä-MZP	56	53	1.06	0.02	0.96	0.96
Post-MZP	53	53	1.00	0.01	1.00	1.00
Dreifaktoriell: Funktionsprinzipien (GG, KV, BW)						
Prä-MZP	358	331	1.08	0.03	0.96	0.96
Post-MZP	431	331	1.30	0.05	0.90	0.89
Vierfaktoriell: Funktionsprinzipien (GG, KV einfach, KV doppelt, BW)						
Prä-MZP	240	165	1.45	0.03	0.88	0.86
Post-MZP	4751	165	28.80	0.27	0.00	-0.24

Anm.: GG = Gleichgewicht, KV = Kraftverstärkung, BW = Begriffswissen

Basierend auf der dreifaktoriellen Struktur war es zudem denkbar, dass sich analog zum Vorgehen in der Intervention eine vierfaktorielle Struktur in den Daten abbilden lässt. Hierbei wird bezogen auf das Funktionsprinzip Kraftverstärkung nochmals differenziert zwischen „Kraftverstärkung einfacher Hebel" und „Kraftverstärkung doppelter Hebel". Dieses Modell hat jedoch einen schlechteren Fit als das dreifaktorielle, was bedeutet, dass die Unterscheidung zwischen den zwei Hebeltypen kein wissensstrukturprägendes Element bedeutete.

Einschränkend zu den Befunden ist allerdings festzuhalten, dass nicht alle Items, die bei der Reliabilitätsprüfung als gut befunden wurden, in die gebildeten Skalen eingingen, da ihre Faktorladungen zu gering waren.

5. Diskussion

Bei der Skalenbildung ließen sich die theoretisch angenommenen Strukturen in den Daten abbilden: Dies gilt sowohl für die aus lernpsychologischer Sicht wichtigen Arten von Wissen sowie für die für den Inhalt „Hebelgesetz" bedeutsamen Funktionsprinzipien.

Allerdings mussten einige Items bei der Skalenbildung unberücksichtigt bleiben. In der Studie konnte bei der Testheftentwicklung auf nur wenige Forschungsarbeiten und bereits entwickelte Testitems zum Hebelgesetz zurückgegriffen werden (Siegler 1976). Dies hatte zur Folge, dass sich einige von uns entwickelte, theoriebasierte Items in der Forschungspraxis als weniger geeignet erweisen. Die Kinder gingen zuweilen anders mit den Items um als gedacht (vgl. z.B. Abb. 3): Gelang es den Kindern zum Prä-Messzeitpunkt, dieses Testitem mit einer hohen Lösungswahrscheinlichkeit zu bearbeiten, so konnte zum Post-Messzeitpunkt eine geringere Anzahl an Kindern die richtige Antwort ankreuzen.

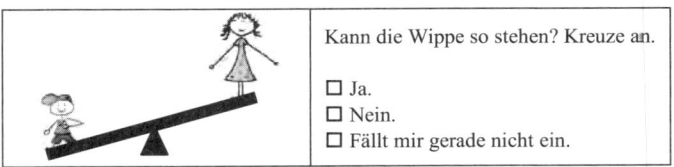

Abbildung 3: Beispiel für ein ausgeschlossenes Item (Anm.: Als „richtig bearbeitet" kodiert wurde Antwortmöglichkeit „Nein".)

Eine mögliche Erklärung hierfür ist, dass den Kindern das Item nach der Intervention komplizierter erschien, da ihnen die Komplexität des Hebelgesetzes bewusst war. Folglich griffen sie deshalb nicht auf das eigentlich vorhandene, im Prä-Test ermittelte prozedurale Wissen zurück, das für die Bearbeitung ausreichend gewesen wäre, da es ihnen zu offensichtlich erschien. Gemeinsam mit den niedrigen Faktorladungen führte dieses Ergebnis deshalb dazu, das Item nicht in die Skalen einfließen zu lassen.

Zusammenfassend kann festgehalten werden, dass das zweifaktorielle sowie dreifaktorielle Modell die für die Bearbeitung der Aufgabe notwendigen Wissensarten bzw. die Funktionsprinzipien abbilden. Im Rahmen des Projekts „Phänomen(un)ähnlichkeiten" ist es dadurch möglich, Veränderungen im Wissen bezogen auf die Funktionsprinzipien sowie vor allem den Auf- bzw. Ausbau des konzeptuellen Wissens zu erfassen.

Literatur

Geiser, C. (2011): Datenanalyse mit Mplus. Eine anwendungsorientierte Einführung. Wiesbaden.
Gräber, W.; Nentwig, P.; Nicolson, P. (2002): Scientific Literacy – von der Theorie zur Praxis. In: Evans, R.; Gräber, W.; Koballa, T.; Nentwig, P. (Hrsg.): Scientific Literacy. Der Beitrag der Naturwissenschaften zur Allgemeinen Bildung. Opladen, S. 135-145.
Muthén, L.K.; Muthén, B.O. (1998-2010): Mplus User's Guide. Los Angeles.
Rasch, G. (1960): Probabilistic Models for some Intelligence and Attainment Tests. Copenhagen.
Renkl, A. (2009): Wissenserwerb. In: Wild, E.; Möller, J. (Hrsg.): Pädagogische Psychologie. Heidelberg, S. 3-26.
Rost, J. (2004): Lehrbuch Testtheorie – Testkonstruktion. Bern: Huber.
Schwelle, V.; Hartinger, A.; Lohrmann, K.; Groß Ophoff, J. (2013): „Ein Nussknacker ist aus Metall und deshalb stärker als die Hand." Präkonzepte von Drittklässlern zum Hebelgesetz. In: Fischer, H.-J.; Giest, H.; Pech, D. (Hrsg.): Der Sachunterricht und seine Didaktik. Bestände prüfen und Perspektiven entwickeln. Bad Heilbrunn, S. 129-136.
Schwelle, V.; Lohrmann, K.; Hartinger, A. (2012): Woran machen Kinder Gemeinsamkeiten zwischen Phänomenen fest? Prozedurales und konzeptuelles Wissen von Drittklässlern zu Hebeln. In: Giest, H.; Heran-Dörr, E.; Archie, C. (Hrsg.): Lernen und Lehren im Sachunterricht. Zum Verhältnis von Konstruktion und Instruktion. Bad Heilbrunn, S. 119-126.
Siegler, R. (1976): Three aspects of cognitive development. In: Cognitive Psychology, 8, 4, pp. 481-520.

Christina A. Colberg, Andreas Imhof und Felix Keller

Wirksamkeitsvergleich von Umweltunterricht innerhalb und außerhalb des Schulzimmers am Beispiel des Themenkomplexes Klimawandel

Teaching activities outside the classroom are generally considered as beneficial learning situations. However, the effectiveness of those has been insufficiently investigated. Therefore we performed an intervention study with 5th and 6th graders in Swiss primary schools – which addressed climate change issues. Applying a Pre-Post-Follow-up-Design two experimental groups (in- and outdoor) and one control group (to avoid testing effects) were tested concerning their environmental knowledge, environmental attitude and environmental action competence.

Results show first, that two groups (in- and outdoor) significantly gain environmental knowledge. Second, the environmental attitude is not significantly affected in those groups. Third, the motivation to act environmentally responsible was increased in the two groups, whereas the increase of the outdoor students was significantly higher.

Teaching activities in nature are effective and advisable if general didactic considerations (e.g. structured planning, student-centered, action-orientation, implementation of problem solving) are taken into account.

1. Ausgangslage

Der globale Klimawandel ist eine der Herausforderungen für die kommenden Generationen. Lernende aller Altersstufen sollten bereits frühzeitig für dieses Thema sensibilisiert werden. Das Ziel dabei ist es, dass Lernende Fähigkeiten erwerben, die es ihnen ermöglichen, aktiv und eigenverantwortlich die Zukunft mit zu gestalten (SUB 2011). Wie müssen förderliche Lernsituationen gestaltet werden, dass sowohl erforderliches Wissen als auch nachhaltige Handlungsbereitschaft entwickelt werden können? Dabei ist zu fragen, wie

189

Umweltwissen, -einstellung, -bewusstsein und -handeln überhaupt zusammenhängen?

Vor diesem Hintergrund ist nicht zu übersehen, dass insbesondere im Umweltbereich Unterrichtsaktivitäten außerhalb des Schulzimmers allgemein als effektiv gelten. Es erstaunt aber, dass zurzeit Wirksamkeitsbegründungen vor allem auf Annahmen und Argumentationen basieren, aber nur wenige empirische Studien vorliegen (vgl. Messmer et al. 2011). Existiert hier tatsächlich ein Mehrwert gegenüber einem Unterricht innerhalb des Schulzimmers? Welchen Kriterien haben dabei Outdoor-Unterrichtsarrangements im Klimabereich zu genügen, um lernwirksam zu sein?

1.1 Umweltverhalten: Vom Wissen zum Handeln

Dass Wissen nicht notwendigerweise zum Handeln führt, ist als „Kluft" zwischen Wissen und Handeln (Gerstenmaier/ Mandl 2000) bekannt. Um Strategien/ Bildungsangebote erarbeiten zu können, die diese Diskrepanz im Bereich des Umweltwissens und -handelns verkleinern, soll hier zunächst der Prozess vom Wissen zum Handeln näher betrachtet werden: In der Psychologie existieren zwei Forschungsrichtungen, die das Umweltverhalten zu beschreiben versuchen. Es handelt sich dabei um einen motivations- bzw. einen persönlichkeitspsychologischen Ansatz (vgl. Imhof 2014).

Motivationspsychologisch gesehen interessiert die Frage, wie menschliches Verhalten im Bereich Umwelt zustande kommt und welche Faktoren zu einem umweltschützenden Verhalten motivieren. Ausgehend von der Bedrohungswahrnehmung ist die Umwelthandlung als Endpunkt eines Prozesses zu verstehen und wird im dreistufigen, sogenannten Integrierten Handlungsmodell durch eine Motivations-, Intentions- (Handlungsauswahl) und Volitionsphase (Handlungsumsetzung) beschrieben (Rost et al. 2001, Martens 1999).

Persönlichkeitspsychologische Ansätze gehen davon aus, dass sich Umweltverhalten über Dispositionen und/ oder Einstellungsvariablen erklären lässt. Aufgrund ihrer sozialpsychologischen Tradition werden zur Beschreibung des Umwelthandelns oft Strukturmodelle, die wenig über die eigentlichen Ursachen von Umwelthandlungen aussagen, verwendet. Diese basieren auf Einstellungskonzepten oder Theorien des geplanten Verhaltens (vgl. z.B. Rosenberg 1960). Dabei wird das latente Konstrukt des Umweltbewusstseins postuliert, welches in Anlehnung an diese Einstellungskonzeption in die drei Komponenten kognitiv, affektiv und konativ unterteilt wird.

Die Begriffe *Umweltbewusstsein, Umwelteinstellung, Umweltwissen* und *Umweltverhalten* wurden dem Alltagssprachgebrauch entnommen und sind bislang – trotz großer Forschungsanstrengungen zur Bestimmung der Struktur des Umweltbewusstseins – wissenschaftlich nicht einheitlich definiert (vgl. z.B. Neugebauer 2004).

1.2 Didaktische Überlegungen zur Kluft zwischen Wissen und Handeln

Es werden immer wieder neue Wege gesucht, Kinder und Jugendliche zu einer Auseinandersetzung mit einer nachhaltigen Lebensweise anzuregen. Ein heute gängiges und zeitgemäßes Konzept stellt die Bildung für nachhaltige Entwicklung – BNE (vgl. z.B. de Haan 2002, Bertschy et al. 2007, Künzli 2007) dar, als dessen Leitziel Gestaltungskompetenz vermittelt werden soll. Darunter versteht man einerseits die Fähigkeit, Wissen über nachhaltige Entwicklung anzuwenden, bzw. potentielle Probleme nicht nachhaltiger Entwicklung zu erkennen und andererseits, sich aktiv an Aushandlungsprozessen beteiligen zu können.

Aktuelle Entwicklungen in der Umweltbildung haben diese Erweiterung aufgenommen, woraus sich die Umweltbildungskompetenzen für eine Nachhaltige Entwicklung (SUB 2011) entwickelt haben.

1.3 Bedeutung des Lernorts: Außerschulische Lernorte – Lernorte in der Natur

Es wurde bereits erwähnt, dass der Besuch außerschulischer Lernorte (ALO) vielfältigen pädagogisch-didaktischen Nutzen bringen könnte. Die Didaktik der ALO hat ein eigenes Profil entwickelt (vgl. z.B. Burk/ Claussen 1980, 1981; Sauerborn/ Brühne 2007). ALO kennzeichnen sich dadurch, dass praktische, konkrete und wirklichkeitsnahe Begegnungen ermöglicht werden. Diese fördern das aktive Handeln und ermöglichen unmittelbare Erfahrungen im eigenen Lebensumfeld.

Insbesondere im englischsprachigen Raum wird häufig der weniger umfassende Begriff der „Outdoor Education" (vgl. z.B. Rickinson 2004) verwendet. Als außerschulisch gelten im weiteren Sinne alle Lernorte, welche nicht mit dem eigenen Schulzimmer gleichzusetzen sind (Sauerborn/ Brühne 2007). „Outdoor Education" kann daher lediglich als spezieller ALO angesehen werden und steht im Folgenden für alle nicht inszenierten Lernorte in der freien Natur.

1.4 Lernen in der Natur: Ist dies immer mehr wert?

Um diese Frage im vorliegenden Kontext näher diskutieren zu können, wird zunächst eine Differenzierung vorgenommen: Als Wert kann einerseits die Naturerfahrung an sich und andererseits die Lernwirksamkeit einer schulischen Intervention angesehen werden.

Mehrwert der Naturerfahrung: Mehrere Arbeiten weisen darauf hin, dass Naturerfahrungen (insbesondere in der Kindheit) positiv mit dem Umweltbewusstsein zusammenhängen (vgl. z.b. Bögeholz 2012, Brämer 2006, Chawla 1999). Zudem wird in der umweltbildnerischen Praxis dabei oft von einer Art Wirkungskette (Naturerfahrung → Umweltwissen → umweltfreundliche Einstellung → Umweltverhalten) ausgegangen. Diese simplifizierende Logik hat sich als falsch herausgestellt (Kollmuss/ Agyeman 2002). Die Entstehungsbedingungen von Umwelthandlungen sind zu komplex, als dass man sie einlinig prädizieren könnte. Offen bleibt also die Frage der Kausalität – und damit verbunden – der Beeinflussbarkeit des Umweltbewusstseins durch Naturerfahrungen. Um Aussagen darüber treffen zu können, sind experimentelle Studien notwendig.

Mehrwert der schulischen Intervention in der Natur: Unterrichtsaktivitäten in der freien Natur verursachen in verschiedener Beziehung einen erheblichen Mehraufwand (Unterrichtsplanung, Organisation, Ressourcen, Verantwortung) und sollten sich auch deshalb aufgrund ihrer Wirksamkeit rechtfertigen lassen.

Im Bereich „Outdoor Education" wurden verschiedene empirische Interventionsstudien, teilweise auch als Langzeitstudien, durchgeführt (vgl. z.b. Amos/ Reis 2006, Ballantyne/ Packer 2002, Bogner 1998, Manoli et al. 2007). Die verwendeten Methoden, abhängigen Variablen und Untersuchungsdesigns in den einzelnen Studien sind stark unterschiedlich, was einen Vergleich erschwert. Dabei fällt auf, dass die Mehrzahl der Studien keine Begründung liefert, weshalb eine Outdoor-Intervention eine Erhöhung des Umweltbewusstseins nach sich ziehen soll. Rickinson et al. (2004) stellen in einer Übersichtsarbeit fest, dass Outdoor-Interventionen am ehesten dann wirksam sind, wenn es sich um längere Programme (mehr als 5 Tage) handelt, die Aktivitäten vor- und nachbereitet werden und ein selbstständiges Interagieren mit der Umwelt ermöglicht wird.

2. Wirksamkeitsvergleich von Klimaunterricht innerhalb und außerhalb des Schulzimmers

Um den Mehrwert einer schulischen Intervention in der freien Natur quantifizieren zu können, wurde die im Folgenden skizzierte Studie durchgeführt. Es handelt sich dabei um einen vom schweizerischen Nationalfonds geförderten Wirksamkeitsvergleich von parallelisierten Indoor- und Outdoor-Unterrichtseinheiten im Themenbereich Klimawandel, die nach BNE-Prinzipien im Rahmen einer Interventionsstudie durchgeführt wurden. Der Unterricht wur-

192

de mit jeweils identischen Lernzielen und -inhalten und analoger Lernschrittsequenzierung realisiert. Das Gesamtprojekt wird ausführlich bei Imhof (2014) beschrieben.

2.1 Forschungsfragen

Die folgenden Forschungsfragen werden dabei verfolgt:
- Wie wirksam ist Unterricht zum Klimawandel in der Primarstufe?
- Ist Lernen in der freien Natur wirksamer als Lernen innerhalb des Schulzimmers?
- Wie wirken sich die unterschiedlichen Lernorte auf Wissen, Einstellung und Verhalten aus?
- Wie kann die Art bzw. das Ausmaß des Konzeptwechsels der Lernenden beschrieben werden?
- Können die als relevant eingestuften Kontrollvariablen „Lernmotivation", „Lernerlebnis" und „Wohlbefinden" zur Erklärung der Unterschiede zwischen Unterricht innerhalb und außerhalb des Schulzimmers verwendet werden?
- Existieren Kriterien für einen erfolgreichen Outdoor-Unterricht, der klimarevelantes Umwelthandeln induziert?

2.2 Untersuchungsdesign und Erhebungsinstrumente

Zur Beantwortung der Forschungsfragen wurde eine zweifaktorielle, quasi-experimentelle Interventionsstudie mit einem 3x3 Design mit den Faktoren Unterrichtsszenario (Indoor, Outdoor; Kontrollgruppe[1]) und Testzeitpunkt (Pretest, Posttest, Follow-up-Test) durchgeführt. Zu den drei Zeitpunkten t_{pre} (3-4 Wochen vor der Intervention), t_{post} (1-2 Wochen nach der Intervention) und $t_{follow-up}$ (halbes Jahr nach der Intervention) wurden die abhängigen Variablen „Umweltwissen" (konzeptuelles Verständnis), „Umwelteinstellung" und „Umwelthandeln" mit den im Folgenden beschriebenen Messinstrumenten quantifiziert.

Die komplette Intervention mit acht Schweizer Klassen (5./ 6. Schuljahr der schweizerischen Primarstufe), bestehend aus fünf thematisch fixierten Unterrichtstagen, wurde im Rahmen einer Interventionswoche durchgeführt. Zu den Themen Klimawandel und Treibhauseffekt, Gletscher, Permafrost, Hochwasserschutz im alpinen Raum sowie einer Integrationseinheit Klima-

---

[1] Die Kontrollgruppe, bestehend aus 3 Klassen, nahm ohne Intervention an der Studie teil, um Effekte, die einerseits durch das Testverfahren an sich bzw. andererseits durch in der Zwischenzeit auftretende Umweltereignisse (z.B. Atomkatastrophe von Fukushima) hervorgerufen werden könnten, zu ermitteln.

wandel fand der Unterricht für zwei Projektpartnerklassen innerhalb des Schulzimmers am normalen Schulstandort und für drei Projektpartnerklassen außerhalb des Klassenzimmers (im Raum Oberengadin[2] in den Schweizer Alpen) statt (Keller et al. in Vorbereitung). Die Unterrichtseinheiten wurden eigens für diese Studie nach BNE-Prinzipien entwickelt (Colberg et al. 2014). Alle Interventionen wurden durch dieselbe Person durchgeführt. Die Lehrpersonen vor Ort waren als Unterrichtsassistenz und für organisatorische Belange unterstützend dabei.

Die Wissenstestung erfolgte nach einem für diese Studie neu entwickelten Verfahren (Imhof 2014), welches die Methode der non-metrischen-multidimensionalen Skalierung (nMDS) anwendet (Läge 2001). Die Leistungsbeurteilung erfolgte über eine Korrelation der skalierten Antworten der Lernenden mit der einer Experteneinschätzung (Fachdidaktiker und Fachwissenschaftler), die als Ähnlichkeitsmaß dient. Dieses Verfahren berücksichtigt zudem mögliche Präkonzepte der Lernenden.

Zur Messung der Umwelteinstellung gelangten die Instrumente des New Environmental Paradigm – NEP (Manoli et al. 2007) und das New Model of Ecological Values – 2-MEV (Bogner/ Wiseman 1999) zum Einsatz.

Für die Messung des Umwelthandelns wurden die dazu relevanten Teile des integrierten Handlungsmodelles (Martens 1999) zielstufengerecht angepasst.

Für die Messung der Kontrollvariablen gelangte ein Evaluationsinstrument nach Imhof (2014) zum Einsatz.

2.3 Erste Ergebnisse

Eine erste Auswertung der Daten über das komplette Testkollektiv und – zeitlich gesehen – über die komplette Testreihe (Pre-Post-Follow-up) hinweg zeigt, dass es sowohl in der Indoor-, als auch in der Outdoorgruppe in allen getesteten Bereichen (Gletscher, Permafrost und Treibhauseffekt) zu einer signifikanten Verbesserung des Umweltwissens kommt. Die Umwelteinstellung hingegen ändert sich kaum.

Bei der Basismotivierung kommt es durch die Intervention zu einem signifikanten Anstieg, wobei der Effekt bei der Outdoor-Gruppe größer als bei der Indoor-Gruppe ist.

Die detaillierte Datenanalyse (Korrelationen zwischen Einzelgruppierungen) sowie die Auswertung der Kontrollvariablen stehen noch aus und werden bei Imhof (2014) beschrieben.

---

[2] Das Engadin ist eines der am besten untersuchten Klima- und Umweltarchive der Welt (NFS Klima 2007).

3. Schlussfolgerungen

Zum jetzigen Zeitpunkt können bereits einige Schlussfolgerungen gezogen werden:
- Didaktisch-methodisch gesehen eignet sich der systemische Ansatz, um eine Projektwoche mit 10-12-Jährigen zum Thema Klimawandel nach BNE-Kriterien durchzuführen. Es kommt zu einem Wissenszuwachs bei der In- und Outdoorgruppe. Dabei herrscht eine hohe subjektive Unterrichtszufriedenheit der Schülerinnen und Schüler.
- Der Outdoorunterricht wirkt sich zudem auch langfristig steigernd auf die abhängige Variable „Motivation" aus.
- Die Umwelteinstellung hingegen kann durch die Projektwoche nicht in bedeutendem Ausmaß beeinflusst werden. Es wird davon ausgegangen, dass über einen mehrjährigen Zeitraum viele Interventionen durchgeführt werden müssen, bevor es zu einem Effekt im Sinne einer kumulativen Auswirkung der Naturerfahrung kommt.

In der beschriebenen Interventionsstudie scheint es demnach gelungen zu sein, quantitative Aussagen über die Lerneffekte im Bereich Umweltwissen, -einstellung und -verhalten im Vergleich von Klimaunterricht in- und outdoor herzuleiten.

Literatur

Amos, R.; Reiss, M. (2006): What Contribution can residential Field Courses make to the Education of 11-14Year-Olds? In: School Science Review, 87, 321, pp. 1-8.

Ballantyne, R.; Packer, J. (2002): Nature-based Excursions: School Student's Perceptions of Learning in natural Environments. International Research in Geographical and Environmental Education, 11, 3, pp. 218-236.

Bertschy, F.; Gingis, F.; Künzli, C.; Giulio, A.di; Kaufmann-Hayoz, R. (2007): Bildung für Nachhaltige Entwicklung in der obligatorischen Schule. Schlussbericht zum Expertenmandat der EDK. Bern.

Bögeholz, S. (2012): Nature Experience and its Importance for Environmental Knowledge, Values and Action: Recent German Empirical Contributions. Environmental Education Research, 12, 1, pp. 65-84.

Bogner, F.X. (1998): The Influence of Short-Term Outdoor Ecology Education on Long-Term Variables of Environmental Perception. Journal of Environmental Education, 29, pp. 17-29.

Bogner, F.X.; Wiseman, M. (1999): Towards Measuring Adolescent Environmental Perception. European Psychologist, 4, pp. 139-151.

Brämer, R. (2006): Natur obskur: Wie Jugendliche heute Natur erfahren. München.

Burk, K.; Claussen, C. (1980): Lernorte außerhalb des Klassenzimmers I. Frankfurt am Main.

Burk, K.; Claussen, C. (1981): Lernorte außerhalb des Klassenzimmers II. Frankfurt am Main.

Chawla, L. (1999): Life Paths into Effective Environmental Action. Journal of Environmental Education, 31, 1, pp. 15-26.

Colberg, C.A.; Imhof, A. und Keller, F. (2014): Gestaltung von BNE konformem Umweltunterricht im Klimabereich. (In Vorbereitung).

Gerstenmaier, J.; Mandl, H. (2000): Einleitung: Die Kluft zwischen Wissen und Handeln. In: Mandl, H.; Gerstenmaier, J. (Hrsg.): Die Kluft zwischen Wissen und Handeln. Göttingen, S. 11- 22.

Haan, G. de (2002): Die Kernthemen der Bildung für eine nachhaltige Entwicklung. Zeitschrift für internationale Bildungsforschung und Entwicklungspädagogik, 25, 1, S. 13-20.

Imhof, A. (2014): Outdoorlernen: Wirksamkeitsvergleich von Umweltunterricht innerhalb und außerhalb des Schulzimmers am Beispiel des Themenkomplexes Klimawandel. Dissertation an der ETH Zürich. Zürich.

Keller, F.; Imhof, A.; Colberg, C.A. (in Vorbereitung): Möglichkeiten des Outdoor-Unterrichts zum Thema Klimawandel am Beispiel der Region Oberengadin.

Kollmuss, A.; Agyeman, J. (2002): Mind the Gap: Why do People act environmentally and what are the Barriers to pro-environmental Behavior? Environmental Education Research, 8, 3, pp. 239-260.

Künzli, D.C. (2007): Zukunft mitgestalten: Bildung für eine nachhaltige Entwicklung – Didaktisches Konzept und Umsetzung in der Grundschule. Bern.

Läge, D. (2001): Ähnlichkeitsbasierte Diagnostik von Sachwissen. Habilitationsschrift an der Philosophischen Fakultät der Universität Zürich. Zürich.

Manoli, C.C.; Johnson, B.; Dunlap, R.E. (2007): Assessing Children's environmental Worldviews: Modifying and validating the New Ecological Paradigm Scale for use with Children. The Journal of Environmental Education, 38, 4, pp. 3-13.

Martens, T. (1999): Kognitive und affektive Bedingungen von Umwelthandeln. Dissertation. Universität Kiel. Kiel.

Messmer, K.; Niederhäusern, R.v.; Rempfler, A.; Wilhelm, M. (Hrsg.) (2011): Außerschulische Lernorte – Positionen aus Geographie, Geschichte und Naturwissenschaften. Tagungsband zur 1. Tagung Außerschulische Lernorte der PHZ Luzern vom 10. September 2010. Münster, Wien, Zürich.

Neugebauer, B. (2004): Die Erfassung von Umweltbewusstsein und Umweltverhalten. ZUMA-(Zentrum für Umfragen, Methoden und Analysen) Methodenbericht. Nr. 2004/07. Mannheim.

Nationaler Forschungsschwerpunkt Klima und Bündner Naturmuseum (NFS Klima) (Hrsg.) (2007): Klimaforschung – Auf Spurensuche im Engadin. Bern, Chur.

Rickinson, M.; Dillon, J.; Teamey, K.; Morris, M.; Choi, M. Y.; Sanders, D.; Benefield, P. (2004): A Review of Research on outdoor Learning. Field Studies Council. Preston Montford, Shropshire.

Rosenberg, M.J. (1960): An Analysis of affective-cognitive Consistency. In: Hovland, C.I.; Rosenberg, M.J. (Hrsg.): Attitude Organization and Change. New Haven, CT., pp. 1-14.

Rost, J., Gresele, C.; Martens, T. (2001): Handeln für die Umwelt. Anwendung einer Theorie. Münster.

Sauerborn, P.; Brühne, T. (2007): Didaktik des außerschulischen Lernens. Baltmannsweiler.

Stiftung Umweltbildung Schweiz (SUB) (2011): Umweltbildungskompetenzen für eine Nachhaltige Entwicklung. Bern.

Christine Bänninger, Stefanie Gysin,
Patrick Isler-Wirth und Christine Künzli David

Das Konzept „Service-Learning mit Fokus Nachhaltigkeit" (SeLeN) – eine Bereicherung für den Sachunterricht?

We discuss "Service-Learning with a Focus on Sustainability" (SeLeN) concerning its relevance for perspective-integration in general studies. "Service-learning" serves as a conceptual basis for simultaneously addressing both aims: "education for sustainable development" and "sustainable development of the community". The concept is described by its constitutive elements. It will be shown that and how they can be used to implement SeLeN in general study's classroom.

1. Nachhaltige Entwicklung im Kontext von Bildung und Kommunen

Nachhaltige Entwicklung als politische Leitidee gesellschaftlicher Entwicklung ist in den letzten Jahren kontinuierlich in den Mittelpunkt politischer Diskussionen auf internationaler, nationaler und lokaler Ebene gerückt (vgl. u.a. ARE 2012) und hat einen breiten wissenschaftlichen Diskurs in unterschiedlichen Disziplinen ausgelöst (vgl. z.B. SAGW 2007). Die gegenwärtigen politischen Forderungen zur Umsetzung einer Nachhaltigen Entwicklung stützen sich hauptsächlich auf Dokumente der Vereinten Nationen (UN) wie bspw. die Agenda 21. Nachhaltige Entwicklung meint in diesem Verständnis eine „Entwicklung, die die Bedürfnisse der Gegenwart befriedigt, ohne zu riskieren, dass künftige Generationen ihre eigenen Bedürfnisse nicht befriedigen können" (Hauff 1987, S. 46).

Die Idee der Nachhaltigkeit muss dabei regulativ verstanden werden (vgl. Minsch et al. 1996) und in Form von Zielen auf verschiedenen Ebenen (national, regional, lokal) konkretisiert werden, bis hin zu operationalisierten

Zielen und Indikatoren (vgl. u.a. Kopfmüller et al. 2001). Neben der Konkretisierung der regulativen Idee mittels überprüfbarer Kriterien und der Erhaltung der Dynamik durch veränderbare Ziele sind in den UN-Dokumenten weitere Forderungen auszumachen, die es bei der Formulierung und Umsetzung von Projekten, Strategien oder Programmen zu berücksichtigen gilt: So soll Projekten eine Vision für die zukünftige gesellschaftliche Entwicklung zu Grunde gelegt, die drei Dimensionen Ökologie, Soziokulturelles und Ökonomie integriert betrachtet, Bedürfnisse zukünftiger Generationen berücksichtigt und ein Zukunftsentwurf unter Beteiligung möglichst vieler Menschen formuliert werden (vgl. Di Giulio 2004).

Das Engagement und die Partizipation aller gesellschaftlichen Gruppen spielen bei der Umsetzung einer Nachhaltigen Entwicklung eine zentrale Rolle: Deren Wissen und Bedürfnisse sind bei der Nachhaltigkeitsstrategiebildung gefragt, gleichzeitig sollen sie sich an der Zielentwicklung mit Fokus auf eine Nachhaltige Entwicklung beteiligen sowie an deren Realisierung und Überprüfung mitwirken können. Die Agenda 21 macht deutlich, dass viele Ziele Nachhaltiger Entwicklung auf örtlicher Ebene angegangen werden müssen, weshalb für die Umsetzung einer Nachhaltigen Entwicklung den Kommunen eine große Bedeutung zukommt (vgl. BMU 1992). Kommunen sind aufgefordert, eine Lokale Agenda 21 aufzubauen resp. einen Nachhaltigkeitsprozess durchzuführen, „da [...] Probleme und Lösungen ihre Wurzeln in Aktivitäten auf örtlicher Ebene haben" (BMU 1992, Kap. 28.1).

Aufgrund der dargestellten Anforderungen an eine Nachhaltige Entwicklung müssen Nachhaltigkeitsprozesse in der Gemeinde zirkulär, d.h. als langfristige Prozesse verstanden und angelegt werden (vgl. Di Giulio 2004, ARE/ UVEK 2005). Sie starten in der Regel mit einer Visionsbildung und der Zielfestlegung, anschließend werden Maßnahmen bestimmt und umgesetzt, um diese in einem dritten Schritt im Hinblick auf die festgelegten Ziele zu evaluieren. Im nächsten Durchgang erfolgt als erstes eine Zielüberprüfung, anschließend werden die oben beschriebenen Schritte umgesetzt. Dabei ist zentral, die Anforderungen, die sich an Projekte, Strategien oder Programme im Kontext einer Nachhaltigen Entwicklung ergeben, im Nachhaltigkeitsprozess zu berücksichtigen.

Im Zusammenhang mit der Umsetzung einer Nachhaltigen Entwicklung nehmen die Bildungsinstitutionen – im Rahmen einer Bildung für eine Nachhaltige Entwicklung (BNE) – eine wichtige Rolle ein (vgl. u.a. Künzli David 2007). Bildungsinstitutionen sind nämlich aufgefordert, Lernende zu befähigen – gemeinsam mit anderen – Prozesse einer Nachhaltigen Entwicklung auf den verschiedenen Ebenen anzuregen, mitzugestalten und an entsprechenden gesellschaftlichen Entscheidungsprozessen zu partizipieren (vgl. u.a. de Haan 2008, Künzli David 2007). Im Kontext von Nachhaltiger Entwicklung sind zudem stets komplexe Fragen zu behandeln, zu deren Bearbeitung es der Verbindung von Zugängen und Ansätzen unterschiedlichster wissenschaftlicher Disziplinen bedarf (vgl. z.b. de Haan 2008, Künzli David/ Bertschy 2008). So zielt BNE im Unterricht darauf ab, die soziokulturellen, ökonomischen und ökologischen Aspekte von Problemlagen aufzuzeigen und miteinander in Beziehung zu setzen, wie auch Verbindungen zwischen lokalen und globalen, aber auch zwischen vergangenen und zukünftigen Gegebenheiten zu verstehen und zu reflektieren (vgl. Bolscho et al. 2008, Lundegard/ Wickman 2007, Stoltenberg 2004a, 2004b, Stoltenberg et al. 2013).

In Bezug auf die Umsetzung einer Nachhaltigen Entwicklung sind somit die Gemeinden, wie auch die Bildungsinstitution Schule zu wesentlichen Teilen angesprochen: Während der Dialog zwischen kommunaler Politik-, Verwaltungsebene und den Bürgern sowie die Partizipation aller Bevölkerungsgruppen bei dieser Umsetzung wichtig sind, ist es die Aufgabe der Schule, diese Mitgestaltungskompetenz bzw. das Bewusstsein sowie eine Mitverantwortlichkeit für die Bedeutung einer Nachhaltigen Entwicklung bei den Lernenden zu fördern.

2. Service-Learning als konzeptionelle pädagogische Grundlage für SeLeN

Der Ansatz des Service-Learning (vgl. u.a. Billig 2000) bietet eine konzeptionell-pädagogische Grundlage, um die erläuterten Bereiche „BNE" und „Nachhaltige Entwicklung in der Gemeinde" gewinnbringend zusammenzuführen (vgl. Kap. 3).

Service-Learning ist ein pädagogisches Konzept, das gesellschaftliches Engagement (Service) mit schulischem Lernen (Learning) verbindet. So wird ein Engagement, das in und für die Gesellschaft bzw. Gemeinde geleistet wird, gezielt mit fachlichen Lerninhalten anhand authentischer Aufgaben in der Schule verknüpft (vgl. z.B. Billig 2000, Sliwka 2004). Um diese Verbindung herzustellen, werden die mit außerschulischen Partnern koordinierten Service-Tätigkeiten im Unterricht vorbereitet und die praktischen Erfahrungen im Bereich des Service im Unterricht reflektiert (vgl. u.a. Sliwka 2004, Frank et al. 2009).

3. Service-Learning mit Fokus Nachhaltigkeit – das Konzept „SeLeN"

Die Zusammenführung der oben dargelegten Bereiche Nachhaltige Entwicklung in der Gemeinde, BNE sowie Service-Learning und deren Verdichtung zu SeLeN basiert auf einer vergleichenden Analyse der für diese Konzepte zentralen Elemente, wie Ziele bzw. zu erreichende Kompetenzen, (didaktische) Prinzipien sowie Inhalte und Themen. Im Rahmen des Forschungs- und Entwicklungsprojekts „Service-Learning mit Fokus Nachhaltigkeit" der PH FHNW wurden die aus diesem systematischen Vergleich ermittelten Überschneidungen und die damit verbundene Konkretisierung der Service-Learning-Kriterien durch die konstituierenden Elemente von BNE und einer Nachhaltigen Entwicklung in der Gemeinde zum theoretischen Konzept SeLeN verdichtet.

Daraus resultieren die nachstehenden Anforderungen a) bis g) (in nicht hierarchischer Abfolge), welche als konstituierende Elemente die konzeptionelle Grundlage von SeLeN-Projekten im Unterricht bilden:

a) Das SeLeN-Projekt orientiert sich an den übergeordneten Zielen und didaktischen Prinzipien einer BNE.

Durch diese Orientierung sollen die Lernenden befähigt werden, Entscheidungen in Bezug auf eine Nachhaltige Entwicklung mit anderen auszuhandeln und sich an Mitgestaltungsprozessen im Hinblick auf eine Nachhaltige Entwicklung zu beteiligen. Dies geschieht unter Einbezug von fachlichem und überfachlichem Wissen und Können (vgl. z.B. de Haan 2008, Künzli David 2007, Furco 2004, Frank et al. 2009).

b) Das SeLeN-Projekt orientiert sich an einem übergeordneten Ziel der Gemeinde, das sich mit Zielen Nachhaltiger Entwicklung vereinbaren lässt.

Die Lernenden sollen einen Beitrag zu einer realen Herausforderung vor Ort leisten (vgl. z.B. Furco 2004, Frank et al. 2009) und können sich direkt in den zirkulären Nachhaltigkeitsprozess der Gemeinde einbringen (vgl. Kap. 1). Das inhaltliche Ziel des Unterrichtsprojekts wird in Abstimmung mit der Gemeindebehörde bzw. Nachhaltigkeitsverantwortlichen in der Gemeinde festgelegt.

c) Im SeLeN-Projekt wird der Beitrag für die Gemeinde insbesondere auch im Hinblick auf Fragen einer Nachhaltigen Entwicklung reflektiert.

Die Reflexion persönlicher Erfahrungen bei der Abwägung und Umsetzung des Beitrags für die Gemeinde, wie auch der damit verbundenen schulischen Inhalte ermöglicht ein vertieftes Verständnis zum einen für die Vorgänge und

Sachverhalte einer Nachhaltigen Entwicklung und zum anderen für die eigene Rolle im Prozess einer Nachhaltigen Entwicklung in der Gemeinde (vgl. z.B. Sliwka 2004, Künzli David 2007).

d) Das SeLeN-Projekt ist curricular verankert.

Die enge Verknüpfung von Service und Learning erfordert eine curriculare Verankerung, damit in der Umsetzung des Service Lern- und Lehrplanziele angestrebt werden können (vgl. Furco 2004, Künzli David 2007).

e) Im SeLeN-Projekt findet ein Austausch bzw. eine Zusammenarbeit zwischen außerschulischen Partnern und der Lehrperson bzw. den Lernenden statt.

Die Partner verfügen über die für die Planung und Umsetzung des Service wichtige authentische Akteursperspektive. Damit wird die Vermittlung schulischer Inhalte in authentischen Lernsituationen ermöglicht (vgl. u.a. Furco 2004, Frank et al. 2009, de Haan 2008).

f) Der Beitrag für die Gemeinde basiert auf fundierten Abwägungen der Folgen der inhaltlichen Nachhaltigkeitsanforderungen sowie auf der Berücksichtigung der Perspektive relevanter Akteursgruppen.

Dadurch wird gewährleistet, dass die Anforderungen an eine Nachhaltige Entwicklung gemäß Di Giulio (2004) eingehalten werden (vgl. Kap. 1).

g) Die Ergebnisse und Analysen des Beitrags für die Gemeinde werden der Gemeindebehörde bzw. den Nachhaltigkeitsverantwortlichen übermittelt.

Damit wird die dynamische Fortsetzung des Nachhaltigkeitsprozesses in der Gemeinde ermöglicht, d.h. die Gemeinde wird durch die Übergabe der Ergebnisse aufgefordert, sich – gestützt auf die bereits geleistete Arbeit – weiterhin mit der Thematik zu befassen und den Nachhaltigkeitsprozess weiterzuentwickeln.

4. Konzept SeLeN und Sachunterricht?

Es stellt sich nun die Frage, welchen Beitrag das Konzept SeLeN für den Sachunterricht leisten bzw. welche Bedeutung SeLeN-Unterrichtsprojekten in diesem Lernbereich zugewiesen werden kann. Im Diskurs um die Konzeption des Sachunterrichts ist – wie in der Literatur zum Sachunterricht vielfach beschrieben – kein allgemeingültiges Verständnis auszumachen (vgl. u.a. Kaiser/ Pech 2004). Ein viel diskutiertes konstituierendes Element im Zusammenhang mit dem Sachunterricht ist das Prinzip der Mehrperspektivität: So fordern Kaiser/ Pech (2008) einen integrativen Sachunterricht, der sich am Gedanken der Globalisierung der Welt orientiert und versucht, „eine verzweigte Verbindung zwischen einzelnen Inhalten und den Problemen der

Welt zu schaffen" (Kaiser/ Pech 2008, S. 8). Dabei soll u.a. der Vielschichtigkeit von Inhalten im Kontext der Weltgesellschaft Rechnung getragen werden. Weiter ist es in unserer vorherrschenden pluralistischen Gesellschaft, in der verschiedene Interessen, Bedürfnisse und Sichtweisen aufeinander treffen, zunehmend notwendig, dass die Menschen in wechselseitiger Auseinandersetzung zur Verständigung gelangen (vgl. Kaiser/ Pech 2008). Vielperspektivisches Denken wird damit zu einer grundlegenden Kompetenz einer pluralistischen Gesellschaft und schließt die Fähigkeit ein, seine eigenen Positionen argumentativ zu begründen, wie auch andere Menschen zu verstehen und dabei eine andere Perspektive einnehmen zu können bzw. zu wollen (vgl. Köhnlein 1999).

Dieses mehrperspektivische Denken stellt ein zentrales Anliegen des Konzepts SeLeN dar: Basierend auf einer BNE werden fundierte Abwägungen im Hinblick auf eine Nachhaltige Entwicklung in der Gemeinde und der Einbezug von Akteursperspektiven gefordert, was den Einbezug verschiedener wissenschaftlicher und außerwissenschaftlicher Perspektiven und damit vernetztes und integrierendes Denken bedarf. Die Lernenden sollen die Kompetenz erwerben, kritisch und reflektiert die verschiedenen disziplinären Zugänge sowie Perspektiven betroffener Akteure zueinander in Beziehung zu setzen und die Folgen von Maßnahmen für alle direkt sowie indirekt Betroffenen zu betrachten. SeLeN-Unterrichtsprojekte bieten hier eine Möglichkeit, wie diese Vielfalt vorhandener Betrachtungsweisen von Wirklichkeit im Unterricht thematisiert werden kann und leisten damit einen wichtigen Beitrag zum Bildungsprozess der Lernenden: „Denn gerade über eine mehrperspektivische Auseinandersetzung mit der Realität scheint es möglich, grundlegende Fragen der Bildung so anzugehen, dass eine Kultivierung des Fragens und der Neugier, ein problemorientiertes Denken und eine Befähigung zu Dialog und Verständigung darin aufgehoben sind. Über eine mehrperspektivische Betrachtung wird es möglich, mehrere Blicke von verschiedenen Seiten auf die Gegenstände zu richten und dabei zu erkennen, dass das Bild, das dabei entsteht, abhängig ist vom Standpunkt, der jeweils eingenommen wird" (Dunker 2005, S. 10).

Hier muss jedoch betont werden, dass eine solche Betrachtung von Realität, die im Rahmen eines mehrperspektivischen Unterrichts sowie in einer BNE immer erfolgt, stets komplex ist und gerade diese komplexen Zusammenhänge den Kindern oftmals wenig zugänglich sind. Im Zusammenhang mit den unterschiedlichen (inhaltlichen) Zugangsweisen und der Mehrperspektivität des Sachunterrichts betont von Reeken (2008), dass die globale Perspektive stets an Handlungserfahrungen der Kinder in ihrem konkreten Umfeld gebunden ist und erst aus diesen heraus ein produktives Lernen möglich wird (vgl. von Reeken 2008). Gerade SeLeN-Unterrichtsprojekte unterstützen solche Handlungserfahrungen, indem die Gemeinde bzw. die Bewohnerinnen und Bewohner vor Ort, wie auch die außerschulischen Partner zum direkten Bezugspunkt für das Projekt, für den Beitrag (Service) in der Gemeinde und damit für die Lernprozesse der Kinder werden. Die damit verbundenen authentischen Lernsituationen, die sich durch die Auseinandersetzung mit den konkreten Situationen, Problemen und Akteuren in der Gemeinde sowie durch die Beitragsleistung ergeben, führen zu einer Erweiterung der Lern- und Erfahrungsmöglichkeiten der Schülerinnen und Schüler und eröffnen ihnen damit besondere Lernchancen (vgl. Hellberg-Rode 2004).

Literatur

ARE [Bundesamt für Raumentwicklung]; UVEK [Eidgenössisches Departement für Umwelt, Verkehr, Energie und Kommunikation] (Hrsg.) (2005): Qualitätskriterien für Nachhaltigkeitsprozesse. Orientierungshilfe für die Akteure der nachhaltigen Entwicklung in den Gemeinwesen. Bern.

ARE [Bundesamt für Raumentwicklung]; Schweizerischer Bundesrat (Hrsg.) (2012): Strategie Nachhaltige Entwicklung 2012–2015. Bern.

Billig, S. H. (2000): Research on K-12 school-based Service-Learning: The Evidence builds. In: Phi Delta Kappan, 81, 5, S. 658-664.

BMU [Bundesministerium für Umwelt, Naturschutz und Reaktorsicherheit] (Hrsg.) (1992): Konferenz der Vereinten Nationen für Umwelt und Entwicklung im Juni 1992 in Rio der Janeiro – Dokumente – Agenda 21. Bonn.

Bolscho, D.; Hauenschild, K.; Rode, H. (2008): Bildung für eine Nachhaltige Entwicklung in der Grundschule. Ausgewählte Ergebnisse einer Pilotstudie mit Lehrerinnen und Lehrern. In: Giest, H.; Wiesemann, J. (Hrsg.): Kind und Wissenschaft. Bad Heilbrunn, S. 301-312.

De Haan, G. (2008): Gestaltungskompetenz als Kernkompetenz der Bildung für nachhaltige Entwicklung. In: Bormann, I.; de Haan, G. (Hrsg.): Kompetenzen der Bildung für nachhaltige Entwicklung. Operationalisierung, Messung, Rahmenbedingungen, Befunde. Wiesbaden, S. 23-43.

Di Giulio, A. (2004): Die Idee der Nachhaltigkeit im Verständnis der Vereinten Nationen. Anspruch, Bedeutung, Schwierigkeiten. Münster.

Duncker, L. (2005): Professionalität des Zeigens. Mehrperspektivität als Prinzip der Allgemeinen Didaktik. In: Duncker, L.; Sander, W.; Surkamp, C. (Hrsg.): Perspektivenvielfalt im Unterricht. Stuttgart, S. 9-20.

Frank, S.; Seifert, A.; Sliwka, A.; Zentner, S. (2009): Service-Learning. Lernen durch Engagement. In: Edelstein, W.; Frank, S.; Sliwka, A. (Hrsg.): Praxisbuch Demokratiepädagogik. Sechs Bausteine für die Unterrichtsgestaltung und den Schulalltag. Weinheim und Basel, S. 151-192.

Furco, A. (2004): „Zufriedener, sozialer, sensibler und motivierter": Hoffnungsvolle Ergebnisse in den USA. In: Sliwka, A.; Petry, C.; Kalb, P. E. (Hrsg.): Durch Verantwortung lernen. Service Learning: Etwas für andere tun. Weinheim, Basel, S. 12-31.

Hauff, V. (Hrsg.) (1987): Unsere gemeinsame Zukunft – der Brundtland-Bericht der Weltkommission für Umwelt und Entwicklung. Greven.

Hellberg-Rode, G. (2004): Außerschulische Lernorte. In: Kaiser, A.; Pech, D. (Hrsg.): Unterrichtsplanung und Methoden. Baltmannsweiler, S 145-150.

Kaiser, A.; Pech, D. (2004): Vom Konzept zum Unterricht. In: Kaiser, A.; Pech, D. (Hrsg.): Unterrichtsplanung und Methoden. Baltmannsweiler, S. 3-44.

Kaiser, A.; Pech, D. (2008): Auf dem Wege zur Integration durch neue Zugangsweisen? In: Kaiser, A.; Pech, D. (Hrsg.): Integrative Zugangsweisen für den Sachunterricht (2. korr. Aufl.). Baltmannsweiler, S. 3-28.

Köhnlein, W. (1999) Vielperspektivisches Denken – eine Einleitung. In: Köhnlein, W.; Marquardt-Mau, B.; Schreier, H. (Hrsg.): Vielperspektivisches Denken im Sachunterricht. Bad Heilbrunn, S. 9-23.

Kopfmüller, J.; Brandl, V.; Jörissen, J.; Paetau, M.; Banse, G.; Coenen, R.; Grunwald, A. (2001): Nachhaltige Entwicklung integrativ betrachtet. Konstitutive Elemente, Regeln, Indikatoren. Berlin.

Künzli David, Ch. (2007): Zukunft mitgestalten. Bildung für eine nachhaltige Entwicklung – Didaktisches Konzept und Umsetzung in der Grundschule. Bern.

Künzli David, Ch.; Bertschy, F. (2008): Didaktisches Konzept Bildung für eine nachhaltige Entwicklung. (3. überarbeitete Auflage). URL: www.ikaoe.unibe.ch/forschung/bineu [17.07.2010]

Lundegard, I.; Wickmann, P.-O. (2007): Conflicts of Interest: an indispensable Element of Education for Sustainable Development. In: Environmental Education Research, 13, 1, S. 1-15.

Minsch, J.; Eberle, A.; Meier, B.; Schneidewind, U. (1996): Mut zum ökologischen Umbau. Innovationsstrategien für Unternehmen, Politik und Akteurnetze. Basel.

SAGW [Schweizerische Akademie der Geistes- und Sozialwissenschaften] (Hrsg.) (2007): Nachhaltigkeitsforschung – Perspektiven der Sozial- und Geisteswissenschaften. Bern.

Sliwka, A. (2004): Service-Learning: Verantwortung lernen in Schule und Gemeinde. Beiträge zur Demokratiepädagogik. Eine Schriftenreihe des BLK-Programms „Demokratie lernen und leben". Berlin.

Stoltenberg, U. (2004a): „Sachunterricht: Innovatives Lernen für eine nachhaltige Entwicklung". In: Kaiser, A.; Pech, D. (Hrsg.): Basiswissen Sachunterricht. Neue Konzeptionen und Zielsetzungen im Sachunterricht. Baltmannsweiler, S. 58-66.

Stoltenberg, U. (2004b): Sachunterricht als Bildung für eine nachhaltige Entwicklung. In: Hempel, M. (Hrsg.): Sich bilden im Sachunterricht. Bad Heilbrunn, S. 79-90.

Stoltenberg, U.; Asmussen, S.; Golly, N.; Holz, V.; Kosler, T.; Offen, S.; Uzun, B. (2013): Sachunterricht für das 21. Jahrhundert. Mit dem Konzept Bildung für eine nachhaltige Entwicklung arbeiten. In Fischer, H.-J.; Giest, H.; Pech, D. (Hrsg.): Der Sachunterricht und seine Didaktik. Bad Heilbrunn, S. 99-119.

Von Reeken (2008): Sachunterricht aus der globalen Perspektive. In: Kaiser, A.; Pech, D. (Hrsg.): Integrative Zugangsweisen für den Sachunterricht (2. korr. Aufl.). Baltmannsweiler, S. 130-136.

Bernd Wagner

Informelle Sachlernprozesse von Kindern in interkulturellen Begegnungssituationen

This article, based on educational anthropology, reports about a three-year international comparative study of primary school children's learning-processes associated with travel and cross-cultural encounter. Primary school exchange programs are focused and investigated in France and Germany. The video-ethnographic research is related to the cross-sectional task of intercultural education, which may be addressed by German primary school lessons in social science.

Interkulturelle Bildung ist, wie die Kultusministerkonferenz (1996) betont, eine Querschnittsaufgabe, die bisher jedoch curricular kaum verankert ist. In der Regel finden curricular nicht festgelegte Inhalte im Schulalltag wenig Berücksichtigung. Interkulturelle Fragestellungen verdienen jedoch mehr Aufmerksamkeit in Schulen. Sachunterricht thematisiert die schulische Querschnittsaufgabe *Interkulturelle Bildung*, weil Welterkundung gefördert und auf Erfahrungshorizonte von Kindern eingegangen wird. Es geht nicht darum, das Profil des Sachunterrichts mit weiteren Unterrichtsinhalten unübersichtlicher zu gestalten. Vielmehr liegt der innovative Charakter des Sachunterrichts in seinen exemplarischen Herangehensweisen begründet. Die komplexen Inhalte des integrativen Sachunterrichts können anhand ausgewählter Beispiele vermittelt werden. In diesem Artikel wird interkulturelle Bildung exemplarisch im Kontext von internationalen Schüleraustauschprogrammen im Sachunterricht thematisiert.

1. Umgang mit Heterogenität in Grundschulen

Annedore Prengel (2011) weist darauf hin, dass an Grundschulen individuelle und gesellschaftliche Heterogenität ausgeprägter als in anderen Schulformen erfahrbar ist. Dies ist kein deutsches Spezifikum und gilt für viele europä-

205

ische Länder, wie z.B. auch für die Grundschulpädagogik in Frankreich (Montandon 2008). Aufgrund der sprachlich-kulturellen Heterogenität der schulisch noch wenig vorselektierten Schülerschaft in der Grundschule liegt es nahe, dass interkulturelle Fragen in den Klassen verhandelt werden. Schülerinnen und Schüler beschäftigen sich mit Fremdem und Vertrautem sowie mit den in ihrem Umfeld spürbaren Wirkungen von kultureller Diversität, Migration und Globalisierung. Diese Prozesse in Schulen werden durch internationale Begegnungen im Schüleraustausch aufgegriffen. Die bisherigen Forschungen im Rahmen der EU-geförderten Comenius-Regio-Projekte (Vatter 2011) heben hervor, dass in den bewusst geschaffenen Austauschsituationen kulturelle und nationale Stereotype bearbeitet werden können – sie bieten einen besonderen Raum für interkulturelles Lernen. Schüleraustauschprogramme ermöglichen förderliche Lernsituationen und unterstützen die Partizipation von Kindern in der Institution Schule, was im Rahmen einer international vergleichenden Begleitstudie der Universitäten Paris XII und Siegen eingehender untersucht wird.

2. Internationaler Schüleraustausch als förderliche Lernsituation im Sachunterricht

Im Grundschulfach Sachunterricht wird interkulturelle Bildung in der sozialwissenschaftlichen Perspektive aufgegriffen und in mehreren sachunterrichtsdidaktischen Publikationen, z.B. von Katharina Stoklas (2004), behandelt. Stoklas (a.a.O., S. 109) beschreibt Sachunterricht als einen Ort transkulturellen Lernens, der sich mit heimatkundlichen Traditionen volkstümlicher Bildungsangebote kritisch auseinandersetzt. Diese Auseinandersetzung der Schülerinnen und Schüler mit Heterogenität in ihrer Lebenswelt wird sachunterrichtsdidaktisch als Sachlernprozess verstanden. Sachlernen als Gegenstand der Disziplin *Sachunterricht und seine Didaktik* wird prozessual konzipiert und auf (vor-)schulische sowie außerschulische Auseinandersetzungen von Kindern mit Sachen und Sachinhalten bezogen (Pech/ Rauterberg 2007). Der Bezugsrahmen Sachlernen (Pech/ Rauterberg 2008) hebt pädagogische Umgangsweisen hervor, durch die diskursive Dimensionen der im schulischen Sachunterricht verhandelten Sachen erschließbar werden. Die Umgangsweisen berücksichtigen Alltagstheorien, subjektive Erfahrungen und Einschätzungen von Kindern als Ausgangspunkte des Sachlernens. Sie betonen weniger Fähigkeiten und Wissensinhalte, als vielmehr die reflexive Unterstützung individueller sachbezogener Auseinandersetzungsformen. Sie können auch abstrakte interkulturelle Themen – wie Migration, Globalisierung und Heterogenität – bearbeiten. Durch die Umgangsweisen wird sichergestellt, dass kindliche Impulse und Fragen Ausgangspunkte des Sachlernens bleiben. Schüleraustauschprogramme bieten vielfältige Sachlernprozesse, in denen Kinder mit pädagogischen Umgangsweisen, beispielsweise in der Vor- und Nachbereitung der Schüleraustauschwochen, im Sachunterricht begleitet werden können.

Die vom Deutsch-Französischen Jugendwerk (DFJW) finanzierten sogenannten Motivationsprogramme für Grundschülerinnen und -schüler können am Ort des Partners oder an einem Drittort stattfinden. Sie dauern mindestens vier Schultage. In diesem Zeitraum können die Gäste in der Schule, in Gastfamilien oder in einer Jugendherberge untergebracht sein. Das DFJW gibt neben den Zuschüssen für die Reise mit einem eigenen Bus auch Hinweise für ein interkulturelles Kennenlernprogramm, das die Vorbereitung, das Willkommen heißen und die Aufenthaltsgestaltung einbezieht. Die Vorschläge beinhalten Übungen und Spiele, die zu Interaktionen motivieren. Vorrangig wird das Austauschprogramm von engagierten Lehrerinnen und Lehrern im Kontext von Städtepartnerschaften genutzt, in deren Verlauf schon längerfristige Kontakte zwischen den beteiligten Schulen zustande gekommen sind. Auch Grundschulen werden explizit im Programm berücksichtigt. Bereits für Kinder im Grundschulalter ermöglicht die Teilnahme an Schüleraustauschprogrammen vielfältige soziale Lernanlässe. Ein Schüleraustausch zwischen Grundschulen betont das Kennenlernen des Nachbarlandes und die interkulturelle Begegnung, während das Lernen von Fremdsprachen implizit stattfindet und zunächst nicht im Mittelpunkt steht.

Die in diesem Artikel vorgestellte dreijährige, vom DFJW finanzierte wissenschaftliche Begleitstudie *Interkulturelles informelles Lernen von Kindern*[1] bezieht sich in Deutschland auf den Sachunterricht. Die Forschenden nehmen Kontakt zu den Schulklassen auf und fokussieren spontane Spielmomente und Selbstinszenierungen (Stauber 2006) von Kindern in Wechselwirkung zum (Klein-)Gruppengeschehen in den Austauschsituationen. Ausgehend vom Stand der erziehungswissenschaftlichen Kindheitsforschung (Heinzel 2010) werden Kinder als gesellschaftliche Akteure betrachtet, die in gruppen- und körperbezogenen Handlungspraxen (sachbezogene) Lernprozesse gestalten. Um spontane Spielmomente und Selbstinszenierungen von Kindern in Wechselwirkung zum Gruppengeschehen erfassen und die sichtbaren und beobachtbaren Lernpraktiken an Schnittstellen zwischen formalen und in-

---

[1]   Weitere Informationen zum Projekt unter: http://www.dfjw.org/aktuelle-forschungsprojekte

formelleren Lernprozessen[2] rekonstruieren zu können, wird die Datenerhebung mittels teilnehmender Beobachtung, Feldprotokollen und Videoethnographie (Friebertshäuser 2012) durchgeführt.

2. Selbstinszenierungen von Kindern in interkulturellen Begegnungssituationen

In der videoethnographischen Studie werden performative Aneignungs- und Lernformen von Kindern (Wagner 2013) in interkulturellen Kommunikationssituationen betrachtet. Performative Lernformen werden als inszenatorische, soziale Handlungspraxen im Sinne Judith Butlers (1991) verstanden, die sich z.B. in Interaktionen von Kindergruppen manifestieren. Die inszenatorischen Prozesse tragen dazu bei, dass sich Schülerinnen und Schüler diskursiv über (Lern-)Inhalte verständigen. Die von Butler beschriebenen performativen Ausdrucksformen rücken spontane, handlungsbezogene Interaktionen in internationalen Schülerbegegnungen ins Blickfeld. Um diese zu erheben, ist es wichtig, dass die Forschenden die beteiligten Klassen kennenlernen und vorhandene Gruppenstrukturen und individuelle Zugangsweisen zu interkulturellen Fragestellungen untersuchen. Anschließend werden die Klassen in Kontaktsituationen im Schüleraustausch teilnehmend beobachtet, wobei dem Gruppengeschehen und spielerischen Inszenierungen von Kindern besondere Aufmerksamkeit zukommt. Diese Inszenierungen, wie z.B. spontane Kontaktaufnahmen zu den besuchenden Kindergruppen oder deren Einbeziehung in Gruppenarbeit, Spiele oder Freizeitgestaltung bieten Gelegenheiten, um informellere Lernmomente in interkulturellen Begegnungssituationen identifizieren, beobachten und interpretieren zu können. Staubers Forschungen (2006) legen nahe, dass Selbstinszenierungen[3] mit einer biographischen Relevanz verbunden sind, durch die informell geprägte Bildungsprozesse angeregt werden. Selbstinszenierungen sind Handlungsformen, die in Peer-Gruppen an Selbstwirksamkeit anschließen und ein hohes Orientierungspotential beinhalten können. Im Rahmen von Selbstinszenierungen, werden Gruppenzugehörigkeiten über körperbezogene Ausdrucksmöglichkei-

---

[2] Die empirische Schulforschung zu Übergängen zwischen informelleren und formalen Lernarrangements ist ausbaufähig. Bildungstheoretisch kann auf Dewey (1997) verwiesen werden, der *informal education* als Grundlage formal organisierter Lernprozesse versteht. Erst die Komplexität informeller Lernmomente, so Dewey, motiviert für formale Bildungsgänge.

[3] Selbstinszenierungen werden als individuelle oder kollektive Handlungspraxen verstanden, mit denen sich Kinder soziale Realität aneignen.

ten und Bestätigungsformen geschaffen. Staubers Forschungsergebnisse bieten Anknüpfungsmöglichkeiten an die anthropologische Ritualforschung und können in Bezug auf Grundschulkinder weiter ausformuliert werden. Kinder erproben ihre Handlungsfähigkeiten in spielerischen Selbstdarstellungen, die Bewegungs-, Körper-, Kleidungs- und Sprachspiele beinhalten (Audehm/ Wulf 2001). Sie bilden Begrüßungs-, Beschimpfungs- oder Berührungsrituale aus und eignen sich performativ soziale Realität und Räume an. Es entstehen selbstorganisierte Bildungsanlässe, in denen Grenzen und Widerstände erfahren werden. Mit performativen Inszenierungen eröffnen sich Kinder einen subjektbezogenen, selbstorganisierten Bildungsraum. Wie die anthropologische Forschung herausstellt, werden in diesem auf der Körper- und Bewegungsebene Gruppenzugehörigkeiten, Anerkennung und Selbstbestätigung geschaffen (Wulf/ Göhlich /Zirfas 2001). Spontane, informelle Lernanlässe entstehen im Rahmen der Erprobung von eigenen Fähigkeiten, die auch zu Positionierungen in Kindergruppen führen.

3. Performativität und mimetisches Lernen

Die auf performativen Inszenierungen beruhenden, interaktiven Formen interkulturellen Lernens in französischen und deutschen Schulklassen und in den französisch-deutschen Begegnungen werden vergleichend ausgewertet. Hinweise, wie Lehrkräfte kindliche Erlebensweisen und gruppenbezogene Lernerfahrungen aufgreifen können, werden mit Hilfe der in der Studie erstellten Videosequenzen erarbeitet. In der dichten Beschreibung (Geertz 2003) des Verhaltens der Kinder in der Gruppe wird explizit, was Kinder als interkulturelle Lerngelegenheit wahrnehmen, welche individuellen und kollektiven informellen Lernpraktiken in interkulturellen Begegnungssituationen entstehen können und wie sich soziale Beziehungen und Zuordnungen innerhalb von Kindergruppen in interkulturellen Begegnungen verändern. Mit Hilfe der in der Studie erstellten Videosequenzen werden Hinweise erarbeitet, wie Lehrkräfte kindliche Erlebensweisen und gruppenbezogene Lernerfahrungen aufgreifen können. Beispielsweise zeigt das Filmmaterial, wie Kinder sich gegenseitig Klatsch- oder Bewegungsspiele beibringen und Erlebnisse nachahmen, die sie nicht in Worten ausdrücken können. Die kreativen Nachahmungsprozesse, z.B. in Balancierübungen, werden als Formen mimetischen Lernens verstanden. Diese Prozesse sind keine einfache Imitation, sondern beinhalten vielmehr imaginativ-subjektiv hervorgebrachte Ausdrucks- und Interpretationsmöglichkeiten. Subjektive Wahrnehmungen von Kindern werden als innere Bilder gespeichert und in körperliche Inszenierungen umgesetzt. Mimetische Prozesse können als eine notwendige Bedingung von Entwicklung und Lernen betrachtet werden (Gebauer/ Wulf 1992). Sie kennzeichnen eine Handlungspraxis, eine kreative Tätigkeit, mit der sich Kinder mit ihrer Umgebung aktiv in Beziehung setzen. Die videoethnographische Studie arbeitet gruppen- und körperbezogene Praxen interkulturellen Lernens heraus und trägt auch zur dichten Beschreibung mimetischer Lernprozesse von Kindern in interkulturellen Begegnungssituationen bei.

4. Sachunterrichtsdidaktische Perspektiven für interkulturelles Lernen

Schüleraustauschprogramme, die auch die Familien der Grundschulkinder einbeziehen, machen internationale Begegnungssituationen im Alltag in schulischen und außerschulischen Situationen erlebbar. Sie ermöglichen, dass Inhalte interkultureller Bildung mit konkreten handlungsbezogenen Erfahrungen verbunden werden und nicht nur als *abstrakte gesellschaftspolitische Zielvorstellungen* (Montandon 2010) gelehrt werden. Grundschulkindern werden informell geprägte, körperbezogene Auseinandersetzungsmöglichkeiten und Gruppenerfahrungen geboten. Diese bereiten, so Ludwig Duncker und Corinna Kremling (2010), abstrakte und begriffliche Lernprozesse von Grundschülerinnen und -schülern vor. Im Rahmen einer Reise oder als Gastgebende entstehen für Lehrende (Brill 2012) sowie Schülerinnen und Schüler vielfältigen Anregungen, die längerfristig weiterverfolgt werden können.

5. Erste empirische Ergebnisse

Die vom französisch-deutschen Forscherteam bisher sequenzierten und komparativ diskutierten Videoaufzeichnungen zeigen bestehende und im Schüleraustausch gewonnene individuelle und kollektive Erfahrungshorizonte von Kindern, die sich in körper- und gruppenbezogenen Erprobungen äußern und auf Sachinhalte bezogen sein können. Insbesondere Sequenzen, in denen selbsttätige Kontaktaufnahmen von Kindern sichtbar sind, verdeutlichen das Potential des Materials. Es zeigt, wie Kinder interaktiv, z.B. in Wettbewerbssituationen, Gemeinsamkeiten herstellen, die Grundlage für spätere Verhandlungen von Differenz sein können. Im Videomaterial sind beispielsweise Kommunikationsformen erkennbar, die das Verhandeln gemeinsamer Interessen, etwa beim Planen der Aktivität Fußball, thematisieren. Im Sample von bisher sechs videographierten Schüleraustauschprogrammen wird deutlich, dass die internationalen Begegnungssituationen spontane Momente interkultureller Kommunikation hervorrufen. Sie bietet Möglichkeiten, sachbezogene Auseinandersetzungsformen von Schülerinnen und Schülern im Kontext der interkulturellen Begegnungssituationen in formalen schulischen Settings nachzubereiten. Im Videomaterial finden sich zahlreiche weitere Sequenzen, die geeignet sind, um Differenzerfahrungen in Begegnungssituationen zu reflektieren. Während der Austauschwochen stehen körperbezogene Interaktionen im Vordergrund, die in der Nachbereitungsphase, in Deutschland im Sachunterricht, thematisiert werden können.

6. Perspektiven

Die bisherigen Untersuchungsergebnisse legen nahe, dass Interaktionen in Begegnungssituationen förderliche Lernanlässe für die beteiligten Schülerinnen und Schülern sowie Lehrenden darstellen, in denen subjektive Bedeutsamkeiten (weiter-)entwickelt werden. Die Auswirkungen dieser auch gruppenbezogenen Bedeutsamkeiten auf formale Unterrichtsformen werden weiter zu erforschen sein. Die Austauschaktivitäten, so das erhobene Datenmaterial, stärken Kinder in ihren Auseinandersetzungen mit kultureller Heterogenität und Globalisierungsprozessen.

Sachunterricht und seine Didaktik als Disziplin bietet die Chance zur Entwicklung partizipativer Bildungsstrategien. Grundschülerinnen und -schüler erhalten die Gelegenheit, sich und ihre Schule den besuchenden Kindern des Nachbarlandes vorzustellen. Ihnen können im Sachunterricht in der Vor- und Nachbereitung sowie während der Durchführung von Schüleraustauschprogrammen exemplarisch Anregungen geboten werden, kulturelle Diversität und die Pluralität von Wertorientierungen zu reflektieren, was im gesellschaftswissenschaftlichen Bereich des schulischen Sachunterrichts in den Lehrplänen mehrerer Bundesländer vorgesehen ist. Während der Austauschwochen, so der derzeitige Diskussionsstand des Forscherteams, stehen Interaktionen im Vordergrund, über die erst viel später reflektiert werden kann. Diese materialgestützten Überlegungen geben der Nachbereitungsphase von Schüleraustauschprogrammen – in Deutschland im Sachunterricht – eine hervorgehobene Bedeutung. Die vorgestellte Studie markiert körperbezogene Erfahrungshorizonte der nonverbalen Kommunikation von Kindern in Schüleraustauschsituationen, die Impulse für formale Unterrichtsgestaltungen liefern können. Ihre Ergebnisse weisen darauf hin, dass Schüleraustausch nicht nur als ein freiwilliges und zusätzliches Unterrichtsprojekt in der Grundschule verstanden werden kann, sondern dass dieser Arbeitsform eine eigene didaktische, auf die Querschnittsaufgabe interkulturelle Bildung bezogene, methodische Relevanz eingeräumt werden sollte.

Literatur

Audehm, K.; Wulf, Ch. u.a. (2001): Das Soziale als Ritual. Zur performativen Bildung von Gemeinschaften. Opladen.

Brill, S. (2012): Interkulturelle Bildungsprozesse in Auslandsaufenthalten von Lehrenden. Hausarbeit für das 1. Staatsexamen. Universität Siegen.

Butler, J. (1991): Das Unbehagen der Geschlechter. Frankfurt/ Main.

Dewey, J. (1997): Democracy and Education. New York.

Duncker, L.; Kremling, C. (2010): Sammeln als Form frühkindlicher Weltaneignung. In: Fischer, H.-J.; Gansen, P.; Michalik, K. (Hrsg.): Sachunterricht und frühe Bildung. Bad Heilbrunn, S. 53-65.

Friebertshäuser, B. (2012): Theorien und Horizonte ethnographischer Forschung in der Erziehungswissenschaft. In: Richter, S. (Hrsg.): Feld und Theorie. Opladen, S. 9-24.

Gebauer, G.; Wulf, Ch. (1992): Mimesis: Kultur, Kunst, Gesellschaft. Reinbek.

Geertz, C. (2003): Dichte Beschreibung. Frankfurt/Main.

Heinzel, F. (Hrsg.) (2010): Kinder in Gesellschaft. Frankfurt/ Main.

KMK (1996): Interkulturelle Bildung und Erziehung in der Schule. Beschluss vom 25.10.1996. URL: www.kmk.org/fileadmin/.../1996_10_25-Interkulturelle-Bildung.pdf [07.12.2012].

Montandon, Ch. (2008): Interkulturelle Bildung in der Grundschule. Frankfurt/Main.

Pech, D.; Rauterberg, M. (2008): Auf den Umgang kommt es an. In www.widerstreit-sachunterricht.de. Beiheft 5. URL: www.widerstreit-sachunterricht.de [01.02.2013].

Pech, D.; Rauterberg, M. (2007): Sachunterricht als wissenschaftliche Disziplin. In: www. widerstreit sachunterricht.de. Extrabeiheft. URL: www.widerstreit-sachunterricht.de [01.02.2013].

Prengel, A. (2011). Selektion versus Inklusion. In: Faulstich-Wieland, H. (Hrsg.): Umgang mit Heterogenität und Differenz. Baltmannsweiler, S. 23-48.

Stauber, B. (2006): Mediale Selbstinszenierungen von Mädchen und Jungen. In: Diskurs Kindheits- und Jugendforschung, 1, 3, S. 417-432.

Stoklas, K. (2004): Interkulturelles Lernen im Sachunterricht. In http://www.widerstreit-sachunterricht.de. Beiheft 1. URL: www.widerstreit-sachunterricht.de [01.02.2013].

Vatter, C. (2011): Interkulturelles Lernen im interregionalen Schüleraustausch zwischen Deutschland und Frankreich. Saarbrücken.

Wagner, B. (2013): Informelles Sachlernen von Kindern im Museum der Dinge. In: Zeitschrift für Erziehungswissenschaft (ZfE), 16, 2, S. 203-218.

Wulf, Ch.; Göhlich, M.; Zirfas, J. (Hrsg.) (2001): Grundlagen des Performativen: Eine Einführung in die Zusammenhänge von Sprache, Macht und Handeln. Weinheim.

Claudia Schomaker, Mareike Wanke und Detlef Pech

Didaktik und Inklusion – eine Annäherung aus der Perspektive der Sachunterrichtsdidaktik

The current discussion about implementing the idea of inclusion into school contexts leads to the question of the extent of subject didactics, in particular that concerning elementary science and social studies have to address this discussion. The following article points to possible approaches from the perspective of elementary science and social studies didactics respectively general studies in primary education.

1. Einleitung

Mit der Ratifizierung der UN-Behindertenrechtskonvention von 2009 hat sich die Bundesrepublik Deutschland dazu verpflichtet, dem Anspruch der Inklusion auf allen Ebenen der Gesellschaft nachzukommen. Der Weg zur Inklusion versteht sich damit als Veränderung einer sozialen und gesellschaftlichen Haltung, die vom Gedanken des Gemeinwesens getragen wird (vgl. Thimm 1994). In Anlehnung an Ainscow et al. (2004) macht Werning (2011) deutlich, dass dieser Weg zu einer inklusiv denkenden und handelnden Gesellschaft vor allem über strukturelle und inhaltliche Veränderungen im Schulsystem zu suchen ist. Dabei sind folgende Maßnahmen von Bedeutung:
„1. Die Verbesserung des *Zugangs* aller Schülerinnen und Schüler zu einer gemeinsamen allgemeinen Schule;
2. die Verbesserung der *Akzeptanz* aller Schülerinnen und Schüler mit ihren je individuellen Lern- und Entwicklungsmöglichkeiten durch Schulleitung, Lehrkräfte, Mitschüler und Eltern;
3. die Verbesserung der *Teilhabe* aller Schülerinnen und Schüler an den Aktivitäten der Schule und
4. die Verbesserung der *Leistungsentwicklung* aller Schülerinnen und Schüler" (a.a.O., S. 4).

In diesem Zusammenhang benennt Lütje-Klose (vgl. 2011, S. 13) als zentrale didaktische Prinzipien eines inklusiven Unterrichts neben der Ausrichtung an den individuellen Lernausgangslagen und der damit einhergehenden inneren Differenzierung, Formen wie Freiarbeit, kooperative Lernformen sowie methodische Möglichkeiten, um einen gemeinsamen Austausch von allen Schülerinnen und Schülern herzustellen (vgl. auch Werning/ Lütje-Klose 2012, S. 169f.). Sie betont mit Verweis auf Hinz (1993) und Meyer et al. (2007), dass ein derartiger Unterricht nicht eine spezifische Didaktik beinhalte, sondern als „gute allgemeine Didaktik" bezeichnet werden könne, orientiert an Unterrichtskriterien wie klare Strukturierung, hoher Anteil an echter Lernzeit, transparente Leistungserwartungen sowie einem lernförderlichen Klima (vgl. ebenda). Kahlert und Heimlich (2012, S. 174) verweisen mit Rumpf (2010) auf den eigenen Charakter dieses Unterrichts, der sich als „veränderte Lernkultur" zu zeigen habe: Es „sei ein Lernen erforderlich, das unter die Haut geht, sinnlich erfahrbar wird und sich auf die Begegnung mit dem Fremden, Fragmentarischen und Widerständigen einlässt".

2. Sachunterricht und Inklusion – Zum Diskussionsstand

Die theoretische didaktisch unterrichtskonzeptionelle Auseinandersetzung mit den Ansprüchen von Inklusion wird damit gegenwärtig auf einer Ebene geführt, die vor allem *methodische* Umsetzungsmöglichkeiten in den Blick nimmt. Spiegelt sich diese Annahme auch in den didaktischen Konzepten von inklusiv arbeitenden Sachunterrichtslehrkräften wider? Oder werden hier unter Umständen Momente inklusiven Sachunterrichts offenbar, die in der theoretischen Diskussion bislang nicht berücksichtigt werden, für eine gelingende Umsetzung aber unverzichtbar sind?

Mareike Wanke (2012) fokussierte ausgehend von diesen Überlegungen auf folgende Forschungsfragen:

> Welche Ansprüche hat die Inklusion an den Sachunterricht und seine Didaktik? Was verbirgt sich hinter dem Phänomen inklusiver Sachunterricht? Wird Sachunterricht überhaupt als inklusiv erlebt und wenn ja, wie wird inklusiver Sachunterricht in der Praxis erlebt?

Orientiert am qualitativ-empirischen Forschungsparadigma wurden vier Lehramtsanwärter mit Hilfe des purposive Samplings ausgewählt (vgl. Patton 2001). Sie wurden mittels eines episodischen Interviews (vgl. u.a. Flick 2012, S. 312f.) befragt, das entlang eines durch die SPSS-Methode (vgl. Helfferich 2009, S. 128ff.) entstandenen Leitfadens gegliedert war. Als Forschungszugang wurde die Phänomenographie (vgl. Marton/ Säljö 1976, Marton/ Booth

214

1997, Murmann 2002, 2009; Pech et al. 2012, Pech/ Schomaker 2013) gewählt, um Teile des Phänomens „inklusiver Sachunterricht" auf Grundlage
der menschlichen Erlebensweisen abbilden zu können (vgl. Marton/ Booth
1997, S. 124). Den Transkripten wurden Ideenlisten (vgl. Murmann 2002, S.
173) zur Seite gestellt, anhand derer durch offenes Kodieren phänomenographische Kategorien (vgl. Marton/ Booth 1997, S. 124ff.) abgeleitet wurden.
Das Phänomen „Inklusiver Sachunterricht" wurde anhand des Strukturie-
rungsmoments der Innen- und Außenhorizonte (vgl. Marton/ Booth 1997, S.
96ff., Murmann 2002, S. 81ff.) spezifiziert und die Erlebensweisen in Kategoriensätzen essentialisiert.

Bei allen Interviews zeigte sich deutlich, dass Sachunterricht grundlegend als
inklusiv erlebt wird. Diese „Prägung" wurde insbesondere durch die Wahrnehmung und Anwendung der Prinzipien und Ziele des Sachunterrichtes (vgl.
Kaiser/ Pech 2004, GDSU 2013) sowie der Differenzierung (vgl. u.a. Miller
2011) des Unterrichts erlebt. Im Folgenden werden die beiden höchsten Kategorien des Kategoriensatzes[1] „Prinzipien und Ziele inklusiven Sachunterrichts" dargestellt, um die Erfahrungsweisen von inklusivem Sachunterricht
zu beschreiben.

3. Phänomenographische Kategorien zur Wahrnehmung von Prinzipien und Zielen des inklusiven Sachunterrichts

1. Inklusiver Sachunterricht gibt über Handlungs-, Lebenswelt- und Schülerorientierung
   sowie Mehrperspektivität genug Zeit und „Raum", um zu wirken und überwindet kommunikative Barrieren, um Schülern und Themen des Sachunterrichts gerecht zu werden.
2. Inklusiver Sachunterricht setzt Handlungs-, Lebenswelt- und Schülerorientierung sowie
   Mehrperspektivität um, um dadurch Probleme zu bewältigen, Interessen zu entwickeln,
   (Sach-)Vorstellungen zu evozieren und Fragen nachzugehen.

In beiden Kategorien werden die Prinzipien Handlungs-, Lebenswelt- und
Schülerorientierung, wie auch das Prinzip der Mehrperspektivität im Unterricht als zentral leitend erfahren und umgesetzt. Durch die Umsetzung der
vier Prinzipien (vgl. Giest 2008, Gaedtke-Eckardt 2011, S. 61ff., Duncker
2007) wird erlebt, dass Schüler Interessen ausbilden können, lernen, ihren
Fragen nachzugehen, und (Sach-)Vorstellungen zu den Themen entwickeln

---

[1] Bei den jeweiligen Kategoriensätzen werden unter 1. die wahrgenommenen Grenzen des
inklusiven Sachunterrichts positiv formuliert dargestellt, um Entwicklungsmöglichkeiten für
die Inklusivität des Sachunterrichtes aufzuzeigen.

können. Des Weiteren werden die Prinzipien als wirksam zur Bewältigung von Problemstellungen im Unterricht erlebt und stehen in Verbindung zu den Zielen des Sachunterrichts.

Der zentrale Unterschied zwischen den beiden Kategoriensätzen liegt in der Erlebensweise bezüglich der Umsetzung der Prinzipien. Sie werden als wirksamer erlebt, wenn „genug" Zeit für deren Anwendung vorgesehen wird, wie u.a. auch Seitz (2005b, S. 178) in einer der von ihr formulierten didaktischen Leitlinien inklusiven Unterrichts betont. Des Weiteren werden kommunikative Barrieren als Hindernis wahrgenommen, um das Prinzip der Schülerorientierung wirken zu lassen. Dadurch ergibt sich die Erlebensweise, dass inklusiver Sachunterricht diese „Hürde" überwindet, damit die Umsetzung des Prinzips zur Erreichung der Ziele des Sachunterrichts („Probleme zu bewältigen, Interessen zu entwickeln, (Sach-)Vorstellungen zu evozieren und Fragen nachzugehen") und der Förderung (vgl. Werning/ Lütje-Klose 2012, S. 134) beitragen kann. Insbesondere in Kategorie 1 stehen die Berücksichtigung der Schülerin und des Schülers mit ihrer/ seiner Entwicklung in den verschiedensten Bereichen (kognitiv, kommunikativ, sensomotorisch, sozial und emotional) und den Themen des Sachunterrichts dialektisch verwoben nebeneinander (vgl. u.a. Kahlert/ Heimlich 2012).

4. Phänomenographische Kategorien zum Erleben von Differenzierung im inklusiven Sachunterricht

1. Differenzierung überwindet die Aufgabengebundenheit an Schriftsprache und Rechenfähigkeit, z.B. durch individuelle pädagogische Begleitung und setzt sich über Notenzwänge hinweg.
2. Differenzierung setzt bei jedem Schüler an seinem individuellen Lern- und Interessensniveau an und bedient sich des diagnostischen Mittels der Schülerbefragung, lässt Schüler somit zu Wort kommen, um durch passende Aufgaben gezielt herauszufordern.

Differenzierung wird in Kategorie 2 mit dem Fokus auf alle Schüler erlebt. Dabei wirkt die Differenzierung durch herausfordernde Aufgaben im Allgemeinen (vgl. Wocken 2011, S. 151f.). Als hilfreiche methodische Diagnostik der Lern- und Interessensniveaus von Schülern wird die Befragung der Schüler und somit das „Zu-Wort-kommen-Lassen" der Schüler wahrgenommen (vgl. u.a. Carle 2008). Die Diagnostik im Sachunterricht wird in Kategorie 2 spezifiziert wahrgenommen.

Kategorie 1 stellt eine Überwindung von an Schriftsprach- und Rechenkompetenz gebundenen Aufgaben dar, die das allgemeine Medium zur Differenzierung darstellen. Diese Überwindung wird beispielsweise durch individuelle pädagogische Begleitung wahrgenommen oder kann durch ästhetische Zugänge geschaffen werden (vgl. Seitz 2005a, S. 94f.; Schomaker 2007, S. 168ff.). Des Weiteren werden die Umsetzung von Differenzierung durch Notenzwänge und die damit verbundenen Mindeststandards als begrenzt erfahren (vgl. Blaseio 2011), diese Begrenzung wird in der Idealvorstellung von Differenzierung als überwunden wahrgenommen. Es besteht somit eine Verbindung zwischen dem Erleben eines inklusiven Unterrichts und seiner Differenzierung (vgl. Miller 2011, 219ff.).

5. Sachunterricht auf dem Weg zur Inklusion?!

Der Einblick in diese – vom Umfang her gesehen – kleine Befragung von Lehramtsanwärtern unterstreicht den gegenwärtigen Stand der Diskussion um die Umsetzung von inklusivem Unterricht. Auch (angehende) Lehrkräfte fokussieren damit zunächst auf die methodische Seite des Unterrichts und nehmen hier zunächst Formen der Differenzierung, der Zusammenarbeit von Schülerinnen und Schülern sowie die Möglichkeiten und Grenzen von Arbeitsmaterialien in den Blick.

Dass eine Orientierung an den Bedingungen und methodischen Umsetzungsweisen für den Blick auf inklusiven Unterricht zu kurz greift, verdeutlicht Ratz (vgl. 2011), indem er betont, dass für die Umsetzung inklusiven Unterrichts eine Orientierung an den Logiken der jeweiligen Fächer unabdingbar sei.

Auch die Neufassung des „Index(es) für Inklusion" greift diesen Aspekt auf, indem die Bedeutung des Nachdenkens und Verankerns inklusiver Werte in einer Schule nun in Bezug zu den Inhalten des Lehrens und Lernens gesetzt wird: „Denn Werte und Lerninhalte sind eng miteinander verbunden. Werte befassen sich damit, wie unser Zusammenleben aussehen sollte – Lerninhalte und -pläne definieren, was wir wissen müssen, um gut leben zu können" (Booth 2012, S. 199). So fußen die hier formulierten curricularen Inhalte auf folgenden Dimensionen:

„Lernen sollte…

- auf Erfahrung aufbauen
- vermitteln, wie man gewaltlose Beziehungen führt
- mit Gefühlen verbunden sein
- die Rechte von Menschen und der Erde widerspiegeln

- zu Aktivitäten für Nachhaltigkeit anregen
- Menschen global verbinden, indem es ein Verständnis für die gegenseitige Abhängigkeit von Mensch und Umwelt schafft
- Menschen darauf einstellen, national und global als Bürger aktiv zu sein" (ebenda)

Booth verweist selbst darauf, dass im deutschen Didaktik-Diskurs hier ein Bezug zum Schlüsselproblemansatz von Klafki (1992) besteht und betont, dass eine inklusive Schule und inklusiver Unterricht auch die jeweiligen Lehr- und Lerninhalte zu überdenken haben (vgl. Booth 2012, S. 204).

Damit ist jede Fachdidaktik und damit auch die Didaktik des Sachunterrichts aufgefordert, über die Ziele und Inhalte ihres Faches nachzudenken und in einer dialektischen Sichtweise von Kind und Sache (vgl. Ratz 2011, S. 30) die Strukturierung von Unterricht zu reflektieren. Denn hier sieht auch Ratz das Schlüsselmoment inklusiver Didaktik: in der Frage nämlich, was die „Bedürfnisse der einzelnen Fächer" (vgl. ebd.) seien, was ein Unterrichtsfach als Fach ausmache, worin also seine fachliche Eigenständigkeit begründet liege. Davon ausgehend sei es dann möglich, die individuellen Lernvoraussetzungen eines Kindes mit den Ansprüchen eines Faches so zu verknüpfen, dass eine Erweiterung der subjektiven Vorstellungen zu einem Sachverhalt im Kontext der kindlichen Lebenswirklichkeit fachlich angemessen erfolgen kann.

Mit der Ausrichtung auf Vielperspektivität als didaktische Grundlegung des Faches (vgl. Köhnlein u.a. 1999) kann innerhalb des Sachunterrichts und seiner Didaktik bereits seit den frühen 1990er Jahren auf eine Diskussion verwiesen werden, die die Frage der Verschränkung und Ergänzung fachlicher Zugänge im Kontext individueller Lernwege dezidiert aufgreift. So verwundert es nicht, dass die Diskussion um Inklusion innerhalb der Sachunterrichtsdidaktik bereits früh aufgegriffen wurde, da inklusive Anforderungen und sachunterrichtsdidaktische Konzeptionen in ihrer Ausrichtung miteinander korrespondieren oder, wie Hinz (2011, S. 35) formuliert, dass der Sachunterricht für die „inklusive Perspektive prädestiniert zu sein" scheint. Die ersten empirischen Studien zu einem inklusiven Sachunterricht konnten die Bedeutung von Zugängen, die sich an Leiblichkeit und Wahrnehmung (Seitz 2005b), also grundlegend am Moment ästhetischer Zugänge (Schomaker 2007), ausrichten, herausarbeiten.

In der Konkretisierung einer Konzeption inklusiven Sachunterrichts wird indes deutlich, dass die Ausrichtung an Vielperspektivität damit als Bedingung inklusiven Sachunterrichts betrachtet werden kann, indes für eine Loslösung von fachbezogenen Wissensbeständen hin zur Entwicklung sachunterrichtsspezifischer Fähigkeiten auch in inklusiver Perspektive nicht genügt. Potenziale einer Konkretisierung könnten in der Ausrichtung auf spezifische, im Sachunterricht zu entwickelnde, Fähigkeiten liegen, die von Pech/ Schomaker (2013, S. 354f.) beschrieben wurden als: (a) Erschließung von Umwelt – als Erweiterung von Erfahrungen, (b) Grundlegung eines Wissenschaftsverständnisses – als Nachdenken über das Entstehen von Wissen und (c) Entwicklung einer forschenden Haltung – als Motiv einer systematisierten Auseinandersetzung mit unterschiedlichen Sichtweisen auf Sachen der Welt.

Literatur

Ainscow, M.; Booth, T.; Dyson, A.; Farell, A.; Frankham, P.; Gallannaugh, F.; Howes, A.; Smith, R. (2006): Improving Schools, developing Inclusion. London.

Blaseio, B. (2011): Inklusives Sachlernen in den Grundschullehrplänen Deutschlands. In: Giest, H.; Kaiser, A.; Schomaker, C. (Hrsg.): Sachunterricht – auf dem Weg zur Inklusion. Bad Heilbrunn, S. 89-96.

Booth, T. (2012): Der aktuelle ‚Index for Inclusion' in dritter Auflage. In: Reich, K. (Hrsg.): Inklusion und Bildungsgerechtigkeit. Standards und Regeln zur Umsetzung einer inklusiven Schule. Weinheim, Basel, S. 180-204.

Carle, U. (2008): Förderdiagnostik im Sachunterricht. In: Kaiser, A.; Pech, D. (Hrsg.): Lernvoraussetzungen und Lernen im Sachunterricht. Baltmannsweiler (Basiswissen Sachunterricht), S. 187–193.

Duncker, L. (2007): Die Pluralisierung der Lebenswelten – eine didaktische Herausforderung für den Sachunterricht. In: Schomaker, C.; Stockmann, R. (Hrsg.): Der (Sach-)Unterricht und das eigene Leben. Bad Heilbrunn.

Flick, U. (2012): Triangulation in der qualitativen Forschung. In: Flick, U.; Kardorff, E.v.; Steinke, I. (Hrsg.): Qualitative Forschung. Ein Handbuch. Reinbek bei Hamburg, S. 309-318.

Gaedtke-Eckardt, D.-B. (2011): Fördern durch Sachunterricht. Stuttgart.

GDSU (2013): Perspektivrahmen Sachunterricht. Vollständig überarbeitete und erweiterte Ausgabe. Bad Heilbrunn.

Giest, H. (2008): Handlungsorientiertes Lernen. In: Kaiser, A.; Pech, D. (Hrsg.): Neuere Konzeptionen und Zielsetzungen im Sachunterricht. Baltmannsweiler (Basiswissen Sachunterricht), S. 90-98.

Helfferich, C. (2009): Die Qualität qualitativer Daten: Manual für die Durchführung qualitativer Interviews. Wiesbaden.

Hinz, A. (2011): Inklusive Pädagogik – Vision oder konkretes Handlungsprogramm für den Sachunterricht? In: Giest, H.; Kaiser, A.; Schomaker, C. (Hrsg.): Sachunterricht – auf dem Weg zur Inklusion. Bad Heilbrunn, S. 23-38.

Hinz, A. (1993): Heterogenität in der Schule. Hamburg.

Kahlert, J./ Heimlich, U. (2012): Inklusionsdidaktische Netze – Konturen eines Unterrichts für alle (dargestellt am Beispiel des Sachunterrichts). In: dies. (Hrsg.): Inklusion in Schule und Unterricht. Wege zur Bildung für alle. Stuttgart, S. 153-190.

Kaiser, A.; Pech, D. (Hrsg.) (2004): Neuere Konzeptionen und Zielsetzungen im Sachunterricht. Baltmannsweiler (Basiswissen Sachunterricht).

Klafki, W. (1992): Allgemeinbildung in der Grundschule und der Bildungsauftrag des Sachunterrichts. In: Lauterbach, R. u. a. (Hrsg.): Brennpunkte des Sachunterrichts. Kiel, S. 11-31.

Köhnlein, W.; Marquardt-Mau, B.; Schreier, H. (Hrsg.) (1999): Vielperspektivisches Denken im Sachunterricht (Forschungen zur Didaktik des Sachunterrichts, Band 3). Bad Heilbrunn.

Lütje-Klose, B. (2011): Müssen Lehrkräfte ihr didaktisches Handeln verändern? Inklusive Didaktik als Herausforderung für den Unterricht. In: Lernende Schule, 14, 55, S. 13-15.

Marton, F.; Booth, S.A. (1997): Learning and Awareness. Mahwah (The Educational Psychology Series).

Marton, F.; Säljö, R. (1976): On Qualitative Differences in Learning I. Outcome and Process. In: British Journal of Educational Psychology, 46, 1, pp. 4-11.

Meyer, H.; Feindt, A.; Fichten, W. (2007): Was wissen wir über erfolgreiche Unterrichtsentwicklung? In: Friedrich-Jahresheft XXV, S. 66-70.

Miller, S. (2011): Modelle innerer Differenzierung. In: Kaiser, A.; Schmetz, D.; Wachtel, P.; Werner, B. (Hrsg.): Didaktik und Unterricht. Behinderung, Bildung, Partizipation. Enzyklopädisches Handbuch der Behindertenpädagogik. Stuttgart, S. 219-223.

Murmann, L. (2002): Physiklernen zu Licht, Schatten und Sehen. Berlin (Studien zum Physiklernen).

Murmann, L. (2008): Phänomenographie und Didaktik. In: Zeitschrift für Erziehungswissenschaft. Sonderheft 9, S. 187-199.

Patton, M.Q. (2001): Qualitative Research & Evaluation Methods. SAGE.

Pech, D.; Schomaker, C.; Kiewitt, N.; Lüschen, I. (2012): Phänomenographische Untersuchungen für den Sachunterricht. In: Hellmich, F.; Förster, S.; Hoya, F. (Hrsg.): Bedingungen des Lehrens und Lernen in der Grundschule: Bilanz und Perspektiven. Wiesbaden, S. 221-228.

Pech, D.; Schomaker, C. (2013): Inklusion und Sachunterrichtsdidaktik – Stand und Perspektiven. In: Ackermann, K.-E.; Musenberg, O.; Riegert, J. (Hrsg.): Geistigbehindertenpädagogik!? Oberhausen, S. 341-360.

Ratz, C. (2011): Zur Bedeutung einer Fächerorientierung. In: ders. (Hrsg.): Unterricht im Förderschwerpunkt geistige Entwicklung. Fachorientierung und Inklusion als didaktische Herausforderungen. Oberhausen, S. 9-38.

Rumpf, H. (2010): Was hätte Einstein gedacht, wenn er nicht Geige gespielt hätte? Gegen die Verkürzungen des etablierten Lernbegriffs. Weinheim; München.

Schomaker, C. (2007): Der Faszination begegnen. Ästhetische Zugangsweisen im Sachunterricht für alle Kinder. Oldenburg (Beiträge zur didaktischen Rekonstruktion, 18).

Seitz, S. (2005a): Lehr-Lernforschung für inklusiven Sachunterricht. Oldenburg (Beiträge zur didaktischen Rekonstruktion).

Seitz, S: (2005b): Zeit für inklusiven Sachunterricht. Baltmannsweiler.

Thimm, W. (1994): Leben in Nachbarschaften. Hilfen für Menschen mit Behinderungen. Freiburg/ Basel/ Wien.

Wanke, M. (2012): Der Anspruch der Inklusion an den Sachunterricht. Eine phänomenographische Untersuchung von Erlebensweisen des Phänomens inklusiver Sachunterricht. Leibniz Universität Hannover. (Unveröffentlichte Masterarbeit).

Werning, R. (2011): Inklusive Pädagogik. Eine Herausforderung für die Schulentwicklung. In: Lernende Schule, 55, S. 4-8.

Werning, R.; Lütje-Klose, B. (2012): Einführung in die Pädagogik bei Lernbeeinträchtigungen. München und Basel.

Wocken, H. (2011): Das Haus der inklusiven Schule: Baustellen – Baupläne – Bausteine. Hamburg.

Ines Oldenburg und Heinke Röbken

What Kind of Knowledge do practical Journals in Primary Education deliver? An empirical Analysis of selected German Journals

Journals that claim to translate academic knowledge into good practices for classroom are not even known by teachers. The only journals teachers make use of are those which explicitly address the needs of practitioners. This paper seeks to contribute to the current relevance debate in primary education by conducting an own empirical study on practitioner oriented journals in primary education.

1. Introduction

Academic articles written by researchers are seldom read by practitioners (Kahlert/ Zierer 2011, Drerup/ Terhart 1981). They prefer journals that specifically address their practical needs. This also applies to educational research. A number of studies support the view that academic journals in education are primarily addressed to researchers, less to practitioners (Röbken/ Rürup 2011). Teachers and other professionals in school often use other media and practitioner oriented journals for continuing and further education. Heise (2009) found in her empirical research that teachers often make use of informal channels for their professional work. Among the most important channels are meetings and conversations with colleagues or information search in the web. In contrast, teachers – especially in primary schools – only seldom read articles in academic journals. They do not even expect useful knowledge from these journals (VanLeirsburg/ Johns 1994). Some authors even argue that teachers have hostile attitudes towards educational research publications (Plath 1998).

Journals that claim to translate academic knowledge into good practices for classroom, such as "Die Deutsche Schule (DDS)" are not even known by teachers (Heise 2009, p. 92). Heise (2009, p. 91) concludes that academic educational journals – also educational psychological journals – are virtually not read by teachers. The only journals teachers make use of are those which explicitly address the needs of practitioners. In the field of primary education in Germany these include the Grundschule, Grundschulzeitschrift, and Grundschulmagazin. According to Heise (2009), these journals are the three mostly read journals for primary school practitioners.

So far little is known about these journals that specifically address the needs of the practitioner. What kind of knowledge do practitioner oriented journals in primary education provide? Is this knowledge rather theoretical in nature or directly relevant for the needs of the professionals in the school context? Specifically, do they offer practical descriptions, categorical models or work models? Who is writing the articles and is there a relationship between author status and the didactical model? Did the type of knowledge published in the selected journals change over time? Finally, which implications can be derived for closing the theory-practice gap in primary education?

This paper seeks to contribute to the current relevance debate in primary education by conducting an own empirical study on practitioner oriented journals in primary education. In a first step we will focus on general journals in primary education, which also cover topics in elementary science and social studies. There are of course also many specific journals in elementary science and social studies, such as "Weltwissen Sachunterricht", "Grundschule Sachunterricht". However, since Heise (2009) identified the journals mentioned above as most relevant for practitioners, we decided to start our exploratory research with the Grundschule, Grundschulzeitschrift, and Grundschulmagazin. Before we begin the empirical study, some theoretical and methodological considerations will be presented.

2. Theoretical Framework: Didactical Models (Flechsig 1991)

In order to find out what kind of knowledge practitioner oriented journals produce, we first develop a theoretical basis for our empirical study. A widely used framework for analyzing different types of research articles was developed by Flechsig (1991). Flechsig distinguishes three types of didactical models: practical descriptions, work models, and categorical models.

1. A practical description offers specific instructions for practitioners. It includes clear recommendations for professionals, for example to improve the instructional design in classroom. Typically, these recommendations

are not derived from theory, but emerged from the practitioners' experience.

2. The categorical model may be understood as the opposite of the practical description. It is typically developed from theory. It is more abstract and does not necessarily lead to practical implications for teachers. Categorial models explain the context, but they are silent on how to act in a particular pedagogical situation.

3. The work model can be considered as mixture between the two mentioned above. In a first step, the article may briefly explain the theoretical background for reading skills in primary education. In a second step, the article derives specific recommendations or materials in order to put theory into practice. The text may include a working sheet for diagnosis, analysis and reading skill development.

In our empirical analysis, this model will be used to categorize the articles of the selected journals in order to shed light on the types of educational knowledge and its relationship to authorship and time.

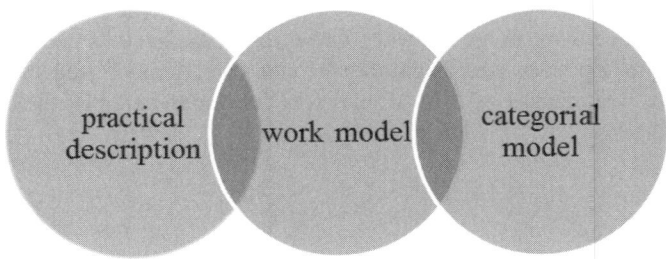

Figure 1: Didactical Models (Flechsig 1991)

3. Methodology

Our research is concerned with practitioner oriented publications for primary education, and we will therefore focus on journals whose declared aim is to publish articles directly relevant to teachers and other practitioners in a primary school context. In this respect, our study can be considered as an exploratory pre-study, which may help to develop hypotheses that can be tested later on a larger sample.

In total, we investigated three widespread primary education journals in the German context that have also been identified as most relevant media for primary school teachers by Heise (2009). The Grundschulzeitschrift was first published in 1986, the Grundschule started in 1968, and the first volume of Grundschulmagazin was published since over 50 years.

We have included all such articles published in the three selected journals in 1990, 1995, 2000, 2005, and 2010 in our dataset. The final dataset contains 1003 articles, which reflect much of the variety in methods, form, and content.

We used a specific analytic technique borrowed from Miles/ Huberman's (1984) categorization analysis. Theory-based categories were used to structure and analyze the articles. Thus we began with a list of such categories as publication year, number of authors, author status, and Flechsig's (1991) three didactical models "practical description", "categorical model" and "work model". In order to ensure the reliability of our categorization, three academic colleagues were asked to analyze the dataset. In a first step, we discussed the meaning and listed examples of each category in common. In a second step, we categorized a test sample consisting of 120 articles. We calculated 89% agreement on the content of articles, which gave us confidence with respect to the inter-rater reliability of our categories. Based on this agreement the final dataset of 1003 articles was then categorized by the same three researchers.

4. Results

We start our analysis with some descriptions. The professional status of the authors at the date of publication varies quite a bit (see figure 2). It is interesting to note that academics produce the largest amount of articles despite the fact that these journals specifically address the practitioner.

The results of our categorization of didactical models are depicted in figure 3 36.5% of the articles were classified as practical description; 33.4% of the articles in the sample include categorical models, and 29.9% were categorized as working model.

As already mentioned, a *practical description* provides directly relevant knowledge for professionals. Typical examples for this category are practical recommendations for a class excursion to the ocean: What does a teacher need to prepare when he or she wants to conduct experiments in the tidal flat with the pupils?

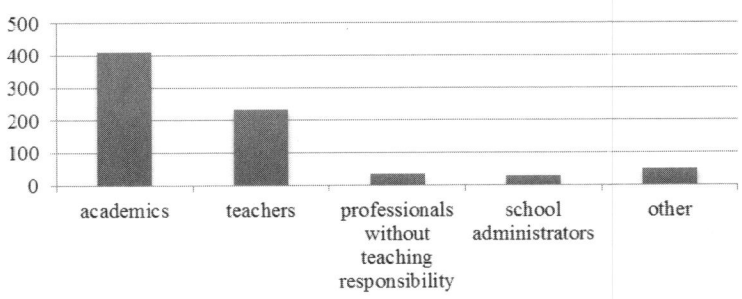

Figure 2: Number of articles by professional status

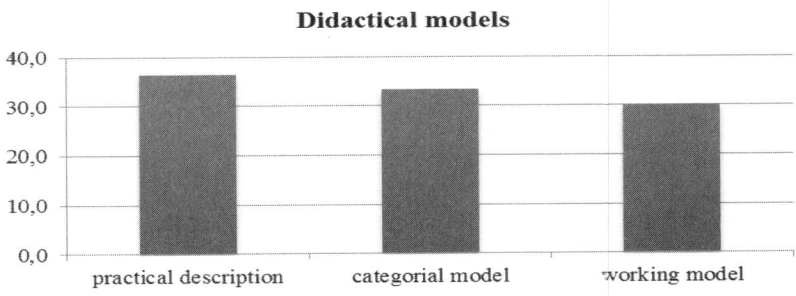

Figure 3: Percentage of articles by didactical models

The categorial model is more theoretical in nature and does not offer clear recommendations on how to behave in a professional school environment. Around one third of the articles have been coded as categorial model. These may include articles on "school aptitude, postponement and integrative school entry", which discusses the problem of school aptitude of children from a development psychology perspective.

The work model combines theoretical ideas and practical implications for teachers. For example, one article presents a theoretical competence model, which provides the basis for practical implications for designing competency based instructional design.

In a next step, we analyzed the relationship between didactical model and author's status (see fig. 4). The chi-square test pointed to a significant difference among the three didactical models in terms of author status ($X^2 = 64.4$, p< .001). As can be expected, practical descriptions are mainly written by practitioners, while categorical models and working models were mainly developed by academics. Obviously, practitioners have the right access for the needs of the practitioner in the classroom. In contrast, only around one third of the practical descriptions are published by academics.

The opposite applies to the categorical model, which is typically developed from theory. Academics by far outnumber the categorical models in the three selected journals. Two third of the theory-based articles are written by scholars. This supports the general view that educational researchers develop theories, which not necessarily lead to practical implications. However, it is also noteworthy that around one third of the articles defined as categorical models are developed by practitioners. A deeper look at the dataset shows that especially practitioners without teaching responsibility, school principals and teacher trainers are publishing categorical models.

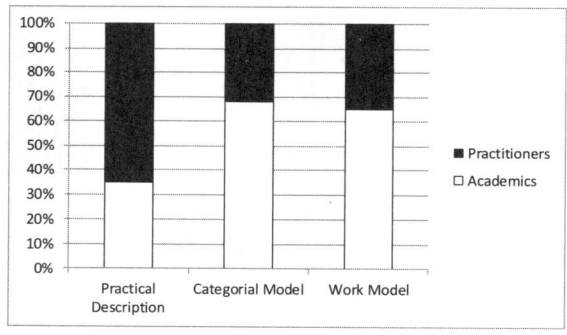

Figure 4: Percentage of didactical models by practitioners and academics

It is interesting to note that the majority of work models is developed by academics. Hence, they translate their academic knowledge into instruments and concepts that can be applied to the practical school context. Only around one third of the practitioners try to make use of scientific knowledge as a basis for practical materials and concepts

Finally, we analyzed the association between didactical models and year of publication (fig. 4). We also found significant differences among the didactical models and year of publication ($X^2 = 78.3$, p < .001). Until the year 2000,

226

the number of practical descriptions increased in total numbers, while the categorical models lost importance. This picture changes in the year 2000. The number of articles with practical descriptions decreased by 20% from 2000 until today, while the number of categorical models increased by 14%. This suggests an increasing trend towards scientification in a journal that defines itself as practitioner journal. This level was already present in the year 1990. From a sociological point of view, this pattern could also be interpreted as fashion cycle, in which certain ideas (in this case theoretical articles) first loose and then regain importance. One reason for a growing trend towards scientific models in practitioner journals could also be the so-called "PISA-shock", in which German educational scholars as well as practitioners received a wakeup call with regard to school quality in Germany. Low test scores in the Programme for International Student Assessment caused an intensive debate in the media, which subsequently led to an increasing focus on empirical evidence in educational sciences and practice (Ehrenspeck 2010).

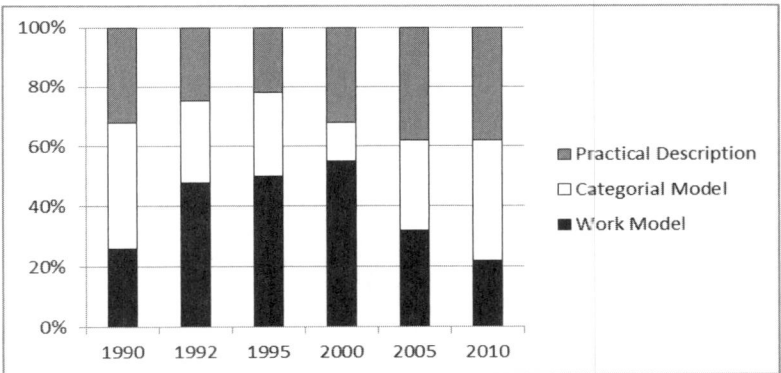

Figure 4: Percentage of didactical models over time

5. Discussion

The goal of this article was to investigate the kind of knowledge practitioner oriented journals in primary education provide. Specifically, we were interested in different didactical models that underlie the argumentation, the authors' status as well as changes in didactical models over the course of time. We found that academics increasingly publish in practitioner journals. Also, the number of theoretical articles (categorical models) increased since the year 2000. This tendency could be interpreted as an increasing trend towards scientification – a trend that has also been observed in other sub-disciplines in education (Röbken/ Rürup 2009) and other fields, such as business administration (Nicolai 2000).

This study solely focused on the analysis of selected practitioner journals. We observed changes in authorship and didactical approach but we cannot say anything about the quality of such articles. Future research should explore, how the trend towards scientification affects the reading behavior of practitioners. It would also be interesting to find out how practitioners evaluate the quality and benefits of such articles. Which of the didactical models is more useful for teachers: practical description, work or categorical model? Or do practitioners need alternative ways for continuing and further education during their professional career? Which media are most effective for teachers' lifelong learning? In order to find answers on these pressing questions on didactical research, other methodological approaches are required. For example, survey-based approaches would be helpful to ask professionals about their needs, perceptions, and behaviors.

Literature

Drerup, H.; Terhart, E. (1981): Umgang mit Wissen. Überlegungen zur Relevanz der Erziehungswissenschaft in unterschiedlichen Praxisbereichen. Bildung und Erziehung, 4, S. 362-378.

Ehrenspeck, Y. (2010): Philosophische Bildungsforschung. In: Tippelt, R.; Schmidt, R.: Handbuch für Bildungsforschung. Wiesbaden, S. 155-169.

Flechsig, K.-H. (1991): Kleines Handbuch didaktischer Modelle. Nörten-Hardenberg.

Heise, M. (2009): Informelles Lernen von Lehrkräften – Ein Angebot-Nutzungs-Ansatz, Münster.

Kahlert, J.; Zierer, K. (2011): Didaktische Entwicklungsforschung aus Sicht der pragmatischen Entwicklungsarbeit. In: Einsiedler, W.: Unterrichtsentwicklung und didaktische Entwicklungsforschung. Bad Heilbrunn, S. 71-87.

Miles, M.B.; Huberman, A.M. (1984): Qualitative Data Analysis, Newbury Park, CA.

Nicolai, A.T. (2000): Die Strategie-Industrie: Systemtheoretische Analyse des Zusammenspiels von Wissenschaft, Praxis und Unternehmensberatung, Wiesbaden.

Plath, I. (1998): Probleme mit der Wissenschaft? Lehrerurteile über pädagogisch-psychologische Literatur. Baden-Baden.

Röbken, H.; Rürup, M. (2011): How do Educational Researchers Construct Practical Relevance. In: Journal of Theory and Practice in Education, 7, 2, pp. 230-246.

Van Leirsburg, P.; Johns, J.L. (1994): Teachers as readers. Literacy Research Report, 18. Illinois.

Autorinnen und Autoren

Marco Adamina, Prof. Dr.
Pädagogische Hochschule Bern

Christine Bänninger
Pädagogische Hochschule FHNW

Andrea Becher, Prof. Dr.
Universität Paderborn

Claus Bolte, Prof. Dr.
Freie Universität Berlin

Stefanie Carell
Pädagogische Hochschule FHNW

Christina Colberg
Pädagogische Hochschule Graubünden

Inger Marie Dalehefte
Universität Kiel

Ludwig Duncker, Prof. Dr.
Universität Gießen

Hans-Joachim Fischer, Prof. Dr.
Pädagogische Hochschule Ludwigsburg

Friedrich Gervé, Prof. Dr.
Pädagogische Hochschule Heidelberg

Hartmut Giest, Prof. Dr.
Universität Potsdam

Eva Gläser, Prof. Dr.
Universität Osnabrück

Martin Gröger, Prof. Dr.
Universität Siegen

Stefanie Gysin
Pädagogische Hochschule FHNW

Andreas Hartinger, Prof. Dr.
Universität Augsburg

Anja Heinrich-Dörges
Pädagogische Hochschule Weingarten

Andreas Imhof
Pädagogische Hochschule Thurgau

Patrick Isler-Wirth
Pädagogische Hochschule FHNW

Katharina Kalcsics, Dr.
Pädagogische Hochschule Bern

Felix Keller
Pädagogische Hochschule Graubünden

Thilo Kleickmann, Dr.
Universität Kiel, IPN

Olaf Köller, Prof. Dr.
Universität Kiel, IPN

Christine Künzli David
Pädagogische Hochschule FHNW

Kim Lange, Dr.
Universität Augsburg

Miriam Leuchter, Prof. Dr.
Universität Münster

Anne Levin
Universität Bremen

Katrin Lohrmann, Prof. Dr.
PH Freiburg

Iris Lüschen, Dr.
Universität Hamburg

Kornelia Möller, Prof. Dr.
Universität Münster

Britta Naber
Pädagogische Hochschule Schwä-
bisch Gmünd

Ines Oldenburg, Dr.
CvO Universität Oldenburg

Detlef Pech, Prof. Dr.
Humboldt Universität zu Berlin

Markus Peschel, Prof. Dr.
Universität des Saarlandes

Ina Plöger
Universität Münster

Katharina Pollmeier
Universität Münster

Beat Reck
Pädagogische Hochschule Bern

Karen Rieck, Dr.
Universität Kiel, IPN

Heinke Röbken
CvO Universität Oldenburg

Claudia Schomaker, Prof. Dr.
Universität Hannover

Anke Schürmann
Freie Universität Berlin

Veronika Schwelle
Pädagogische Hochschule Freiburg

Sabrina Spar
Universität Gießen

Julia Stipp
Universität Münster

Cornelia Sunder
Universität Münster

Bernd Wagner, Prof. Dr.
Universität Siegen

Lena Mareike Walper
Universität Münster

Mareike Wanke
Universität Hannover

Meike Wulfmeyer, Prof. Dr.
Universität Bremen

Katharina Wurm
Universität Siegen

Nadja Zahnd
Pädagogische Hochschule Bern